Das Buch

Diether de la Mottes ›Kontrapunkt‹ baut auf derselben didakti-
schen Methode auf wie seine 1976 erschienene ›Harmonielehre‹,
die schnell zu einem Standardwerk der Musikhochschulen geworden ist – ein Lehrbuch, das keine Regeln aufstellt oder tradierte
Regeln gläubig überliefert, sondern zeigt, wie bestimmte Komponisten zu verschiedenen Zeiten komponiert haben. Drei selbständige, unabhängige Lehrgebäude sind es, die im ›Kontrapunkt‹
vorgestellt werden: Josquin, Bach, Neue Musik. Der Leser kann
das Buch systematisch durcharbeiten von den ersten Höhepunkten
der Polyphonie bei Perotin über Palestrina, Schütz, Bach, Haydn,
Beethoven, Schumann, Brahms und Wagner bis zur Neuen Musik.
Er hat aber auch die Möglichkeit, sich nach eigener Wahl der
Gebiete und Reihenfolge Einblick in verschiedene Musiksprachen
zu verschaffen und sich handwerklich zu schulen. Deshalb hat de
la Motte vor die einzelnen Arbeitskapitel Lesekapitel gesetzt, die
neben der theoretischen Reflexion der musikalischen Struktur den
Blick auf die entsprechende Epoche richten und das historische
Verständnis vertiefen. Jeder, der von der Vielfalt musikalischer
Ausdrucksmöglichkeiten fasziniert ist, wird dieses Buch nicht nur
mit Gewinn, sondern auch mit geistigem Vergnügen lesen können
– denn de la Motte versteht es, die abstrakte Materie des
Kontrapunkts geradezu spannend darzustellen.

Der Autor

Diether de la Motte, 1928 in Bonn geboren, studierte in Detmold
Komposition, Klavier und Dirigieren, war Dozent, Musikkritiker
und Verlagslektor. 1964 wurde er Professor an der Hamburger
Musikhochschule, wo er Komposition, Musiktheorie, Formenlehre
und Partiturkunde unterrichtete.
Er schrieb die Opern ›Der Aufsichtsrat‹ und ›So oder so‹,
zahlreiche Orchesterwerke sowie Kammer-, Chor-, Klavier-,
Orgel- und geistliche Musik sowie Tonbandkompositionen
(›Mixed Music‹). Neben der ›Musikalischen Analyse‹ verfaßte er
Bücher und zahlreiche Artikel über Fragen der Analyse, der
Musiktheorie und der Neuen Musik.

W0236123

Diether de la Motte:
Kontrapunkt

Ein Lese- und Arbeitsbuch

Deutscher
Taschenbuch
Verlag

Bärenreiter-
Verlag

Gedenkstein für Karl Vötterle

1. Auflage April 1981
2. Auflage September 1985: 16. bis 25. Tausend
Gemeinschaftliche Originalausgabe:
Deutscher Taschenbuch Verlag GmbH & Co. KG,
München, und
Bärenreiter-Verlag Karl Vötterle GmbH & Co. KG,
Kassel · Basel · London
© 1981 Bärenreiter-Verlag, Kassel
Umschlaggestaltung: Celestino Piatti (unter Verwendung des
Anfangs der Missa ›Pange lingua‹ von Josquin des Prés)
Satz: Bärenreiter
Druck und Bindung: C. H. Beck'sche Buchdruckerei,
Nördlingen
Printed in Germany · ISBN 3-423-04371-7 (dtv)
                    ISBN 3-7618-4371-2 (Bärenreiter)

Inhalt

Vorwort 7

Literaturempfehlung 15

1. Perotin (~ 1200) 17

2. Dufay – Ockeghem – Binchois – Isaac: Zwischen »Artistisch« und »Volkstümlich« (15. Jahrhundert) 31

3. Josquin des Prés: Motivisch-imitatorische Polyphonie (~ 1500) 54
   Tonmaterial 54
   Takt 58
   Notenwerte 58
   Mögliche Intervalle 59
   Stimmumfänge 60
   Stimmabstände im zweistimmigen Satz 61
   Imitation 61
   Parallelen 66
   Behandlung von Sprüngen 69
   Tritonus 72
   Durchgangsdissonanz 76
   Dissonanz auf schwerer Zeit (Vorhalt) 83
   Schwartze Noten 94
   Wechselnoten 102
   Sprünge in Vierteln 106
   Schlußbildung 111
   Bindung an den gregorianischen Choral 118
   »Freiheiten« 121
   Josquin als moderner Ausdrucksmusiker 122
   Analyse zweistimmiger Werke Josquins 133

4. Palestrina: Klassische Vokalpolyphonie (~ 1570) 148
   1. Der hellere Klang 148
   2. Emanzipation des ♯ 149
   3. Viertelnoten 152
   4. Einzelne Viertel 156
   5. Verschiebung im Dissonanzbereich 158
   6. Zweistimmigkeit? 164
   7. Wort und Ton 167
   8. »Gezähmte« Gregorianik 173
   Vergleichende Analyse zweier dreistimmiger Crucifixus-Sätze Palestrinas 181

5. Intermezzo: Geistlich – Weltlich 189

6. Heinrich Schütz: Stylus gravis und Stylus luxurians
(~ 1650) 203

7. Johann Sebastian Bach: Harmonischer Kontrapunkt
(~ 1730) 221
Harmonische Einstimmigkeit 223
Zweistimmigkeit 243
Drei Bachsche Satztypen 253

8. Haydn und Beethoven: Motivische Arbeit (1780/1825) .. 271
Haydns und Beethovens Fugen 283

9. Schumann – Brahms – Wagner: »Innere Stimme« (1830
bis 1880) 293
Romantische Fuge? 293
Verschleierung des Stimmverlaufs 294
Instrumentale Struktur ohne »Stimmführung« 296
»Innere Stimme« 300
Wagners Netztechnik 306

10. Neue Musik: Konstruktion und Expression (1910–1970) . 309
Das alte Dur in neuem Licht (Strawinsky, Schostako-
witsch) 310
»Tonalität« der Singstimme (Hindemith, Schönberg) ... 315
Singstimme in der Oper (Berg, Henze) 327
Hindemiths Zweistimmigkeit 331
Zwölftonmusik (Schönberg, Webern, Fortner) 337
Konstruktion als »Invention« (Debussy, Bartók, Dalla-
piccola, Messiaen) 350
Zwischen Stimme und Klang (B. A. Zimmermann, Ligeti,
Lutoslawski) 367

VORWORT

Nach der Harmonielehre . . .

Nachdem sich die Konzeption meiner Harmonielehre durchsetzen konnte, lag es nahe, für das Gebiet des Kontrapunkts dasselbe zu versuchen: Ein Lehrbuch, das keine Regel aufstellt oder tradierte Regeln gläubig überliefert, sondern an Anweisungen nur gibt, was sich, für den Leser im Augenblick ersichtlich und von ihm kontrollierbar, aus Meisterwerken ableiten läßt. Ein Lehrbuch, das nicht irgendeinen »strengen Satz« aus Musik herausfiltert, sondern lehrt, wie bestimmte große Komponisten zu verschiedenen Zeiten komponiert haben. Aber die Harmonielehre konnte doch nicht als Modell übernommen werden. Sie lehrte die Entwicklung und Wandlung *einer* Sprache: Es wäre sinnlos, eines der nachbachschen Kapitel zu lesen, ohne zuvor das Rüstzeug zum Verständnis durch die Schulung im Bach-Stil und in der hier entwickelten Terminologie erworben zu haben. Der Bereich des Kontrapunkts empfiehlt eine andere Lösung. Bachs Polyphonie versteht und lehrt man leicht auf der Grundlage funktioneller Harmonik; sie als gewandelten Palestrina-Stil vermitteln zu wollen, wäre sehr viel mühsamer. Auch läßt sich für das stimmige Komponieren des 20. Jahrhunderts ein Lehrgang entwerfen, der Kenntnis des Palestrina- oder Bach-Stils nicht voraussetzt. Hatten wir in der Harmonielehre die Entwicklung und Wandlung einer Sprache, so haben wir im Kontrapunkt drei selbständige, unabhängige Lehrgebäude. Sie heißen in diesem Buch – in der Reihenfolge des Umfangs der Kapitel – Josquin, Neue Musik, Bach.

Wie benutzt man das Buch?

Die Konsequenz daraus war, das Buch so anzulegen, daß man nach Belieben Josquin, Bach oder die Neue Musik als Lehrgangsgebiet auswählen kann, daß man, wenn man zwei Gebiete erarbeiten will, erst Bach und dann Josquin, erst Josquin und dann die Neue Musik usw. vornehmen kann, daß man, wenn weniger Zeit zur Verfügung steht, z. B. das Kapitel Josquin gründlich behandeln kann und anschließend oder auch vorher nur wenige Aufgaben aus den Kapiteln Bach und Neue Musik arbeitet. Vor 50 Jahren hatte man versucht, vom Kontrapunkt in einem stilistisch nicht näher bezeichneten Bereich »alter« Musik ausgehend sogleich zum modernen Tonsatz hinzumodulieren. Davon ist hier keine Rede mehr. Man hat die Möglichkeit, sich nach eigener Wahl der Gebiete und der Reihenfolge Einblick und handwerkliche Schulung in verschiedenen Musiksprachen zu verschaffen. Das Bach-Kapitel setzt allerdings die Kenntnis des Bach-Kapitels der

Harmonielehre voraus. Die Kapitel Josquin und Neue Musik sind voraussetzungslos und können auch als erste Disziplin (nach der allgemeinen Musiklehre, versteht sich) vor der Harmonielehre erarbeitet werden.

Lese- und Arbeitsbuch

In meiner Harmonielehre geht man einen der Musikgeschichte folgenden Weg, im Kontrapunkt kann man springen. Das ermöglicht ein Überspringen und legt dies sogar nahe. Kein guter Harmonielehreunterricht überspringt aber jede Kontrapunktunterweisung (wenn sie überhaupt springt, was selten genug ist, und nicht nur an einem einzigen Punkt der Entwicklung der Musik verweilt). Musikgeschichtliche Situationen, die Musik von gleich hohem Rang ermöglicht haben, bleiben unbedacht. Das führte mich zu der Idee, vor und zwischen die Arbeitskapitel Lesekapitel zu setzen, in die hier und da auch Aufgaben eingebaut sind, wobei es sich aber mehr um Vertiefung des Verständnisses handelt, nicht um satztechnische Schulung. So läßt sich die Behandlung von Perotin, der Niederländer, von Heinrich Schütz, von Haydns und Beethovens motivischer Arbeit, der Stimmbehandlung von Schumann, Brahms und Wagner für das Fach Kontrapunkt erobern und so läßt sich unter allgemeinen Gesichtspunkten (»geistlich – weltlich«) über Musik denken. Wir Musiktheoretiker haben es doch nicht nötig, den weiten Blick über die Entwicklung vor allem der vorbachschen Musik nur der Musikgeschichtsvorlesung zu überlassen. Ich hoffe also, daß sich die Fächer in Zukunft mehr gegenseitig bereichern und vertiefen werden. Diese Darstellungsweise der Lesekapitel hat natürlich auch auf die Arbeitskapitel abgefärbt. Auch wer den Bleistift nicht selbst zur Hand nehmen will, wird diese Kapitel mit Gewinn und geistigem Vergnügen lesen können. Da dies vielleicht das eigentlich Neue dieser Konzeption ist, werde ich froh sein über jeden, der das Buch praktikabel findet, glücklich aber über den, der es als Lektüre spannend findet und dabei von der Vielfalt musikalischer Ausdrucksmöglichkeiten genau so fasziniert ist wie ich.

Josquin des Prés als Hauptkapitel

Wer Josquins Musik noch nicht kennt (bald wird er sie, so hoffe ich, lieben wie ich), muß es für Spinnerei eines Spezialisten für alte Musik, der die Realität des Musiklebens nicht sehen will, halten, wenn als Hauptarbeitsgebiet kontrapunktischer Schulung die Sprache eines Komponisten gewählt wird, den nur ein Spezialpublikum kennt, der im Musikleben einschließlich der Kirchenmusikpflege Außenseiter ist. Er ist dies aber nicht der Abseitigkeit seiner Sprache wegen, sondern ausschließlich aus Besetzungsgründen. Eine Knaben- und zwei bis vier Männerstimmen! Im gemischten Chor quält sich der Alt in der Tiefe und quälen sich zwei dünn besetzte Tenorstimmen in der Höhe. Das ist das einzige Problem der Wiedererweckung dieser herrlichen Musik. Aber wir sind keine Konzertagentur. Lesend, im Unterricht singend, am Klavier spielend und mitsingend, Schallplatten mit Partitur hörend läßt sich die erstaunliche Expressivität dieser Musik vermitteln und erleben, ohne daß man sich zuvor von der Liebe zu Beethoven und Brahms asketisch abwenden müßte. Wer bislang nur klassisch-romantische Musik kennt, wird unmittelbaren Zugang zu Josquins Musik finden können, da er die Dramatik Beethovens, die Inbrunst des Winterreise-Komponisten, die Leidenschaft eines Brahms transponiert in eine frühere musikgeschichtliche Situation wiedererkennen kann. Nimmt man diesen ersten modernen Ausdrucksmusiker zum Vorbild, lassen sich sogar schon in die ersten Tonsatzaufgaben Phantasie und Ausdruckskraft investieren und diese Fähigkeiten dabei entwickeln. Tatsächlich kann man einen zweistimmigen Satz im Josquin-Stil mit Inbrunst schreiben. Was ist das für ein Gewinn für die Attraktivität eines Ausbildungsfaches und Gewinn zugleich und vor allem für den Studierenden. Ich jedenfalls erinnere mich aus meinem Kontrapunktstudium in erster Linie an Regeln und Verbote und Arbeiten in einem vormusikalischen Übungsbereich. Zieht man nicht vielerorts nach der lebendigen Musikwelt der Harmonielehre die Brille auf, die bunten Kittel aus und ein farblos härenes Gewand an, wenn es im gestrengen Kontrapunktunterricht um strengen Satz geht? Und gleichgewichtig noch dies Argument: Von Josquin gibt es sehr viele zweistimmige Sätze, keine aber von Palestrina. So kann man schon die ersten Aufgaben am Modell eines großen Komponisten ausrichten und nicht nur an Regeln, abgeleitet aus dem mehrstimmigen Werk eines Komponisten wie Palestrina, der selbst von den Ausdrucksmöglichkeiten der Zweistimmigkeit offenbar nicht viel gehalten hat!

Sonderfall Palestrina

Ein Sonderfall des Buches ist das Palestrina-Kapitel. Es steht nicht wie alle übrigen Arbeits- und Lesekapitel für sich, sondern kann sinnvoll nur nach Durcharbeitung des großen Josquin-Kapitels gelesen werden. Gefragt wird hier nur »Was hat sich inzwischen geändert?« Die Unterschiede sind nicht so groß (ja erstaunlich klein, denkt man an die Zwei-Generationen-Distanz), daß ein neues eigenes Lehrgebäude sinnvoll gewesen wäre. Die sehr behutsame Modifikation der Sprache aber ist äußerst aufschlußreich, besteht sie doch in der Beschränkung, nicht der Erweiterung der Mittel, so daß eine vergleichende Betrachtung den Ausdruckswillen Josquins wie Palestrinas beleuchten kann.

Doch eine Ausweitung des Faches!

Es wäre illusorisch, in der für Kontrapunkt verfügbaren Zeit der Musikerausbildung Josquin, Bach und die Neue Musik unterzubringen. Der Dozent wird sich, abgesehen von vorlesungsartigem Referieren über einige Lesekapitel, für Josquin oder Bach entscheiden müssen und nur mit speziell interessierten und besonders befähigten »Freiwilligen« mehr Stoff bewältigen können. Daß die Lehrpläne nicht mehr ermöglichen, ist aber zu beklagen und mehr als dies: Es bedarf hier der alsbaldigen Änderung. Wohin sollen wir denn noch kommen, wenn nach wie vor der ins Orchester entlassene Geiger oder der junge Schulmusiker eine 40jährige Berufslaufbahn beginnt, ohne die Musiksprache der letzten 60 Jahre im Griff zu haben! Das ergibt bei Pensionierung dieser Damen und Herren ein hundertjähriges Verständnis-Vakuum mit verheerenden Folgen. Ich schäme mich, schon so lange als Musikerzieher tätig, daß ich selbst mich auch der Lehrplanfülle bisher tatenlos gebeugt habe. Ich fordere nunmehr aber und weiß mich der Unterstützung der Kollegen sicher, daß dem Fach Tonsatz zusätzlich zur gegenwärtigen Semesterzahl, die für Harmonielehre und Kontrapunkt vorgesehen ist, ein Semester »Tonsatz der Neuen Musik« erobert wird, nicht als Wahlgebiet, sondern als Examens-Voraussetzung. Mit Bedacht ist das Kapitel Neue Musik stilistisch so breit angelegt, daß es dem Spektrum der Neuen Musik, die aufgeführt wird, einigermaßen gerecht wird. Es möchte Einsicht und Hellhörigkeit vermitteln für die Vielfalt der neuen Ausdrucksmöglichkeiten als Basis des Verständnisses, besten Falles der Liebe zur lebendigen Musik. Gelingt uns dies nicht, können wir alsbald den Musiker- und Musikerzieherberuf laufen lassen unter der ehrlicheren, angemesseneren Berufsbezeichnung Museumswächter.

Nur zweistimmig

Im Arbeitskapitel Josquin wird nur zweistimmig, im Arbeitskapitel Bach ebenso ausführlich ein- wie zweistimmig, im Arbeitskapitel Neue Musik teils ein- und zweistimmig, teils »Klaviersatz« gearbeitet. Auf Dreistimmigkeit wurde verzichtet aus folgenden Gründen: Genau wie meine Harmonielehre breitet dieses Buch mehr Stoff aus als üblich, will aber, von der Neuen Musik abgesehen, genausowenig wie die Harmonielehre mehr Zeit für das Fach Tonsatz heraushandeln. Wer aber Josquin zweistimmig erarbeitet hat, gewänne im dreistimmigen Josquin-Satz weniger an Einsicht hinzu als in der zusätzlichen Beschäftigung mit der Ein- und Zweistimmigkeit Bachs und umgekehrt. In der Musikerausbildung wird weitgehend nur zweistimmiger Kontrapunkt verlangt. Wer mehr leisten will und soll (Dirigenten, Tonmeister, Schulmusiker, Kirchenmusiker), sollte statt dreistimmiger Arbeit im selben Stil lieber (oder doch als alternatives Angebot) zwei verschiedene zweistimmige Musiksprachen erarbeiten können. Vorschlag zur Veränderung der entsprechenden Prüfungsbestimmungen: »Ein dreistimmiger Kontrapunkt oder zwei zweistimmige Kontrapunktarbeiten in zwei verschiedenen Musiksprachen.« Im übrigen ist jeder Kollege in der Lage, auf der Basis der hier gegebenen Lehre der Zweistimmigkeit dieselbe Methode auf den dreistimmigen Josquin- oder Bach-Satz zu übertragen.

Keine »Gattungen« mehr

Note gegen Note, 2:1, 4:1, Synkopen und endlich der blühende Kontrapunkt der gemischten Werte: Dieser Lehrgang in fünf Lernschritten war die glänzende Idee des Bach-Zeitgenossen Fux, die von allen späteren Lehrbüchern übernommen wurde und der auch Jeppesens Lehrbuch des Palestrina-Stils folgt. Ich hatte nicht den Willen zur Revolte um jeden Preis, sah mich entgegen meiner ursprünglichen Absicht aber doch gezwungen, von dieser Methode Abstand zu nehmen. Da Bachs Mehr- und auch Einstimmigkeit begriffen wird als melodisch dargestellte Harmonienfolge, wären hier die Gattungen fehl am Platze. Hier bot sich der Aufbau der Harmonielehre an. Haupt- und Nebenfunktionen, Akkordfremde Töne, Zwischendominanten, Modulation sind für Bachs Polyphonie die angemesseneren Lernschritte. Aber auch Josquin wird man mit den fünf Gattungen nicht gerecht. Erstens hielt ich sehr viel mehr Lernschritte für sinnvoll, um die volle Aufmerksamkeit auf jeweils nur ein satztechnisches Mittel zu konzentrieren, und bei diesen speziellen Lernschritten geht es eben nicht nur um ein Schnellerwerden von Ganzen über Halbe zu Vierteln. Und zweitens sind die Gattungen eine Abstraktion von Ausnahmen, von Besonderheiten, und nicht die Lehrvermittlung des Normalfalles. Was die Gattung 2:1 als Durchgang lehrt, ist in der Musik Josquins (auch Palestrinas) von drei Möglichkeiten des Durchgangs die seltenste, ist die Ausnahme und nicht die Regel. Weshalb soll man sie in den Mittelpunkt der Lehre stellen? Synkopen haben bei Josquin eine formbildende Funktion, sie bremsen Entwicklungen ab, markieren Phrasenschlüsse, Klauseln. Ihre Inflationierung als Gattung ist musikfern. Einzelne Viertel und Viertelgruppen sind selten eingesetzte Mittel, die stets etwas Bestimmtes wollen. Dies sollte im einzelnen geübt werden in sparsamem Einsatz. In der Gattung 4:1 dagegen lernt der Studierende die Verwendung von Vierteln zur Figuration, als Bewegungsfüllsel. In die vier ersten, die mechanischen Gattungen kann man keine Musikvorstellung investieren. Versucht man es dennoch, wie manche Lehrbücher vorschlagen, denkt man an eine falsche Musik. Der beste Weg zur Musik ist dieses wohl nicht. Bei unserer Methode dagegen fängt das Komponieren schon bei der allerersten Aufgabe an, denn schon sie folgt Modellstellen aus großen Kompositionen. Dieses Angebot des Lehrganges halte ich für außerordentlich stimulierend oder, um ein Wort von Wilhelm Maler zu verwenden, für »musikalisierend«. Es gibt keine Etüden, keine Vorarbeiten. Sogleich ist man mitten in der Musik. Schon die erste Aufgabe darf nicht nur »richtig« gelöst werden.

. . . und auch kein Cantus firmus

Ein Lehrbuch des zweistimmigen Kontrapunkts, das jeder Aufgabe, jedem Lernschritt Lösungsbeispiele großer Komponisten voranstellt, kann nicht Cantus-firmus-Satz lehren, weil es für diesen bei den Meistern kein Exempel gibt. (Bei Josquin und Palestrina jedenfalls nicht; wohl selten bei Bach, in dessen Kapitel abschließend als einer von drei Satztypen dann auch der Cantus-firmus-Satz vorgestellt wird.) Komposition für zwei gleichberechtigte und gleichartige Stimmen ist aber auch bei Bach der bei weitem überwiegende, bei Josquin der einzig vorhandene Satztyp. Also kann nur er Modell dieses Lehrbuches sein. Schreibt man aber beide Stimmen selbst, einmal in dieser, einmal in jener Stimme vorausplanend, einmal in jener, einmal in dieser Stimme reagierend, am besten aber – und dies sollte man anstreben – Stellen sogleich zweistimmig erfindend, gewinnt man, und zwar schon von der ersten Aufgabe an, einen viel lebendigeren Einblick in das Wesen der Polyphonie, in das Miteinander der Stimmen, die erst zusammen ein Ganzes sind. Man erfindet eine zweistimmige Einheit. So begreift man, daß Mehrstimmigkeit nicht Addition von Einzelstimmen ist. Daß Stimmen in polyphoner Musik in jedem Augenblick selbständig sein, »gegeneinander« geführt werden müssen, ist die musikferne Forderung eines Denkens, das, weil es die Harmonielehre gibt, im Kontrapunkt in allem das Gegenteil sehen möchte (siehe die Vorbemerkung zum zweiten Kapitel). Gattungsübungen fördern diesen Irrglauben: Der Cantus firmus, wenngleich immer sicher wie Mutters Hand führend, verläuft bei allen fünf Gattungen so völlig anders als die einzig zu schreibende Stimme, sodaß diese immer »contra« bleibt, isloiertes Einzelwesen. Freilich: Bei Klausuraufgaben hat es die Cantus-firmus-Methode leichter. Aber auch für frei zu erfindende Zweistimmigkeit lassen sich Aufgaben präzisieren: Man gibt ein Anfangsmotiv, verlangt mindestens X Takte mit X Zwischenklauseln, die zu den Stufen X und X führen sollen, gibt einen Text, gibt Stimmlagen an. Fürs »Mündliche« aber ergeben sich höchst anregende, ja soll ich sagen menschenwürdige Prüfungsgespräche: Analyseaufgaben vorgelegter Noten. Kann diese Komposition von Josquin sein? Wenn nein, warum nicht? Was ist innerhalb des Josquin-Stils das Außergewöhnliche dieser Stelle? Wie könnte man den Einsatz dieses und jenes Mittels begründen? Welche der drei vorgelegten zweistimmigen Kompositionen ist für Josquin typisch? Welche Merkmale kennzeichnen diesen zweistimmigen Satz als für die Bach-Zeit typisch? . . .

Mit Buntstift . . .

Dies ist keine komprimierte Anweisung, die von Regel 1 bis zu Regel 487 führt. Es wird über Musik nachgedacht, wobei sich Beschreibung, Analyse, Interpretation, »Nachdenken über« und satztechnische Anweisung zum Ganzen fügen. Man lese unbedingt mit mehrfarbigen Stiften, grün anstreichend was als Gedanke interessant, blau was zu lernen, rot was als satztechnische Anweisung zu merken ist, Aufgabenstellungen gelb . . . Nur so läßt sich das für intensive Benutzung notwendige Gerippe herausschälen, das ich als Gerippe nicht liefern wollte.

Gratias

Gerhard Schwarz, als Kirchenmusikschuldirektor mein erster nachsichtiger Arbeitgeber vor fast dreißig Jahren, hatte mich als erster zu Josquins ›Missa Pange lingua‹ geführt, und zwar nicht nur zu den Noten, sondern auch zur Expressivität dieser Musik. Der Bonner Universitätsmusikdirektor Emil Platen hatte die Notwenigkeit, den Kontrapunktunterricht heute analysebetont auszurichten, schon erkannt und mir plausibel gemacht, als meine ›Harmonielehre‹ noch nicht geschrieben war. Beiden Wegweisern habe ich viel zu verdanken. Manches von meinen Hamburger Kollegen Albrecht Gürsching, Christoph Hohlfeld und Werner Krützfeldt Gelernte ist in diese Arbeit eingegangen. Meine Schüler Hans-Ulrich Fuß und der Komponist Ulrich Busch haben für das Josquin-Kapitel die bereitwilligen Versuchskaninchen abgegeben. Sie haben es überstanden und sind gute Musiker geworden. Beratung und verlegerische Betreuung kann ich mir nicht fördernder denken, als ich sie auch für dieses Buch bei Wolfgang Rehm fand. Jürgen Sommer danke ich für kluge redaktionelle Betreuung. Karl Vötterle, dem ich viel verdanke und den ich als imponierende Erscheinung in bleibender Erinnerung habe, hätte sich gewiß für dieses Buch besonders interessiert. So sei es seinem Andenken gewidmet.

Hamburg, im Sommer 1979   Diether de la Motte

Literaturempfehlung

Perotins ›Sederunt‹ erschien 1930 mit lesenswertem ausführlichen Kommentar in praktischer Bearbeitung und kritischer Übertragung durch Rudolf Ficker in der Universal-Edition Wien Nr. 8211.

Wir beziehen uns auf folgende Ausgabe: Die drei- und vierstimmigen Notre-Dame-Organa, Kritische Gesamtausgabe, herausgegeben mit sehr ausführlicher Einleitung von Heinrich Husmann 1940, Nachdruck 1967 Georg Olms, Hildesheim / Breitkopf & Härtel, Wiesbaden.

Guillaume Dufay: Messe ›Se la face ay pale‹, Bärenreiter-Ausgabe 1712.

Die Chansons von Gilles Binchois, herausgegeben von Wolfgang Rehm, Musikalische Denkmäler Band II, B. Schott's Söhne, Mainz 1957.

Heinrich Isaac: Missa Carminum, Möseler, Wolfenbüttel, Das Chorwerk, Heft 7.

Josquin des Prés: Möseler, Wolfenbüttel, Das Chorwerk, die Hefte 3, 18, 20, 23, 33, 42, 57 und 64 sowie vor allem Heft 1, die ›Missa Pange lingua‹.

Wichtig der Aufsatz von Carl Dahlhaus: ›Zur Akzidentiensetzung in den Motetten Josquins des Prez‹, in: Musik und Verlag, Karl Vötterle zum 65. Geburtstag, Bärenreiter 1968.

Heinrich Schütz: Neue Ausgabe sämtlicher Werke, vor allem Kleine Geistliche Konzerte I, Bärenreiter-Ausgabe 3664.

Joseph Müller-Blattau: Die Kompositionslehre Heinrich Schützens in der Fassung seines Schülers Christoph Bernhard, Bärenreiter 1964.

1. PEROTIN (~1200)

Um 1200 erreicht die *mehrstimmige Musik* ihren ersten Höhepunkt in den großen *Organa* des an *Norte Dame* zu Paris tätigen Perotin, die solchen Beifall des kunstbegeisterten Bischofs fanden, daß ihre alljährliche Aufführung angeordnet wurde. Was das zu so früher Zeit bedeutet, kann man erst ermessen, wenn man bedenkt, daß noch die Kompositionen der fürstlich oder kirchlich angestellten Barockkomponisten »zum alsbaldigen Gebrauch bestimmt« waren und zu jedem Anlaß neue Stücke komponiert werden mußten. Musik wurde gebraucht, mehr vielleicht als heute, aber sie wurde auch verbraucht wie die jeweils neu verfaßte Predigt zum Gottesdienst, wie die jeweils neu aufgetischten Speisen der fürstlichen Tafel. Ein kunstsinniger Bischof aber erhebt um 1200 eine Komposition zum Werk, zum Kunstwerk, das des Überdauerns gewürdigt wurde und nicht nur gehört, sondern wieder gehört werden sollte.

Perotins ›Sederunt Principes‹ ist ein vierstimmiges Werk (*Organum quadruplum*) von erstaunlicher Ausdehnung. 135 Takte umfaßt der erste, 300 Takte der zweite Teil. Musikalische Großformen dieses Umfangs sind generationenlang nach Perotin nicht mehr geschrieben worden. Alle übrige mittelalterliche Musik kannte nur die kleine Form. Diese Leistung Perotins ist um so erstaunlicher, wenn man bedenkt, welche *Beschränkung der Mittel* einem Komponisten dieser Zeit noch auferlegt war. Perotin gelang aber trotz dieser Widerstände des Materials die Schaffung einer kontrastreichen Musiksprache von solcher Vielfalt des Ausdrucks, daß sich sowohl die Polyphonie Josquins oder Bachs als auch die Musik der Wiener Klassik auf ihn berufen können als Ausgangspunkt ihrer Kompositionstechnik. Jahrhunderte vor der Trennung von Kompositionstechnik und Musikdenken in die zwei feindlichen Brüder Polyphonie und Homophonie verfügte Perotin über beide und lehrt uns, wie sinnlos es sein kann, Musik, die souverän über alle Mittel verfügt, nur durch die eine oder die andere Brille sehen zu wollen.

Aber studieren wir zunächst *die engen Grenzen des kompositorischen Materials*. Sämtliche Organa der Perotin-Zeit verwenden als Takteinheit (wie Heinrich Husmann, der Herausgeber der kritischen Gesamtausgabe der Organa, wollen wir ruhig die moderne Bezeichnung »Takt« schon verwenden) nur – in unsere Notationsweise übertragen – die ‹›·, gegliedert in ǀ ♩.♩. ǀ. Notenwerte konnte man noch nicht notieren, die Mensuralnotation war noch nicht entwickelt. So konnte man nur wenige rhythmische Modelle verwenden, die sogenannten *Modi*:

Die Bindebögen unseres Notenbeispiels geben an, welche Noten man in Gruppen notierte, um durch diese Notenverbindungen, sogenannte Ligaturen, deutlich zu machen, welcher Modus gemeint war:

 = 3 + 2 + 2 = 1. Modus =

 = 2 + 2 + 3 = 2. Modus =

Lange Noten konnten aber ausgefüllt werden. Beispielsweise konnte aus ♩♩♩♩ werden ♩♪♪♪♩ usw. Auch konnte der Komponist von einem in einen anderen Modus überwechseln. Übertragung von *Modalnotation* bleibt jedenfalls ein Problem und die vorhandenen Übertragungen unseres Werkes (von Ficker, Husmann) weichen an etlichen Stellen voneinander ab. (Wir beziehen uns hier auf die Husmannsche Übertragung.) Da in den Werken Perotins und seiner Zeit die mit betonter kurzer Note beginnenden Modelle (2. und 4. Modus) nur eine sehr untergeordnete Rolle spielten, ist das dominierende Modell ♩♩♩♩ und die Variationsbreite der gesamten Musik dieser Zeit nicht größer als diese Ausschnitte:

Komponiert wurden die vierstimmigen Organa für Männerstimmen in Tenor- und Altlage. Der Gesamtumfang im ›Sederunt‹
ist

(Das *b'* erreicht die oberste Stimme nur einmal.) An Vorzeichen
gibt es nur *B* statt *H* sowie sehr selten *Es* statt *E*. Der Tenor, die
am wenigsten bewegliche Stimme, hält sich an eine gregorianische
Melodie, hat aber die Freiheit, die Töne unterschiedlich lange
auszuhalten. Am Taktanfang sind, von Ausnahmen (gelegentlich
Quartsextakkord, gelegentlich Dissonanz, gelegentlich Durdrei-
klang) abgesehen, vollkommene Konsonanzen die Regel. Dazwischen bewegen sich die Stimmen frei, ohne aufeinander zu achten.
Stimmführungsregeln gab es also nicht: Einklangs- und Oktavparallelen finden sich ebensooft wie Fortschreitungen von Dissonanz
in Dissonanz. Der Gesamtklang am Taktbeginn dehnt sich nicht
weiter aus als eine Oktave. Unmöglich wäre also ein Klang wie:

Notieren wir, wie zu einem *Cantus-firmus-Stück* die übrigen
Stimmen an den Taktanfängen gesetzt sein können. Zu berücksichtigen ist dabei, daß ein Cantus-firmus-Ton viele Takte lang
liegenbleiben kann. Dadurch bleibt der Gesamtklang entweder
fixiert über längere Strecken oder es ergeben sich geringe Varia-
tionsmöglichkeiten. Beim zweiten Lösungsbeispiel dehnt sich der
dritte Cantus-firmus-Ton über etliche Takte aus, beim dritten
Beispiel der vorletzte Ton. Die Oberstimmen verändern während-
dessen die klangliche Situation.

Stellen wir uns die *Aufgabe,* zu dem folgenden Cantus firmus
(dem Anfang des großen ›Viderunt omnes‹ von Perotin) mögliche
Taktanfangsklänge in mehreren Fassungen zu erfinden. Wir
arbeiten dabei nur das Gerüst einer Komposition aus; einzelne
Klangsituationen können über viele Takte hinweg unverändert
stehen bleiben. Perotin dehnt den angegebenen Cantus-firmus-
Abschnitt über 166 Takte aus! Bei diesem recht hoch liegenden
Cantus werden fast ständig eine oder einige Stimmen tiefer liegen:

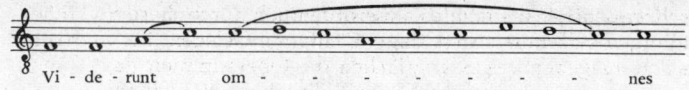

Vi - de - runt   om - - - - - - - - - nes

Sehen wir nun, wie trotz dieser Einengung der Mittel eine Komposition *von großer Vielfalt und Ausdruckskraft* möglich wurde. Beobachten wir zunächst die großformale Planung Perotins. Nur in der Schlußsteigerung des Werkes ist die sogenannte Discantus-Technik eingesetzt. (Discantus meint einen bewegten Cantus firmus, der die Klangsituation Takt für Takt ändert.) Im übrigen bleiben die Cantus-firmus-Töne sehr lange liegen und fixieren die klangliche Situation dadurch in einer Weise, wie es Musik späterer Zeiten nie wieder gewagt hat. Denn erstens bewegen sich beim Orgelpunkt barocker Musik die Oberstimmen ja gerade gegen die harmonische Autorität des Liegetones, und zweitens regiert ein so berühmter Orgelpunkt wie derjenige zu Beginn von Bachs Matthäuspassion nur fünf Takte! – Die Großform des ›Sederunt‹ sieht so aus: Klangflächen I / einstimmiger gregorianischer Choral / Klangflächen II / Discantus-Abschnitt, bei dem sich der Cantus taktweise bewegt / einstimmiger gregorianischer Choral. Hier die schematische Darstellung der beiden großen *Klangflächen-Abschnitte*:

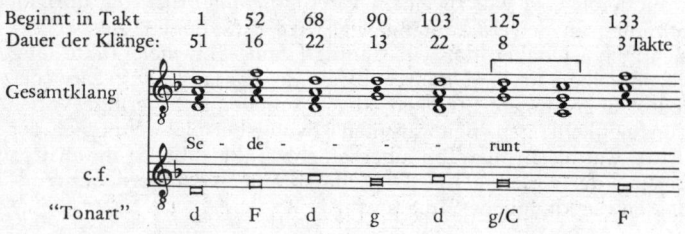

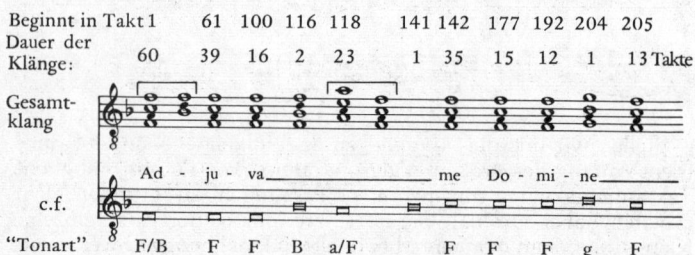

(Der noch folgende Discantus-Abschnitt bringt die restlichen 85 Cantus-firmus-Töne in 83 Takten unter; der Wechsel des musikalischen Geschehens ist also außerordentlich durch diese Beschleunigung des harmonischen Aktionstempos.) Gelegentlich verlassen in den ausgedehnten Klangflächen die Oberstimmen das Klangzentrum auch auf schweren Zeiten. Dissonanzen auch am Taktbeginn sind häufig. Tendenzen zur Errichtung eines zweiten Klangzentrums über demselben Cantus-Ton (abschnittweise oder im Hinundherpendeln) sind angegeben durch zwei Klänge über dem Cantus-firmus-Ton. Durch Bewegung der Oberstimmen füllt sich der Klangraum. Dabei entstehen dann entweder – in unserer Sprache ausgedrückt – Dur- oder Mollklangräume. Dies ist durch die punktierten Noten und die Bezeichnung »Tonart« vermerkt. Diese Wechsel, beispielsweise das erste jubilierende F-dur nach 51 d-moll-Takten, müssen auch um 1200 schon als Ereignisse von elementarer Kraft erlebt worden sein, zu deutlich sind sie kompositorisch herausgestellt:

Zwar bestimmt der Cantus firmus, wo Dur- und wo Mollräume gesetzt werden müssen. (Über F wäre f-moll damals ebenso unmöglich wie A-dur über A.) Perotin aber bestimmte die Dauer der Klangräume. Der erste Großabschnitt läßt vom Cantus her mehr Mollklänge entstehen, der zweite ist nach Dur hin akzentuiert. Perotin verstärkt diese Tendenz, indem er im ersten Großabschnitt die Durfläche über *F* mit 16 Takten relativ kurz hält und im zweiten Abschnitt einen der beiden Mollräume (um *D* herum g-moll) mit nur einem Takt ganz flüchtig streift, den anderen (a-moll über *A*) mehrfach nach F-dur hin wechseln läßt.

Begrenzt sind die Möglichkeiten kompositorischer Gestaltung im *Melodischen*. Unser Beispiel zeigt mehrfachen Tausch der Lagen: Einmal liegt die zweite Stimme über der ersten, einmal die dritte über der zweiten. Abschnittweise finden sich beibehaltene Motive. So imitiert die zweite Stimme am Ende unseres Ausschnitts die pentatonische Figur, die in der dritten Stimme ab Takt 52 erscheint. Nicht immer stehen leere Quint-Oktav-Klänge auf den schweren Zeiten. Man sehe F-dur in Takt 55, Sekunddissonanz in Takt 54. Mehrfach finden sich Einklangsparallelen (*d''* *c''* in Takt 53, 55, 57). Dissonanzen werden noch ohne Beachtung späterer Stimmführungsregeln passiert (Takt 48, 54): Die Stimmen waren frei zwischen den Stütztönen. Jede Stimme mußte in diesen Zwischenräumen gleichsam mit einem eigenen Ohr gehört werden, anders also, als wir spätere polyphone Musik hören.

Daß und wie bei so viel *Einschränkung der Entfaltungsmöglichkeiten* dann doch *kompositorische Freiheit* walten kann, ist faszinierend. Man muß die Ereignisse nur entdecken; sie liegen auf einem Gebiet, das aufmerksam durchzuhören wir nicht gewohnt sind und nicht gelernt haben. Es geht um *Proportionen von Phrasendauern*: Rhythmus im großen könnte man sagen, da Rhythmus im Detail Modus-bestimmt war und gestaltende Eingriffe kaum zuließ. Perotin setzt verschiedene Möglichkeiten der Phrasen-Rhythmik ein. Dominierende Technik der Phrasen-Rhythmisierung ist die Bildung symmetrischer Gruppen mit anschließender Zerstörung der Symmetrie. Hier der Ausschnitt einer noch längere Zeit fortgesetzten Reihung von Zweitaktgruppen:

Man beachte die regelmäßige Dissonanz auf dem zweiten Taktschwerpunkt jeder Gruppe. So werden Zweitakter zur untrennbaren Einheit zusammengeschweißt. Wenn man dieses Musizieren als sehr *weltlich* empfindet, ist man nicht im Unrecht. Diese Phrasensymmetrie war die Basis weltlicher Lyrik im Mittelalter und ist uns auch aus alter Tanzmusik wohlbekannt. (In den Hymnen fand sie Eingang ins geistliche Melodiengut.) Häufig aber – und das ist das Besondere der Perotin-Technik – ruft eine Störung nach längerer Phrasensymmetrie zu erhöhter Aufmerksamkeit auf, kündet das Ende eines Abschnitts und wichtige neue Ereignisse an. So folgen auf unser letztes Notenbeispiel die Taktgruppen 2, 2, 2, (insgesamt damit acht Zweitaktgruppen; dann aber folgt) 4!, 3! Während der letzten Gruppe treten zwei neue Cantus-firmus-Töne ein. Hier die beiden vorherige Symmetrie störenden Taktgruppen:

Im Notenbeispiel auf Seite 21 haben wir ab Takt 48 3 + 1 Takte. Dieses 3 + 1 richtet wiederum als Störung vorheriger Symmetrie die Aufmerksamkeit auf neue Ereignisse. Voran ging dieser Störung ein regelmäßiges 2 + 4, 2 + 4, 2 + 4. Diese dreimalige, nur geringfügig variierte Sechstaktgruppe, deren Glockenmotiv von der ersten in die zweite Stimme und wieder zurück wandert, lautet beim ersten Male:

Der Hörer erlebt also:

Takt 30	48	52	69
2 + 4, 2 + 4, 2 + 4, 3! 1!		Neuer C.f.-Ton, neue Oberstimmenereignisse: 12taktige Phrase mit abschließendem 2 + 3!	Neuer C.f.-Ton mit 2 + 4, 2 + 4, 2 + 4. Abschließender Höreraufruf: 2, 2! Neuer C.f.-Ton in der letzten Zweitaktgruppe.

Am Anfang der »Klangfläche II« im zwischen B-dur und F-dur pendelnden Klangraum wird ein viermaliges 2 + 3 als Zone der Ordnung, der Ruhe, der Gelöstheit, der *Harmonie* (der Harmonie der Phrasen!) dem Hörer besonders deutlich:

Die Phrasen führen vom B-dur-Quartsextakkord aus über erstaunliche Dissonanzen, auch auf Taktschwerpunkten, und erreichen erst abschließend die vollkommene Konsonanz über *F*. (Ficker ist der Auffassung, daß das zweite Vorzeichen, das laut Husmann nur in Takt 20 für die dritte Stimme gilt, für alle Stimmen während des ganzen Abschnitts gilt.)

Man beachte besonders die Struktur der Zweitaktgruppen. Dreimal dasselbe Modell, beim vierten Male eine gewiß als Steigerung zu verstehende Abweichung. Jetzt wird *G* als Spitzenton erreicht. Eine Siebentaktgruppe folgt dieser Oase der Ruhe.

Der Abschnitt mit den unregelmäßigsten Phrasendauern – man darf wohl »wild, aufgeregt, stürmisch, unruhig, bewegt« oder Ähnliches assoziieren – bringt ab II Takt 252 die Phrasendauern 15,4,3,4,5 . . . Kürzeste Phrasen und deutlichstes Regelmaß bringen die bereits besprochenen Takte ab II Takt 120 mit 2,2,2,2,2,2,2,2,4,3! »Fröhlich, tänzerisch, unkompliziert« wären mögliche Assoziationen des heutigen Hörers. Wer will sagen, wie man damals hörte! Sicher ist nur, daß so deutliche *Strukturwechsel* von Perotin nicht zufällig gesetzt wurden. Die längste Symmetrie-Fläche steht unmittelbar vor dem abschließenden Discantus-Abschnitt und bringt ab II Takt 177 die Phrasendauern 4,4,4,4,4,4,4,4, 6! 3!

Soweit die Phrasensymmetrie und ihre Störung. Man kann von hier aus den Bogen spannen bis zu periodisch geborgenen Themen Mozarts oder Beethovens, denen auflösende, entwickelnde Abschnitte folgen, in denen periodische Taktgruppensymmetrie planmäßig zerstört wird. Aber auch spätere kontrapunktische Musik kann ihre Technik bis auf Perotin zurückverfolgen, wie die folgende Stelle deutlich macht:

Zunächst ergibt sich aus der Vielzahl der Pausen eine reduzierte Satzdichte. 20 Takte lang gibt es keine gemeinsamen Pausen, und doch haben wir hier die pausenreichste Stelle des ganzen Werkes! Würden die Ausführenden stets gleich laut spielen und singen, ergäbe sich hier automatisch ein leiserer Abschnitt. Es mag sein, aber niemand weiß es mehr, daß die Ausführenden diese kompositorische Tendenz noch verdeutlicht haben.

Zwei in melodischer Kurve und Bewegungsmaß gegensätzliche Motive, beide dreitaktig, werden durch alle drei bewegten Stimmen getragen; jedes taucht in jeder Stimme auf. Viermal bringen die Oberstimmen beide Motive gleichzeitig, tauschen sie aber jedesmal aus. *Stimmentausch* dieser Art als Mittel der Belebung des Satzes, der Variation der Wiederkehr einer Gruppe gibt es häufig bei Perotin. Die für spätere Fugenkomposition unerläßliche Technik des »*doppelten Kontrapunkts*« hat hier ihren Ausgangspunkt. Die Motiv-freien Töne sind in diesen 23 Takten deutlich in der Minderzahl. In den letzten drei Takten nimmt das in der Oberstimme liegende ruhige Motiv die lebhafte Bewegung des Gegenmotivs an und erweist sich in dieser neuen Gestalt als wörtliche Spiegelung des anderen Motivs: Von motivischer Arbeit (Haydn) und von durchbrochenem Satz (ein Terminus, der Beethovens Technik bezeichnet, Motive durchführend durch die Stimmen springen zu lassen) möchte man fast schon sprechen.

Aufgabe: Analyse des folgenden Ausschnitts nach den bisher erarbeiteten Gesichtspunkten.

1. Die *Taktgruppenstruktur* feststellen und interpretieren, die sich aus der Disposition der Pausen ergibt.

2. Die *Klänge* auf den Taktschwerpunkten und in der Taktmitte untersuchen. Es gibt vollkommene Konsonanzen, unvollkommene, also Dreiklänge, und Dissonanzen. Welche Klänge sind wann eingesetzt? Welche formale Struktur ergibt sich daraus? Wird die These bestätigt oder in Frage gestellt, daß sich die Stimmen außerhalb der Taktakzente unabhängig voneinander und ohne Rücksicht aufeinander bewegen? Liegt Zufall oder bewußte Planung vor?

3. Gibt es *Motiv-Wiederholungen?* Wodurch unterscheidet sich die zweite Stimme von den anderen?

4. *Lagentausch* untersuchen. Welche Stimme liegt jeweils am höchsten?

5. Markiere alle *Oktav- und Einklangsparallelen;* sie sind hier häufiger eingesetzt als sonst in dieser Komposition. Erst später wurde, um sich von dieser Musik bewußt abzusetzen, zum Fehler erklärt, was hier noch ein bewußt eingesetztes Kunstmittel ist. (Siehe zur Frage der Parallelen in der ›Harmonielehre‹ Seiten 23–24.)

Diese Organa müssen mit einem leidenschaftlichen Engagement musiziert und gehört worden sein, das unserer Spätzeit der Sublimierung in Interpretation und Musikerleben unvorstellbar ist. Mißbilligende Zeitgenossen sprechen von übertriebener Exaltiertheit, von Begleitung des Gesanges durch Bewegungen der Hände, von gauklerischen Gesten, von einem Singen, das bald nach Ekstase, bald nach Gewieher von Pferden klingt, vom Donnergebrüll der Orgel, von Cymbeln, Glockenspielen, Flöten usw. Gemischt vokal-instrumentale Aufführung ist ebenso anzunehmen wie eine Art von Instrumentation: Knabenstimmen und Instrumente verschiedener Oktavlagen dürften abschnittweise eingesetzt worden sein. Zeitgenössische Berichte bestätigen auch, daß dynamische Abstufungen gemacht wurden. Wenn man wie ich glaubt, daß derartige Berichte zutreffen, muß man leider feststellen, daß es keine angemessene Schallplatteneinspielung dieser keineswegs asketisch-starren, vielmehr orgiastisch-prächtigen Musik gibt, deren Wiedergewinnung für unser Musikleben immer noch aussteht.

2. DUFAY – OCKEGHEM – BINCHOIS – ISAAC: ZWISCHEN »ARTISTISCH« UND »VOLKSTÜMLICH« (15. JAHRHUNDERT)

250 Jahre nach Perotin. Musik hat sich vielfältig, nicht nur in einer Richtung gradlinig, entwickelt. Wir müssen von nun an *in mehreren gleichzeitigen Musikgeschichten* denken. (Wie weit ist Pergolesi vom Zeitgenossen Bach entfernt, Schubert vom späten Beethoven; wenig Gemeinsames gibt es zwischen Schönberg und Orff, Webern und Richard Strauss.)

Viele verschiedene in Perotins Werk im Keim angelegte Musikmöglichkeiten entwickeln sich auf getrennten Wegen. Für welchen der Wege sollen wir uns mit unserem Kontrapunktbuch für zuständig halten? Welche Musik soll nach wie vor von der Musiktheorie unbeachtet bleiben, da sie sich einem willkürlich verengten Blickwinkel nicht fügt? Der Leser, gebeten, die Weite unseres Gesichtsfeldes zu tolerieren, möge deshalb zuvor bedenken, daß wir heute einen allzu eingeschränkten Begriff von »kontrapunktisch« haben. Das liegt daran, daß wir seit der Entwicklung der Harmonielehre die Musik in zwei Bereiche getrennt sehen. Sind wir geneigt, in einem Falle nur *Akkordfolgen* zu registrieren, erwarten wir im anderen Falle *selbständige Stimmen*, die möglichst wenig miteinander zu tun haben, sich um Gottes Willen keine gemeinsamen Zäsuren leisten (siehe einschlägige Regeln für die Fugenkomposition im französischen Standardwerk von Gedalge: Regeln, die allem Rechnung tragen, nur nicht der Bachschen Fugenpraxis) und in einer Art von Profilierungsneurose in jedem Augenblick Eigengewicht repräsentieren. Seien wir uns dessen bewußt, daß es sinnlos wäre, jede vor dem Zuständigkeitsbereich der Harmonielehre geschriebene Musik als kontrapunktisch im Sinne oben beschriebener Mißverständnisse festzulegen, ihr also jede Tendenz zur Periodenbildung, zur Verschmelzung und Eintracht der Stimmen, auch zur Unterordnung der einen unter die andere abzusprechen. Im Mittelalter bedeutete Kontrapunkt schließlich nichts anderes als *mehrstimmige Musik*. Wir sollten es also vermeiden, unter dem Gesichtspunkt des Kontrapunktischen nur die Hälfte des Komponierten sehen zu wollen.

Man singe die folgende Stimme durch und prüfe, was man in Erinnerung behält. Man mache den vergeblichen Versuch, einem anderen, der diese Stimme nicht gehört hat, sie so treffend zu beschreiben, daß er sie unter anderen herauskennt als die, die ihm beschrieben wurde. *Musik ohne persönliches Profil*, flüchtig, ohne

S

Ky - ri - e _____ e -

T

usw.

- - - lei - - son. Ky - - -

ri - e _____ e - lei - - -

- - - - son.

Ky - - - ri - e _____ e -

lei - - - - - son.

*Guillaume Dufay (~ 1400–1474), Sopran des vierstimmigen Kyrie
II aus der Messe »Se la face ay pale«*

greifbare Gestalt. Eben dies aber war vornehmste Absicht des
Komponisten des 15. Jahrhunderts. »In omni contrapuncto varie-
tas accuratissime exquirenda est« schrieb der zeitgenössische
Theoretiker Tinctoris. Heinrich Besseler, Herausgeber dieser
Messe, erläutert, »daß man unter varietas einen Wechsel der
musikalischen Technik in jeder nur denkbaren Form verstand und
daß dieser Wechsel als Hauptgebot galt. Verpönt war also die
Wiederholung von Notengruppen oder Figuren, die Symmetrie des
Gleichen und Ähnlichen, die Wiederkehr eines bestimmten Rhyth-
mus im nächsten Takt. Die Melodik soll jeden Augenblick etwas
Neues, Unerwartetes, Überraschendes bringen. Nicht das Regel-
hafte wird gesucht, sondern Unregelmäßigkeit.«

Der mitnotierte Anfang des Tenor zeigt, daß die Stimmen zu
dieser Zeit noch nicht im Sinne unserer Taktgliederung einer
einheitlichen Ordnung unterworfen waren. (Siehe die Erläuterun-

gen zu Ockeghem.) Überprüfen wir die *Varietas* im Rhythmischen und nehmen wir dabei die Einheit 𝅗𝅥· als Betrachtungsmaß, so finden wir bei 25 Einheiten 22 verschiedene Gestalten. Hier sind sie zusammengestellt, geordnet nach dem ersten Notenwert jeder Einheit. Nur die drei mit ← bezeichneten Gestalten treten doppelt auf:

Zwei Generationen nach Dufay wird Varietas ersetzt durch *Imitation, Motiv, motivische Arbeit.* Erst das 20. Jahrhundert kennt wieder Vergleichbares: eine athematische Musik. Uns ist diese Gestaltungsweise also wenig vertraut, und wir müssen einige Bemühung investieren, um sie zu verstehen. Eine außerordentliche Verfeinerung unseres Gehörs wird sich zur Belohnung einstellen.

Aufgabe: Die Dufay-Stimme in einer Tonhöhe »sprechen« auf ta-ta-ta.

Nächste Aufgabe: Zuhören ohne die Noten zu verfolgen, wenn einer dasselbe tut, aber dabei einige »Fehler« einbaut. (Würden weitere mögliche aber von Dufay nicht verwandte Gruppen eingebaut, könnte ein solcher Fehler natürlich nicht bemerkt werden, wohl aber die Wiederkehr einer Gruppe nach kurzer Zeit oder gar unmittelbar.) Die Zuhörer sollen dabei sogleich reagieren, wenn sie eine Gruppenwiederkehr bemerken. Herausstellen wird sich dies: Werden auffällige Gestalten wie etwa 𝅗𝅥. 𝅘𝅥𝅘𝅥𝅘𝅥. 𝅘𝅥𝅘𝅥𝅘𝅥 mehrfach eingesetzt, wird man dies eher bemerken als etwa die Wiederkehr von 𝅗𝅥 𝅝. Auch sind natürlich Wiederholungen leichter zu erkennen, wenn sie dicht hintereinander erfolgen, der Anfang also etwa so variiert würde:

(Notenbeispiel) usw.

Natürlich besteht *die effektivste Aufgabe* darin, ähnliche rhythmische Stimmverläufe selbst zu erfinden. Die Freiheit dazu sollten wir uns nehmen, auch wenn wir nicht die Möglichkeit haben, uns hier eingehender zuvor mit den Gesetzen der Musik dieser Zeit zu befassen. Es mag für uns genügen, wenn wir folgendes beachten: Verlängerung eines Notenwertes ist nur möglich um denselben Wert:

(Notenbeispiel)

oder um die Hälfte des Wertes:

(Notenbeispiel)

Ausgeschlossen waren also Verlängerungen wie diese:

(Notenbeispiel) ˣ⁾

ˣ⁾ Längere Noten an kürzere anzubinden bleibt bis zur Neuen Musik die Ausnahme, legitimiert durch einen anderen Sprachduktus. Slawische Sprachen z. B. kennen kurze betonte und längere unbetonte Silben ♩♩ .

Janáček, ›Jenufa‹:

Jses   mla - díj   já   bych   bed-ná
(bist ein   Kind noch)   (denn bei   ihm nur)

34

Sonst finden sich Verstöße nur im Dienste äußerster Expression, die die Grenzübertretung legitimiert und ihre Ungeheuerlichkeit erlebbar macht. Wo fände man hinreißendere Beispiele als bei Monteverdi! Im ›Combattimento‹ verabschiedet sich die sterbende Clorinda von Tancred und der Welt so:

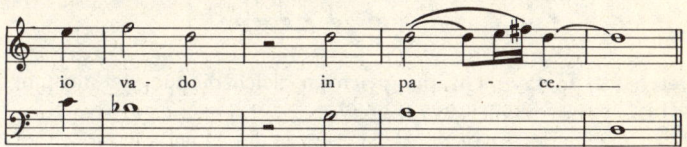

und abgesehen von der Mühelosigkeit der »falschen« Quartvorhaltsauflösung im vorletzten Takt (kein irdisches Gewicht zieht die Quartdissonanz mehr hinab) findet auch ihr Gesangsrhythmus bereits die Erlösung von irdischer Bewegungsenergie. Häufiger setzt Monteverdi derartige Überbindungen allerdings ein im Dienste äußerster Erregung, so im ›Orfeo‹:

Maßen wir uns also diese Ausdrucksmittel nicht an. Beobachten wollen wir aber noch, wie behutsam bei Dufay *Bewegungen* eingeführt werden. An den fünf markierten Stellen wird durch eine einzelne halbe Note eine folgende schnellere Bewegung behutsam eingeleitet. Seltener findet man in derselben Messe auf schwerer Zeit beginnende Bewegungssteigerungen:

Viertel sind beschränkt auf ♩.♩ und ♩.♪♪♪, sie stehen also allein oder in Dreiergruppen. Viertel auf schwerer Zeit, also in Zweier- oder Vierergruppen finden sich auch, in der ganzen Dufay-Messe aber nur an drei Stellen, und zwar in dieser Form:

Derartige Bildungen sind also äußerst selten und sollten bei unseren Übungen ausscheiden (das heißt, sie sollten eben auch nur auf zehn Seiten einmal vorkommen!).
Viertel-an-Viertel-Bindung wie

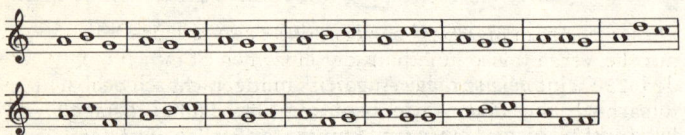

verwendet Dufay nicht, die gleich-an-gleich-Bindung ist also nur bei größeren Notenwerten erlaubt.

Man erfinde *rhythmische Stimmverläufe,* möglichst ohne eine Kontrolliste der bereits verwendeten Gestalten anzulegen. Man singe lieber das bereits Geschriebene immer wieder durch und übertrage dem Ohr die Aufgabe, eventuelle Motivwiederholungen aufzuspüren.

Machen wir uns bei der Dufay-Stimme auch die Meisterschaft der Varietas im Melodischen durch eine Stichprobe bewußt. In welcher melodischen Nachbarschaft steht beispielsweise der Ton *A?* Notieren wir bei jedem Auftritt eines *A* die nachfolgenden Töne:

Bei 15 Dreitongruppen finden wir 12 verschiedene melodische Gestalten! (Verständlich, daß wiederkehrende rhythmische Gruppe nicht mit wiederkehrender Melodiegestalt zusammentrifft, denn dies würde die Auffälligkeit der Wiederholungen in gefährlichem Maße verstärken.)

Johannes Ockeghem (~1430–1495), Anfang des Pleni sunt coeli aus der Missa ›L'homme armé‹

Dieser zweistimmige Satz beweist, daß das Varietas-Prinzip nicht nur die Verhältnisse innerhalb der einzelnen Stimmen regelte. Bei den 23 Takteinheiten dieses zweistimmigen Abschnitts gibt es tatsächlich nur eine wiederkehrende Gruppe (sie steht bei der Wiederkehr in der anderen Stimme), also 22 *unterschiedliche Taktrhythmen!* Man stelle sie sich zusammen, wie wir es bei Dufay unternahmen. So erst kommt die Meisterschaft der Ausnutzung aller Möglichkeiten ans Licht. Auch hier beginnen fast alle »schwarzen Noten« auf leichter Zeit. Ausnahme: Die ersten Viertel der Unterstimme. Aber eigentlich beginnen sie ja auch nicht eine neue Bewegung, sie setzen vielmehr den Impuls der Oberstimme fort. Man beobachte auch das Varietas im Verhältnis der beiden Stimmen zueinander. Die längste Bewegung beider Stimmen im selben Rhythmus ist das zweimal auftretende

Aber sehen wir nun auch die Gegentendenz zur Einheit des Geschehens, zur Zusammenfassung. Dreimaliger Anstieg zu Beginn in der Oberstimme zu den Gipfelpunkten *C, D–E, F. F* wird nochmals bestätigt und nach der Pause *G,* der höchste Ton des ganzen Abschnitts, erreicht. Die weiteren Spitzentöne des Abschnitts ergeben die sanftere, insgesamt abfallende Kurve F E D D Es D C. Geschehen auf mehreren Ereignisebenen also: Ständige schnelle Veränderung der Tondauern und Tonhöhen, aber langsames Fortschreiten der Gipfeltonmelodie.

Und auch die *Tendenz zur motivischen Durchdringung* ist schon spürbar; in den ersten drei Takten der Oberstimme scheinen der Wille zum Motiv und das Denken in überkommener Varietas um die Vorherrschaft zu ringen. Das zweistimmige Qui tollis aus derselben Messe bestätigt diese Tendenz:

Das vollständige satztechnische Reglement dieser Zeit ist schwer zu fassen. Abweichend von der späteren voll durchorganisierten und in ihren Mitteln stärker beschränkten Sprache Palestrinas finden wir im Notenbeispiel auf Seite 37: 1. Wechselnote nach oben, 2. nachklappende Einklangsparallelen, 3. verdeckte Quintenparallele im zweistimmigen Satz, 4. Sprung in gleicher Richtung in den Einklang. – Wenn wir uns auch weder zwei- noch auch nur einstimmige Übungen in der Sprache Ockeghems zutrauen wollen, sollten wir doch wissen, womit wir im Melodischen bei der Analyse von Musik dieser Zeit zu rechnen haben: Septimensprünge fehlen völlig. Aufwärts finden sich wenige Sprünge der großen und kleinen Sexte, abwärts fehlen beide völlig. Oktavsprünge gibt es in großer Zahl; sie führen meist aufwärts, nur selten abwärts.

Johannes Ockeghem, Anfang des Credo aus der ›Missa Prolationum‹
In diese von heute aus schwer verständliche Musiksprache wollen wir nur so weit eindringen, daß wir eine Ahnung bekommen von der *außerordentlichen gedanklichen Artistik* solcher Kompositionskunst. In ähnlicher Weise wird auch in späteren Jahrhunderten kontrapunktisches Denken immer wieder einmal dahin tendie-

ren, die Grenze des gehörsmäßig spontan Erfaßbaren zu überschreiten. (Die Frage, ob dem Gehör das alleinige Urteil über Rang
und Sinn des Komponierten zusteht, ist also nicht erst eine Frage
des 20. Jahrhunderts.)

   Die Brevis ⊐ der Niederländer bestand aus drei oder zwei ◇, die
◇ aus drei oder zwei ♩, während oberhalb und unterhalb dieser
Werte die Zweiteilung die Norm war.
                     Siehe hier Seite 40.
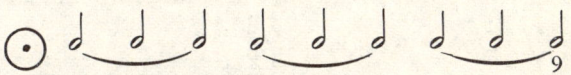
Wir haben heute ja auch Zwei- oder Dreiteilung (♩ = ♪♪ oder ♪♪♪),
dies aber ist der Unterschied: Bei uns steht der Wert der Note fest,
die geteilt wird, so daß sich die Teilnoten mit Halb- oder Drittelzeit
begnügen müssen. Bei den Niederländern war es umgekehrt. Hier
hatte die ♩ ihre feste Dauer, so daß die ◇ und erst recht die ⊐
unterschiedlich lang dauern, je nachdem, aus wievielen ♩ sie
bestehen. Wie lange also kann eine ⊐ dauern?

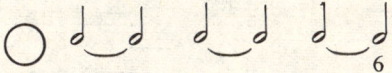

(tempus perfectum cum prolatione perfecta)

(tempus perfectum cum prolatione imperfecta)

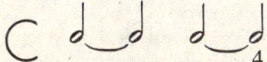

(tempus imperfectum cum prolatione perfecta)

(tempus imperfectum cum prolatione imperfecta)

Der Schlag also ändert sich nie, eine Brevis aber ist erfüllt nach
3mal 3, 3mal 2, 2mal 3 oder 2mal 2 Schlägen.

   Schauen wir uns jetzt den Anfang des Credo aus der wegen
ihrer kontrapunktischen Artistik berühmten ›Missa Prolationum‹
von Ockeghem an. Jede Stimme wurde in einer Zeit, die noch keine
Partituren kannte, in einem eigenen Stimmbuch notiert. Hier aber
genügten Ockeghem zwei notierte Stimmen; eine galt zugleich für
Sopran und Alt, die andere für Tenor und Baß. Es handelt sich
nämlich um einen *Doppelkanon* der beiden Ober- und der beiden
Unterstimmen. Vor der ersten Note aber standen zwei Schlüssel
und zwei Mensurzeichen. Durch die verschiedenen Schlüssel

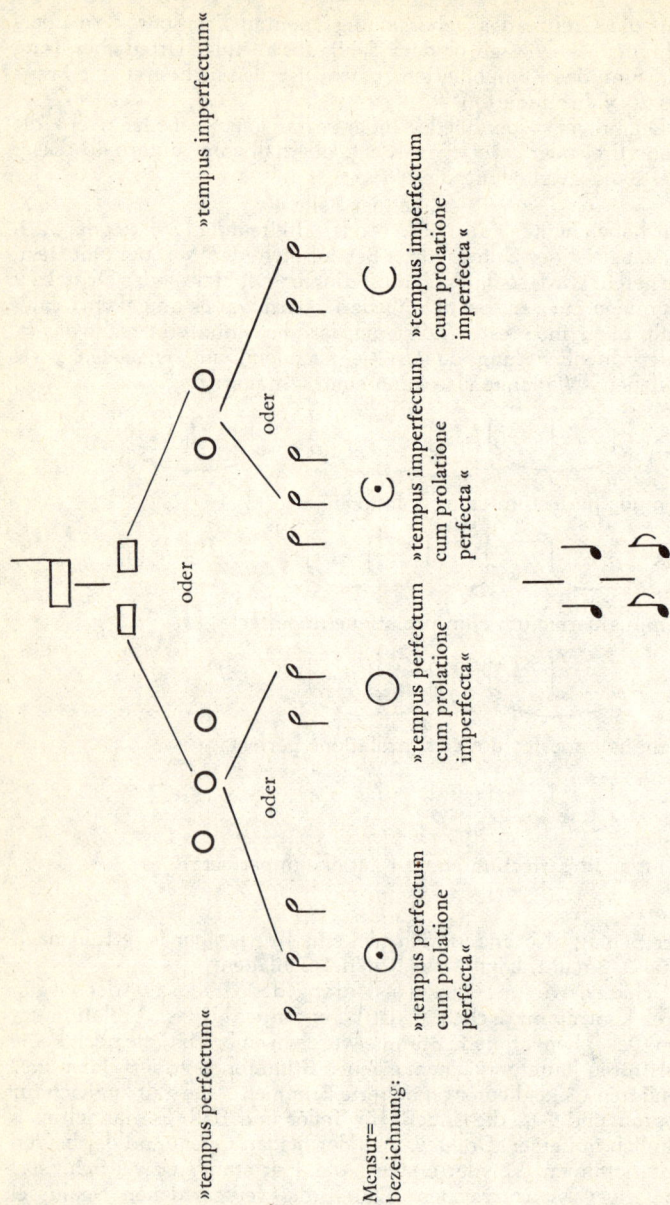

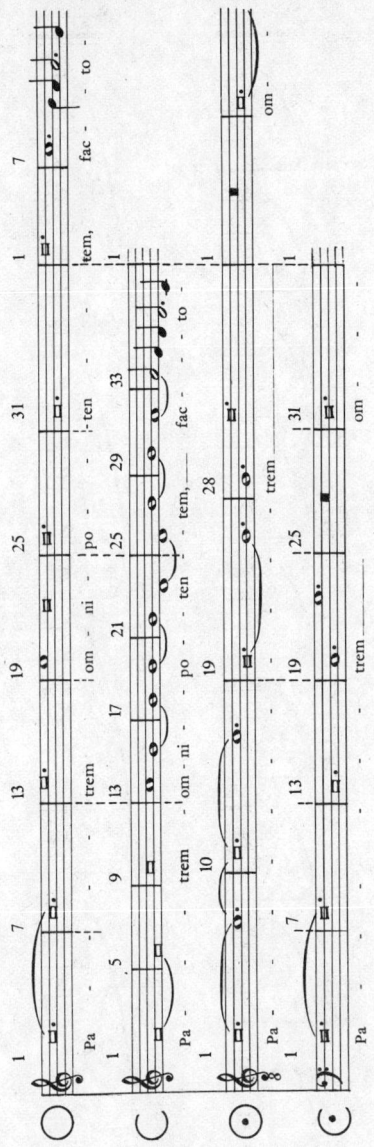

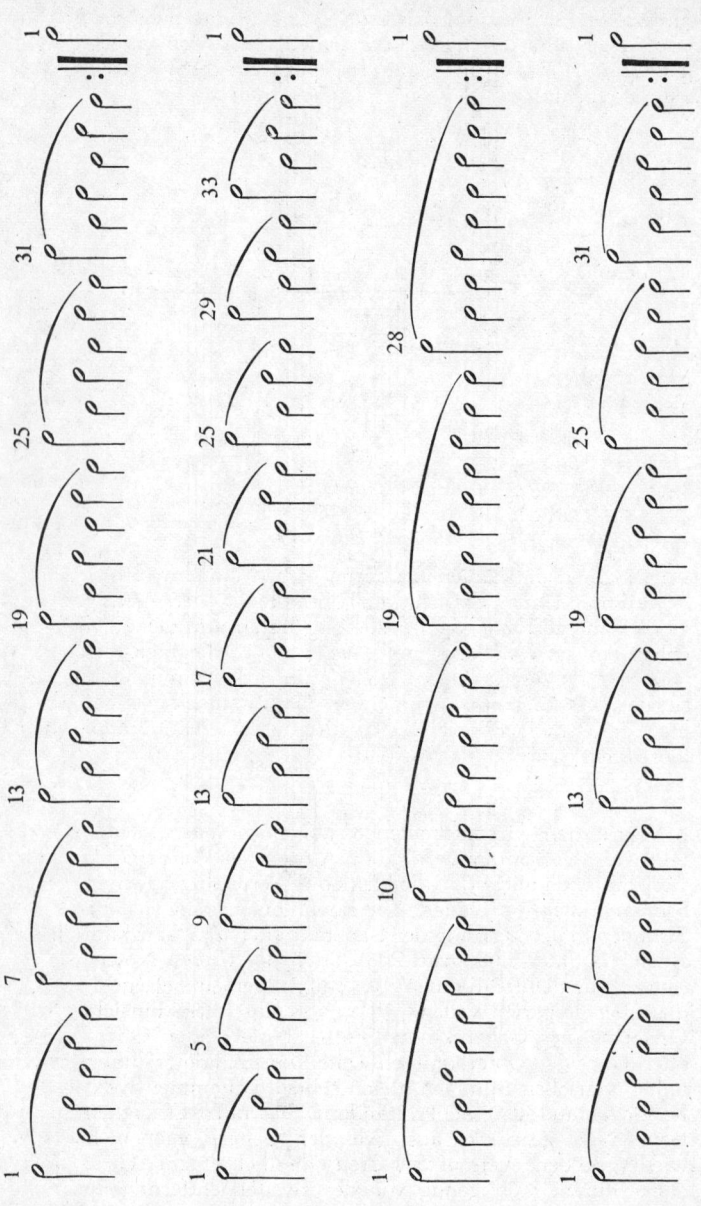

42

musizieren nun Alt und Baß jeweils eine Quinte tiefer als Sopran und Tenor, und durch die unterschiedlichen Mensurzeichen hat jede Stimme ihre eigene Gangart, denn Ockeghem verwendet alle vier Möglichkeiten:

Eine ☐ dauert
also so lange wie
3 x 2 = 6 Halbe (S.)
2 x 2 = 4 Halbe (A.)
3 x 3 = 9 Halbe (T.)
2 x 3 = 6 Halbe (B.)

Wir notieren die Dauer von sechs halben Noten heute natürlich ☐· und die Dauer von neun halben Noten ☐·○· . Auch sind wir Taktstriche gewohnt, die für alle beteiligten Stimmen gemeinsam gelten, müssen sie aber nun, wenn wir Ockeghems Musik in moderne Partitur bringen wollen, für jede Stimme individuell setzen: Erst nach 36 Halben haben alle Stimmen einen gemeinsamen Taktstrich! Es ergibt sich also in unserer Notationsweise dieses merkwürdige Partiturbild:

Siehe hier Seite 41.

Vergleichen wir die beiden Kanon-Stimmpaare: Jede »Ganztaktnote« des Sopran (6 ♩) hat im Alt nur den Wert eines kürzeren Ganztakts, nämlich 4 ♩, alle kleineren Werte aber haben in beiden Stimmen dieselbe Dauer. Ebenso unterscheiden sich die tiefen Stimmen in der Deutung der Ganztaktnoten und Ganztaktpausen. Auch die unterschiedliche Realisation der beiden Noten auf »--trem« in den Unterstimmen entsprach allgemeinen Regeln, die wir uns aber ersparen wollen. Für uns genügt diese Einsicht: Jeder Einsatz einer »Ganztaktnote« entfernt die beiden Oberstimmen oder die beiden Unterstimmen weiter voneinander, während kurze Noten von allen Stimmen gleich schnell genommen werden, den Kanonabstand also nicht verändern. Das nutzt Ockeghem in der Konzeption geschickt aus, wie der weitere, hier nicht mehr wiedergegebene Verlauf des Credo deutlich macht: Hat sich die erste Stimme weit genug von der zweiten entfernt (ebenso die

dritte weit genug von der vierten), setzt Ockeghem keine Ganztaktnoten mehr ein, so daß jetzt die kanonisch verbundenen
Stimmen in gleichbleibendem Abstand, in gleichem »Tempo«
musizieren. Der endgültige Abstand der Oberstimmen beträgt
neun o. Ockeghem mußte also in den Oberstimmen neun Ganztaktnoten einsetzen, um den gewünschten Abstand herzustellen.
Dieselbe Strategie entfernt die dritte von der vierten Stimme, nur
ist hier die Zeitdifferenz der Ganztaktnote nicht 6:4 wie bei den
Oberstimmen, sondern 9:6.

Ein unglaubliches Kunststück, nicht im Grad der Kompliziertheit, sondern nur in der Art der Kompliziertheit unterschieden von
einer Bachschen Quadrupelfuge oder dem kontrapunktischen
Variationssatz aus der Sinfonie von Anton Webern.

Begreifen und Erleben ist nicht dasselbe. Wir sollten versuchen,
dieser uns so ferne gerückten Musikwelt noch einen Schritt
näherzukommen, sollten versuchen, vier unterschiedliche gleichzeitig ablaufende *Zeitstrukturen* zu erleben. Zu viert klopfen wir
unter Einsatz dreier Lautstärkegrade.

Siehe hier Seite 42.

Natürlich hat eine solche Übung nur Sinn, wenn es den Klopfen-
den gelingt, dabei die anderen Zeitstrukturen hörend aufzunehmen
und nicht um der eigenen Aufgabe willen die Ohren zu verschlie-
ßen. Man meint, und das ist das Verblüffende dieser Erfahrung,
sich im Bereich einer Komposition von 1960 bis 1975, nämlich einer
Komposition der Amerikaner Steve Reich oder Terry Riley zu
befinden.

Hier noch ein zweistimmiges Beispiel aus derselben Ockeghem-
Messe:

Auch hier wieder Kanon in Quintdistanz. In der Unterstimme ergeben zwei o eine Ganztaktnote, in der Oberstimme drei o. Mit jeder Ganztaktnote bleibt also die Oberstimme um eine o zurück. Die beiden »Ligaturengruppen« erscheinen in der Unterstimme als, so daß sie in beiden Stimmen, dem Reglement des 15. Jahrhunderts entsprechend, »zwei Takte« erfüllen. Wieder sehen wir, daß der Komponist, wenn der gewünschte zeitliche Abstand der Stimmen erreicht ist, keine Ganztaktnoten mehr einsetzt.

Gilles Binchois (~ 1400–1460), Chanson »Adieu, adieu«

souvenir, Le plus hault bien qui
esjouir Quant j'eslonge mon
de partir, Adieu celle que

me puist advenir, Bele et
souverain desir Et la
tant ay chiers veir. Mon provre

bonne que j'aim autant comchose que plus volontiers
coer vous remaint par ma

moy. 2.8. Le dire adieu me donne
voy. 6. Aultre que vous ne joui
foi,

46

Hier haben wir eine 500 Jahre alte Musik, die sich unserem Musikverständnis unmittelbar erschließt ohne besondere vorherige Einarbeitung. – Ein weltliches Lied, wie sie Binchois in großer Zahl nach Texten führender Dichter der Zeit komponierte; kammermusikalische Kostbarkeit für Singstimme (und mitgehendes Instrument, wie der textlose Abschnitt beweist) und zwei Instrumente gleichen Stimmumfanges. Die vielen Stimmkreuzungen der Begleitstimmen erschweren dem Ungeübten die Darstellung am Klavier. Durch diese Technik der Stimmkreuzungen innerhalb des eng begrenzten Stimmumfangs tritt der Eindruck zweier selbständiger Stimmen zurück und es drängt sich die Empfindung eines *Klangbandes* auf. Man sehe nur Stellen wie diese:

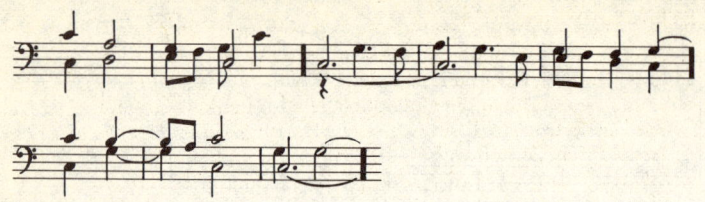

Um so mehr hebt sich die Gesangsstimme solistisch hervor. Hier die Stimmumfänge, die die Sonderstellung der Singstimme deutlich machen.

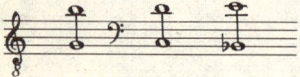

Auch ist die Singstimme die bewegteste, ja sie ist nicht Stimme unter mehreren, sie ist die deutlich führende Melodie.

Auffallend modern ist die Tonalität des Stücks: Regelrechtes Dur. Erstaunlich für ein Werk dieser Zeit ferner die, man möchte schon fast sagen, »motivische« Durchgestaltung der Melodie. 16mal bringt sie das rhythmische Element ♩. ♪, das in beiden Instrumentalstimmen zusammen nur achtmal erscheint. Im Melodieverlauf dieselbe Konzentration auf eine einzige Geste. Gipfelkurven, die einmal *A*, einmal *H* erreichen, sonst immer wieder zum *G* drängen. Das gibt diesen motivisch eng verwandten *G*-Melodien ihre Eindringlichkeit. Gerade ihre große Ähnlichkeit macht jedoch auch deutlich, daß sie nie ganz genau gleich wiederkehren.

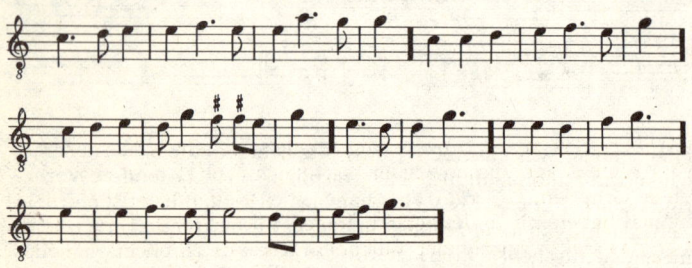

Immer wieder fast dasselbe. Weit sind wir entfernt vom Reichtum der Varietas-Musik, von ihrer Materialfülle, die natürlich Anonymität mit sich bringt und Persönliches versteckt im Allgemeinen. (Ebendies war ja auch die Absicht der Kirchenkomponisten.) Hier dagegen ein unverwechselbares Stück *Ich-Musik*, getragen nicht mehr nur vom satztechnischen Können, sondern bereits vom Einfall. (Getragen vom Einfall heißt aber auch abhängig im Gelingen vom Einfall!) Man vergleiche nur unser Chanson mit dem ebenso kostbaren »De plus en plus«, bei dem Binchois eine ganz andere melodische Möglichkeit eingefallen ist: Große Bewegung im Tonraum, mehr Sprünge, jede Phrase zielt auf einen anderen Gipfelton hin. – Klingen die ersten acht Takte nicht wie Musik des 19. Jahrhunderts »im Volkston«? Unser spätes »volkstümlich« ist also Stilzitat; bei Binchois hat diese Musiksprache den Zauber des »zum ersten Male«.

Anders das zuvor dreistimmig wiedergegebene Chanson: Es singt seine Klage immer wieder fast-gleich. Von den 16 rhythmischen Gruppen ♩ ♪ führt nur eine einen Sekundschritt hinauf, dreimal haben wir in den letzten beiden Takten Terzfall, zwölfmal aber das Seufzermotiv der fallenden Sekunde. Binchois scheint Schubert beinahe näher zu stehen als seinem Zeitgenossen Dufay . . .

Heinrich Isaac (1460–1517), Christe eleison Nr. 2 aus der ›Missa Carminum‹

Von Anfang an steht der *Faszination des Komplizierten*, der kontrapunktischen Artistik die *Tendenz zum Schlichten*, zum unmittelbar Verständlichen gegenüber. Könnte man einerseits im Gang der Musikgeschichte wie auch im Entwicklungsgang einzelner Komponisten eine abwechselnde Anziehungskraft der beiden Pole sehen, wird man andererseits auch in einzelnen Werken das Problem des Ausgleichs beider Tendenzen zum Gegenstand der Betrachtung machen können. Isaacs Liedermesse, in die zahlreiche Volksliedmelodien eingearbeitet sind, mehr, als man bisher nachweisen konnte (vieles klingt volksliedhaft, aber die Lieder selbst sind nicht mehr bekannt), ist ein deutliches Beispiel der Tendenz zur Einfachheit der Musiksprache.

Die dritte und erste Stimme führen das bekannte Innsbruck-Lied Isaacs im Kanon durch. Dabei wechselt der Einsatzabstand zwischen einem und anderthalb Takten. Dies läßt sich schwer begründen, jedenfalls nicht als satztechnische Notwendigkeit. Die zweite Phrase wäre zum Beispiel auch im Taktabstand möglich gewesen:

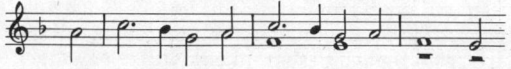

Es ergibt sich durch den wechselnden Abstand aber, daß sämtliche Phrasen der ersten Stimme auf schwerer Zeit enden, doch hielte ich es für übertrieben zu behaupten, daß Isaac dies beabsichtigt habe. Eher ist anzunehmen, daß ihn die Freiheit von strenger Kanonmechanik gereizt hat. Kleine Abweichungen im Melodieverlauf hingegen lassen sich als satztechnische Notwendigkeiten erkennen. So mußte die dritte Stimme ihre zweite Phrase, vom Lied abweichend, mit *G* beginnen. Beim Einsatz der dritten Phrase wurde dagegen die notwendige Abweichung in der ersten Stimme vorgenommen (sonst hätten sich Einklangsparallelen *F–G* ergeben). Keine der beiden Stimmen ist also die eindeutige Hauptstimme, erst beide zusammen ergeben den Cantus firmus.

Isaac hat seine eigene Weise mehrfach gesetzt und dabei unterschiedlich gefaßt. In Forsters Sammlung von 1539 lautet sie so (transponiert in die Tonart unseres Christe):

Vier Takte lang sind beide Melodiehälften gleich. Interessant ist nun, wie Isaac im Christe mit dem *Problem der Wiederholung* fertig wird. Zu allen Zeiten neigen Komponisten dazu, in polyphonen Werken wörtliche Wiederkehr zu umgehen und fließender Weiterentwicklung den Vorzug zu geben. Isaacs Verwendung einer schlichten Liedmelodie in einem Messesatz führt zur Konfrontation von Liedperiode und Entwicklungspolyphonie. Der letzteren wird hier geringer, aber meisterhaft eingesetzter und dadurch doch sehr effektvoller Tribut gezollt. Die zweite Liedhälfte beginnt mit kurzer Note, auftaktig. Diesen kleinen Unterschied baut Isaac im Christe zu einer *großen Steigerung der Bewegung* aus, obwohl sich seine Änderungen im vierstimmigen Satz auf die wenigen mit ⁘ markierten Stellen beschränken. Nur zweimaliger Auftaktenergie nach Pause in den ersten fünf Takten entsprechen aber nun an der Parallelstelle im zweiten Teil sechs Auftakteinsätze nach Pause!

Wohlgemerkt: Steigerung wird nicht mit Aufwand zelebriert. Der Satz bleibt schlicht und der schlechte Hörer wird an Steigerung kaum etwas bemerken vor dem erst am Ende erreichten Spitzenton und der ihm vorausgehenden großen Viertelbewegung. Dem feinen Ohr aber ist diese Schlußstelle nicht »Steigerung«, sondern Konsequenz, »Ergebnis von Steigerung«, die sich vorher in intensivierter Auftaktenergie manifestierte.

Zwischen »volksliedhaft schlicht« (Isaac) und »akrobatisch kompliziert« (Ockeghem) sowie zwischen fließender Varietas (Dufay) und motivisch durchgestalteter »Melodie mit Begleitung« (Binchois) liegt das weite Feld der mehrstimmigen Musik. Es wäre engstirnig, eine der vielen Möglichkeiten als *die wahre Polyphonie* herausstellen zu wollen. Man würde damit nicht auf die wahre Musik verweisen, sondern auf die kunstferne Enge eines eigenen Standpunkts, an dem Musik nur verkümmern kann.

3. JOSQUIN DES PRÉS: MOTIVISCH-IMITATORISCHE POLYPHONIE (~ 1500)

»Desprez hat die musikalische Sprache seines Zeitalters in einem Maße mitgeprägt und in ihrer Entwicklung beeinflußt wie kein anderer Komponist. Sein Werk wurde als säkulares Ereignis empfunden.« »Seine Kompositionen erreichten ... eine ungeheure ... Verbreitung in allen europäischen Musikländern« (Helmuth Osthoff). Nicht nur die epochale Bedeutung des Meisters, dessen Musik Luther als »vom heiligen Geiste inspiriert« bezeichnete, motiviert uns, seine Sprache zur Grundlage des zweistimmigen Kontrapunktlehrgangs zu machen. Sein Werk enthält zahlreiche zweistimmige Sätze, und auch in den mehrstimmigen Werken gibt es auffallend viele zweistimmige Abschnitte, so daß wir uns stets originale Werke zum Vorbild nehmen können (so auch später bei Bach), während man im Falle Palestrinas immer nur annehmen kann, wie er vielleicht geschrieben hätte. Zweistimmigkeit ist bei ihm stets nur Anfangssituation; im drei- und mehrstimmigen Satz erst erfüllt sich seine Musiksprache. Hinzu kommt noch dies: In Josquins Zweistimmigkeit gibt es viele schlichte Stellen, die sich, ohne längere Vorarbeit erforderlich zu machen, als Modell bereits für unsere allerersten zweistimmigen Tonsatzarbeiten eignen. Wir werden also nicht mit praxisfernen Vorübungen beginnen müssen, sondern »komponieren« vom ersten Takt an. Sicher regt das die Phantasie an und fördert die Motivation. Und schließlich: In Josquins (wenngleich in unserem Musikleben derzeit zu wenig präsenter) Musik spricht eine voll entfaltete, im Einsatz der Mittel überraschend vielseitige Musiksprache von großer Intensität des Ausdrucks. Zwangsläufig geht jede Beschäftigung mit Josquin über bloßes Handwerk hinaus. Jede Tonsatzarbeit in dieser Sprache fordert (und fördert damit zugleich) den Musiker. Josquin lebte von ~ 1440 bis 1521 (1524?).

TONMATERIAL

Das Tonmaterial der Zeit um 1500 ergibt sich aus der Quintenkette *B F C G D A E H*. Als Skala – aber um eine Skala handelt es sich eben nicht – hieße das

B und *H* sind aber nicht als Nachbartöne zu verstehen (die Folge *B H* wäre undenkbar), sondern als Gegensätze, die einander ausschließen:

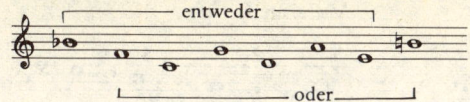

Josquin notiert demgemäß entweder ohne Vorzeichen oder mit einem ♭:

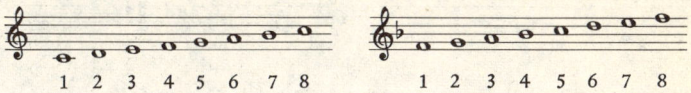

Leiterfremde Leittöne (Subsemitonium = »unterer Halbton«) können in Schlußwendungen (Clauseln) dem 2., 5. oder 6. Ton einer dieser Skalen kurzfristige Stabilität verleihen, während zum 4. und 8. Skalenton leitereigene Leittöne führen. Stets steht der Zielton auch schon vor dem Leitton.

Material I:

Nicht verwandt: Die Leittöne zum 3. und 7. Skalenton, also *dis →e, ais →h.*

Material II:

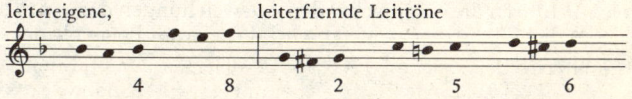

Nicht verwandt: Die Leittöne zum 3. und 7. Skalenton, also *gis →a, dis →e.*

Chromatische Erhöhung von Tönen zur Bildung von Zwischenleittönen dieser Art wurde aber nicht notiert. Sie beim Musizieren einzusetzen war selbstverständliche Musikerpraxis. Bei Neuausgaben alter Musik setzen Herausgeber diese Vorzeichen im Kleindruck über die Noten.

Material I: *Material II:*

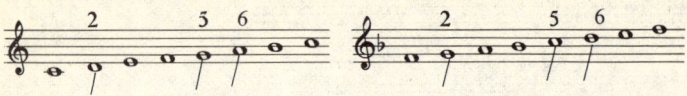

Dazu kommen kurzfristig und wechselnd als Zwischenleittöne:

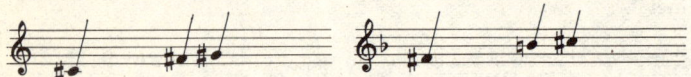

Nun kann Bereich I gelegentlich in Bereich II »modulieren«. An solchen Stellen (nur an solchen Stellen!) notiert Josquin selbst ein Vorzeichen im Notentext, also ein

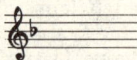

Hier einige Beispiele der Originalnotation Josquins:

»Missa Pange lingua,« Kyrie I

(lei) - - - - - - son.

Credo

an - te o - - mni - a sae - cu - la

Motette »O bone et dulcissime Jesu«

am danna - re me

In Bereich II führen die entsprechenden Ausweichungen dazu, daß dort gelegentlich *E* durch *Es* ersetzt wird. Wiederum Beispiele der Notation Josquins:

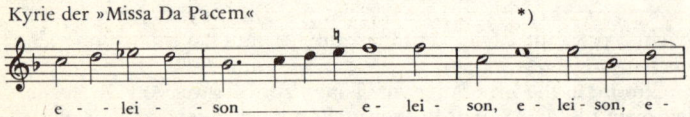

Kyrie der »Missa Da Pacem«   *)

e - - lei - - son e - lei - son, e - lei - son, e -

*) Dieses erneute *Es* zu notieren hat Josquin nicht mehr für notwendig gehalten: Daß der folgende Sprung kein Tritonus sein

durfte, wußte jeder Musiker. So war auch klar, daß hier nur *B*, nicht *H* gemeint war:

»Pange lingua«

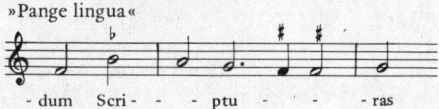

- dum Scri - - - ptu - - - - ras

Die folgende Stelle macht die Notwendigkeit deutlich, *Es* im Baß zu notieren und nicht dem klugen Musiker zu überlassen. Im Verlauf der Einzelstimme wäre *E* genausogut gewesen. Das *B* der Oberstimme aber erzwingt *Es* für den Baß, und das kann der Musiker, der ja aus einem Stimmheft, nicht aus der Partitur musiziert, nicht wissen:

»Missa Da Pacem« Gloria

Imitation führt gelegentlich zu einer Art *Polytonalität*. Im Credo der ›Missa Pange lingua‹ hören wir für einige Takte gleichzeitig beide Bereiche (Phrygisch auf *E* und Phrygisch auf *A*). Das läßt sich natürlich nur so durchführen, daß die Oberstimme in diesen Takten auf den Ton *H* verzichtet:

Ich schlage vor, daß wir uns für unsere eigenen Sätze auf vorzeichenlose Notation, also auf Bereich I beschränken. Für die Analyse müssen wir aber im Gedächtnis behalten, daß *Es* nur auftreten kann, wenn *B* und nicht *H* regiert, wenn also eine Modulation in Bereich II vorliegt. Nie möglich waren die Töne *Des, Dis, Ges, As, Ais*. Nie komponiert wurden Leittonkadenzen zum 3. oder 7. Skalenton hin. (Vergleiche das Kapitel »1600« meiner ›Harmonielehre‹.)

Wir müssen in diesem Tonraum durch eigene Schreibübungen denken lernen.

Aufgabe: Eine Linie, die nur kleine, große und reine Intervalle bis zur Quinte verwendet, soll alle möglichen Zwischenleittöne zum Einsatz bringen. Lösungsversuch: Phrygisch. (Nach *E* *) führt nur ein natürlicher Leitton von oben.)

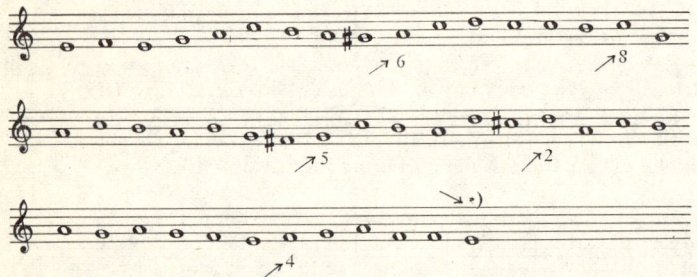

Kritik: Natürlich treten diese Kadenzen nie so dicht gedrängt auf und vor allem wird nicht so schnell aus einem Kadenzbereich in einen anderen gewechselt. Eine Linie, die alle möglichen Zielpunkte ansteuern will, müßte sehr viel länger sein.

TAKT

(Siehe im vorigen Kapitel die Ausführungen zu Ockeghem.) Einheit ist die Brevis ⨝ , die sich unterteilen kann in drei oder in zwei ganze Noten, je nach dem der Stimme vorangestellten Zeichen. Wir haben also zwei Taktarten: Den Drei-Ganze- und den Zwei-Ganze-Takt.

O = | o   o   o | C = | o   o |

NOTENWERTE

Das 16. Jahrhundert kannte den Punkt, aber nicht den Bindebogen und notierte ohne Taktstrich. Alle Dauern sind zu vermeiden, die sich nicht durch einfache oder punktierte Noten darstellen lassen.

Zu vermeiden wäre also z. B.:

Die eingeklammerten Notenwerte ließen sich nämlich im 16. Jahrhundert gar nicht notieren.

Reglement also: Verlängerung eines Wertes ist nur möglich um denselben Wert oder um die Hälfte des Wertes. Stilwidrig wäre ,wie die Umschrift in heutige Notation beweist: Fehlerhaft ist die »lang-an-kurz«-Überbindung. (Siehe die Ausführungen zu Dufay im 2. Kapitel.)

Aufgabe: Notiere einen rhythmischen Ablauf in der Schreibweise Josquins. Es sollen eingesetzt werden die Notenwerte sowie einzelne Viertel (d. h. nach verlängerter halber Note). Notiere, was du schreibst, gleichzeitig (nicht nachher, sondern Ton für Ton in beiden Fassungen) in moderner Taktnotation, so wie es im eben gegebenen Beispiel geschah. Die moderne Taktnotation gibt die Kontrolle, daß sich keine stilfremden »lang-an-kurz«-Überbindungen einschleichen. Versuche, jede Fassung auf »ta-ta-ta« durchzusprechen (die andere Schreibweise jeweils zuhalten). Erfinde je ein Beispiel für beide Taktarten.

MÖGLICHE INTERVALLE

Das Reglement der Dufay-Zeit gilt unverändert. Ausgeschlossen sind alle verminderten und übermäßigen Intervalle. Verwandt werden Sekunden, Terzen, Quarten, Quinten und Oktaven auf- und abwärts. (Steigende Oktaven treten häufiger auf als fallende.) Die sparsam eingesetzte kleine Sexte tritt nur aufwärts auf. *Sehr* selten ist die große Sexte, die ebenfalls nur aufwärts gesetzt wird. Sogar Dezimensprünge kann man bei Josquin finden.

Wer auf die außergewöhnlichen Mittel nicht verzichten will, sollte an solchen Stellen durch eine Anmerkung zu erkennen geben, daß er sich der Ungewöhnlichkeit bewußt ist. Diesen Vorschlag machen wir hier für alle weiteren Tonsätze auch anderer

Stilepochen: Selten eingesetzte Mittel gibt es in jeder Stilepoche. »Falsch« sind sie nur, wenn der Autor ihre Ungewöhnlichkeit vergißt und bereit wäre, sie immer wieder einzusetzen.

Also: 2 ⤵ 3 ⤵ 4 ⤵ 5 ⤵ kl.6 ↗ 8 ⤵ (gr.6 ↗ 10 ↗)

STIMMUMFÄNGE

dreier vierstimmiger Kompositionen Josquins:

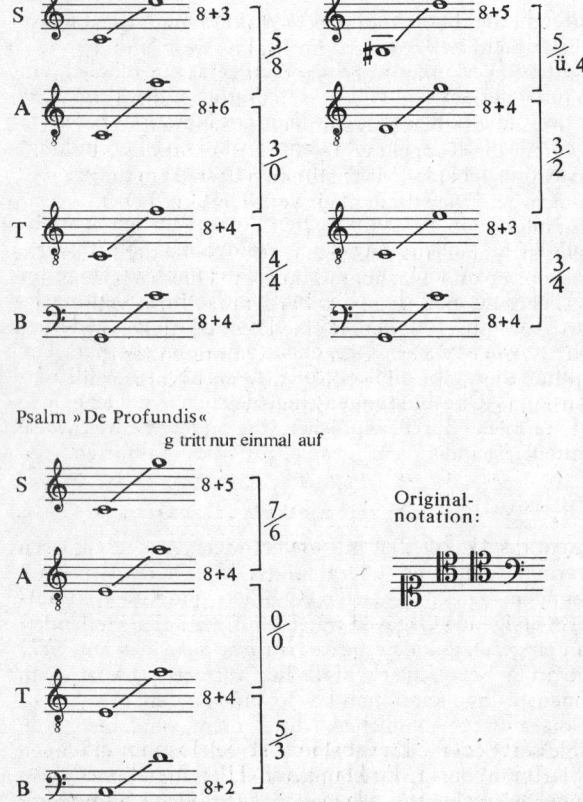

»Missa Pange lingua«   Psalm »Domine, exaudi«

S   8+3   8+5
       5/8   5/ü. 4
A   8+6   8+4
       3/0   3/2
T   8+4   8+3
       4/4   3/4
B   8+4   8+4

Psalm »De Profundis«
        g tritt nur einmal auf

S   8+5
       7/6
A   8+4
       0/0   Original-
T   8+4   notation:
       5/3
B   8+2

Die Summen geben den Stimmumfang an (8 + 3 = Oktave plus Terz). Oktave plus Sekunde ist der kleinste, Oktave plus Sexte der größte Umfang. Oktave plus Quarte merken wir uns als Norm. Merkwürdig sind die *Stimmabstände*. Die Klammern verzeichnen die Abstände der jeweils höchsten und tiefsten Töne zweier Stimmen (⁵/₈ zeigt an, daß die höchsten Töne beider Stimmen Quint-, die tiefsten Oktavabstand haben). Bei allen drei Kompositionen liegt die größte Distanz zwischen der Oberstimme und dem Alt. Offensichtlich wurde nur die Oberstimme mit Knabenstimmen besetzt. Da die zweite und dritte Stimme praktisch denselben Umfang haben, vor allem im Hinblick auf ihre tiefsten Töne, haben wir es moderner Definition nach zu tun mit tiefem Sopran, zwei Tenören und Baß.

STIMMABSTÄNDE IM ZWEISTIMMIGEN SATZ

Nur einmal habe ich bei Josquin sechs Takte lang Zweistimmigkeit der Außenstimmen gefunden (im Psalm ›De Profundis‹), und auch da handelte es sich um einen Kanon im Oktavabstand, wobei der Abstand der Stimmen die Dezime nicht überschritt. Meistens gehen bei Josquin die Nachbarstimmen zusammen. Man findet aber auch öfters die Koppelung 1. + 3., 2. + 4. Stimme. Da aber, wie nachgewiesen, beide Mittelstimmen Tenorumfang haben, handelt es sich bei Zweistimmigkeit vom Umfang her immer um Nachbarstimmen.

Nun ergibt sich aber aus der gegebenen Tabelle der Stimmumfänge, daß Sopran und Nachbarstimme im Durchschnitt weiter auseinanderliegen als Baß und Nachbarstimme. Im vierstimmigen Satz ist der Sopran bei Josquin oft eine Dezime, manchmal, wenn auch nur für wenige Noten, Oktav + Quinte entfernt von den übrigen Stimmen: (›Missa De beata Virgine‹) Natürlich gibt es auch Zweistimmigkeit für gleiche Stimmen.

»Missa De beata Virgine«

IMITATION

im Quint-, Quart- oder Oktavabstand ist bei Josquin die Norm. Seltener tritt Imitation im Einklang auf. Hier für alle vier Fälle zweistimmige Beispiele, aus denen sich der übliche Stimmenabstand ablesen läßt, der in allen Ausschnitten nach Aufgabe der strengen Imitation erreicht wird und die Oktave selten überschreitet. Größere Abstände unserer Beispiele sind mit Intervallzahlen markiert. Oktave + Sexte ist das äußerste:

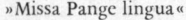

»Missa Pange lingua«

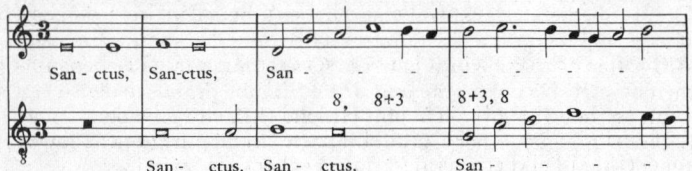

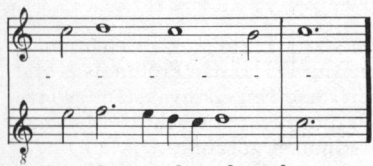

Motette »O bone...«

Psalm »De Profundis«

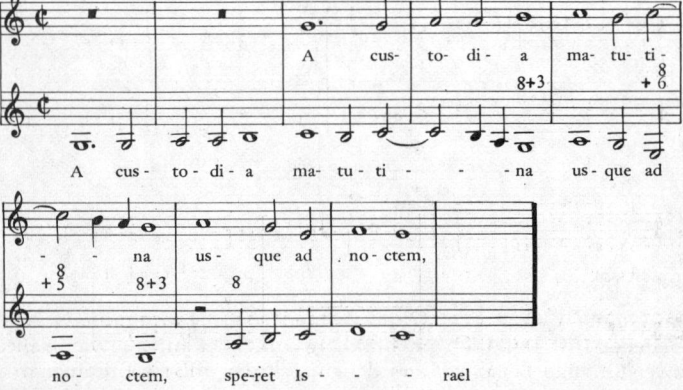

Psalm »Domine, ne in furore«

(nochmals: »8 + 3« meint nicht 11, sondern »Oktav plus Terz«)

Zwangsläufig ergibt sich daraus: Will man ein fallendes Motiv in Oktavimitation setzen, muß die obere Stimme beginnen. (Den umgekehrten Fall demonstriert das gegebene Oktavimitationsbeispiel Josquins: Bei steigendem Motiv begann die Unterstimme.)

Sinnvoll wäre:

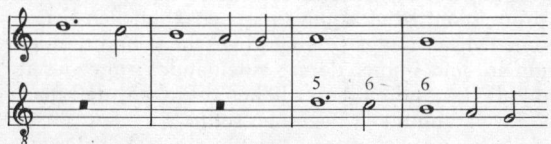

Stilfremd aber:

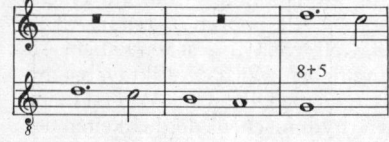

Generelle Regel also: Will die eine Stimme ihre Lage verändern, muß die andere gleichzeitig oder wenig später dasselbe tun. Dazu drei Beispiele aus der ›Missa Pange lingua‹:

Einstimmige Übungen scheinen mir deshalb wenig sinnvoll. Es gibt keine Einstimmigkeit bei Josquin (vom sensationellen Benedictus-Anfang der ›Missa Pange lingua‹ abgesehen) und mindestens zwei Stimmen sind immer derart aufeinander angewiesen und erst sinnvoll als Bestandteil dieser höheren Einheit, daß man sogleich bei der Zweistimmigkeit beginnen sollte.

Hier die Modelle für unsere ersten zweistimmigen Arbeiten.

Aufgabe 1 lautet: Konsonanter zweistimmiger Satz für Nachbarstimmen. Möglich also: Sopran + Alt, Sopran + Tenor, Alt + Tenor, Alt + Baß, Tenor + Baß, weil, wie wir gesehen haben, Alt und Tenor fast denselben Umfang haben. Wird der Oktavabstand kurzfristig überschritten, notiere man die Distanzen. Vorerst keine Viertelnoten. Die bereits geübten rhythmischen Möglichkeiten der Zeit sollen also nicht überschritten werden. Pausen nicht vergessen! Sie unterbrechen nicht die Musik, sondern sind ein wichtiger Bestandteil von ihr.

Psalm »Domine, exaudi«

Motette »Ave Christe«

ve Chri - ste de Ma - ri - a vir - - - gi - ne

- - ve Chri - ste de Ma - ri - a vir - - - gi - ne

»Missa Pange lingua«

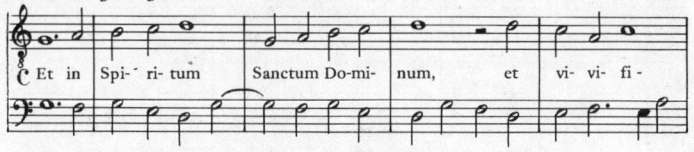

Et in Spi - ri - tum Sanctum Do-mi - num, et vi - vi - fi -

Et in Spi - ri - tum San - ctum, Do-mi - num, et vi - vi - fi - can - -

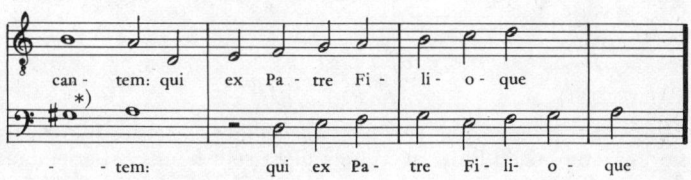

can - tem: qui ex Pa - tre Fi - li - o - que
  *)

- - tem: qui ex Pa - tre Fi - li - o - que

»Missa De beata Virgine«

Chri - ste, Chri - ste,

Chri - ste, Chri - ste,

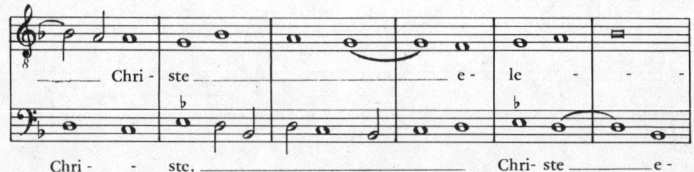

Chri - ste e - le - -

Chri - ste, Chri - ste e -

»Missa Da Pacem«

i - - son. se-det ad dex-teram, se-

le - - i - - son. se - det ad dex-te - ram, se-det ad

65

det ad dex - te - ram ___ Pa - tris

dex - te - ram Pa - - - - - - - -

Motetta »Ave Christe«

in - fir - mo - rum, sa - lus et spes in - fir - mo - rum

sa - lus et spes in - fir-mo-rum, sa - lus et spes in fir - mo - rum

*) Bei Josquin:

PARALLELEN

Verdeckte Quinten- und Oktavparallelen gibt es bei Josquin auch im zweistimmigen Satz, allerdings nicht sehr häufig. Hier einige Beispiele:

In allen Fällen wird das reine Intervall in einer Stimme (fast immer ist dies die Oberstimme) im Sekundschritt erreicht. Verdeckte Parallelen zu verbieten hat also keinen Sinn, sie gehäuft einzusetzen ebenfalls nicht. Ich schlage vor, sie selbst anzumerken, wenn

man sie schreibt, um sich der Seltenheit dieser Wendungen bewußt zu bleiben.

Akzentparallelen mit zeitlich verschobenen Oktaven wurden vermieden, dasselbe mit Quinten aber nicht als fehlerhaft empfunden. Häufig begegnet man Stellen wie dieser:

(»O bone et dulcissime Jesu«)

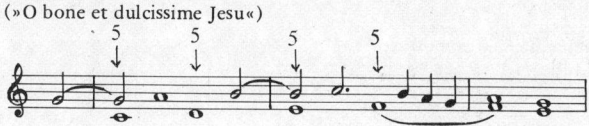

Unmöglich aber wäre im zweistimmigen Satz:

Im mehrstimmigen Satz dagegen sind auch Akzentoktaven keine Seltenheit:

Offene Oktavparallelen sind ausgeschlossen, *offene Quintenparallelen* dagegen kann man im mehr als zweistimmigen Satz gelegentlich finden als wohl nicht besonders geschätzte, aber auch nicht unbedingt vermiedene satztechnische Möglichkeit:

Motette »Ecce tu pulchra es«

Psalm »Domine, Dominus moster«

Die bisher gegebenen Beispiele zeigen, daß *Einklang* im zwei-stimmigen Satz ebenso auftaucht wie *Stimmkreuzung.* Daß eine Stimme immer möglichst das Gegenteil der anderen tun müsse, trifft auf Josquins Zweistimmigkeit absolut nicht zu. Parallelbewe-gung findet sich häufig genug. Die Regel ist eher, daß beide Stimmen kurz nacheinander dasselbe tun oder das Ähnliche. *Imitation* ist das alles durchwirkende Prinzip. Man mache reich-lich von ihr Gebrauch, ohne strenge Kanontechnik anzustreben. Meist geht Imitation in freie Zweistimmigkeit über.

Aufgabe 2: Imitation. Es empfiehlt sich, einstimmig zu begin-nen und Imitation des Anfangs zu erproben. Hier ein Arbeitsbei-spiel. Zunächst lege ich die gewählten Stimmumfänge fest. Ich setze zwei Töne. Es ergibt sich die Möglichkeit, mit der zweiten Stimme in der Unterquarte einzusetzen (a). Nehme ich mir Imitation in der Unteroktave vor, muß die erste Stimme fortge-führt werden, bis die zweite konsonant einsetzen kann, etwa so: (b). Sogleich werden in der Imitationsstimme die Töne notiert, die sich aus der führenden Stimme ergeben: (a 1) und (b 1). Nun muß die Fortführung der Oberstimme auf die bereits notierte Unter-stimme Rücksicht nehmen. Das Geschriebene wird sogleich wieder in die Unterstimme übertragen: (a 2) und (b 2).

Irgendwann wird die strenge Imitation aufgegeben. Dabei muß vor allem der Baß bei (b) bestrebt sein, den sehr weiten Stimmen-abstand zu verringern: (a 3) und (b 3). Leichter ist die Arbeit natürlich, wenn die imitierende Stimme später einsetzt, etwa so: (c).

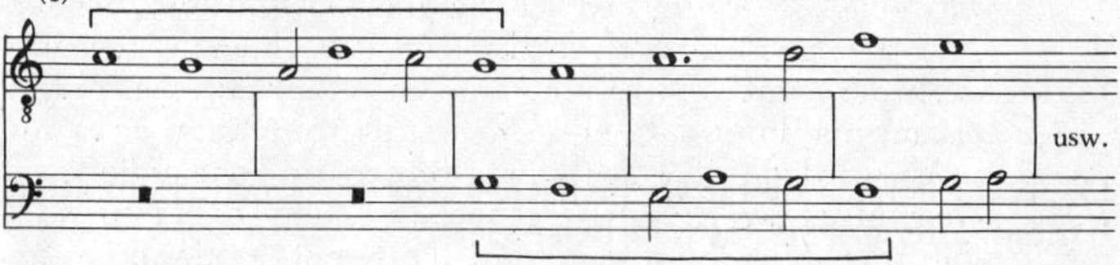

Behandlung von Sprüngen

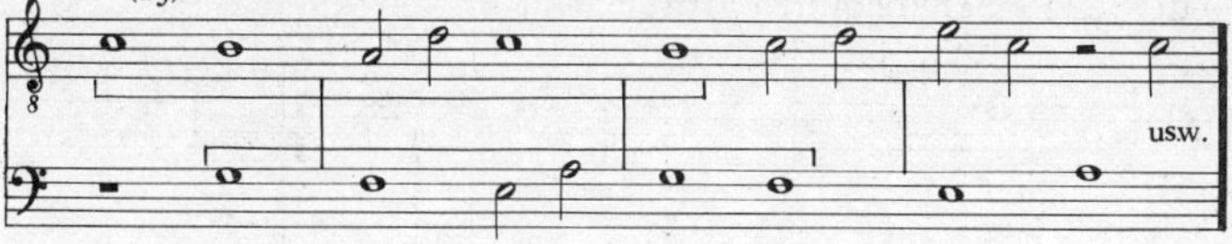

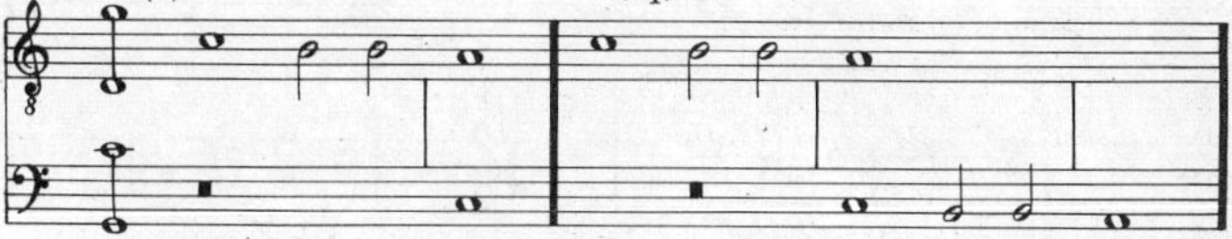

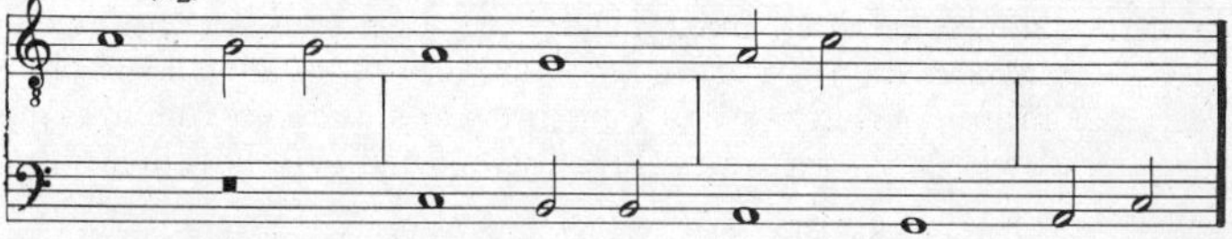

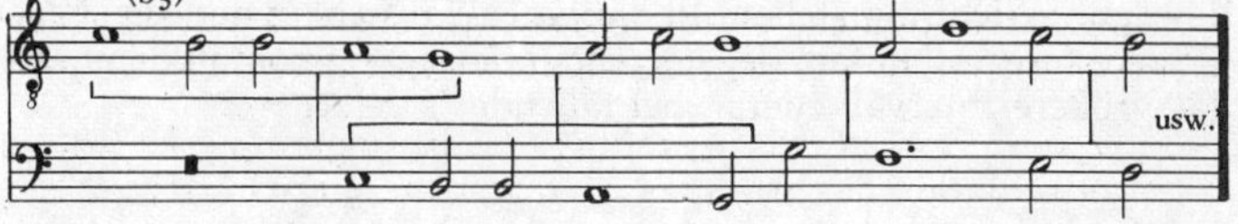

Vor und nach großen Sprüngen findet sich schon deshalb meist
Sprung oder Schritt in entgegengesetzter Richtung, weil der
begrenzte Stimmumfang wenig anderes zuläßt. Als Regel läßt sich
aus Josquins Werken ablesen: Gegenbewegung vor und nach
Sprüngen muß bei Oktave und kleiner Sexte gesetzt werden und
wird auch meistens vor und nach Quinten und Quarten ange-
troffen:

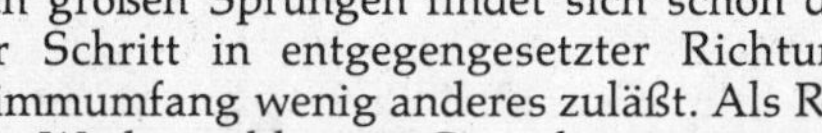

Jede Seite einer Josquin-Partitur zeigt Stellen wie diese:

Vor und nach Quinten, Quarten und Terzen kann dieselbe Bewegungsrichtung stehen. In diesen Fällen steht in der Regel das größere Intervall unten. Bei steigender Bewegung kommt demnach das größere Intervall zuerst, bei fallender zuletzt:

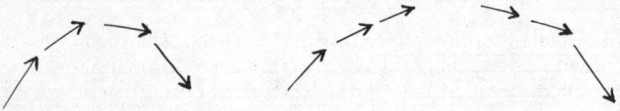

Die Natürlichkeit dieser »ballistischen Kurven« leuchtet unmittelbar ein. Hier etliche Josquin-Beispiele:

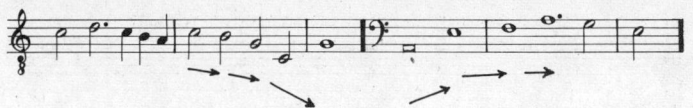

Die wenigen Ausnahmen, die man finden kann, sind sehr aufschlußreich. Völlig stilfremd wirken diese Stellen:

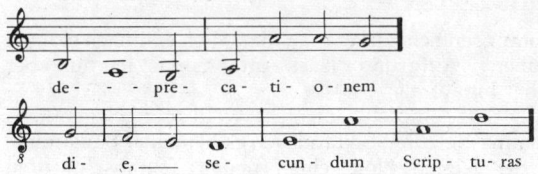

Die Sinnlosigkeit liegt aber an meiner falschen Textierung. Beide Stellen stehen bei Josquin, lauten aber so:

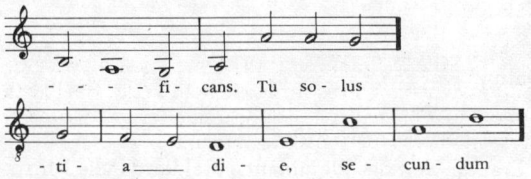

In beiden Fällen ist der große Sprung das »tote Intervall«: Nach Punkt oder Komma beginnt ein neuer Sinnzusammenhang. Die Sprache gliedert die Musik. An solchen Stellen zeigt sich, wieviel Einfühlung von einem Herausgeber alter Musik, deren Textunterlegung häufig dürftig ist, verlangt wird. Interessant ist schließlich noch, daß die Zahl und Größe der Sprünge vom Baß zum Sopran hin abnimmt.

Aufgabe 3: Grundlage ist Aufgabe 1. Keine Imitation also. Bringe einmal verdeckte und verschobene Quintenparallelen zum Einsatz, um sie handhaben zu lernen. Hauptaufgabe ist Einsatz und richtige Behandlung größerer Sprünge. Pfeile einzutragen erleichtert die Selbstkontrolle. Mein Lösungsversuch beginnt so:

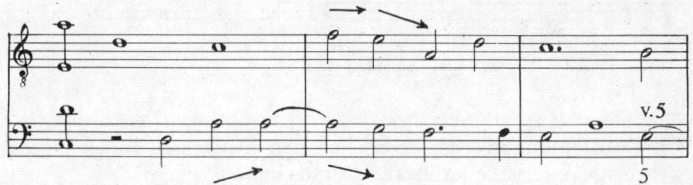

(Die Stimmumfangsentscheidung mag man auch erst nach einigen Takten vornehmen: »Aufgrund dieses Anfangs darf ich nun aber nicht mehr höher hinauf als . . .«)

Textierung der Sätze empfehle ich nicht, wohl aber gelegentliche Punkt- und Komma-Setzung. So fände ich es in meiner Baßstimme sinnvoll, mit der letzten Note einen neuen Textabschnitt zu beginnen. Deshalb vorher ein Komma. Dies zu berücksichtigen hat folgenden Vorteil: Man denkt schon musiksprachlich, ohne sich gleich die ganze Mühe der Textierung aufzubürden.

TRITONUS

Verminderte Quinte

und Tritonus   stecken

in jeder Skala. Erst die Zeit des Dominantseptakkords, die Musik seit Bach also, liebt sie und stellt ihren besonderen Ausdruckswert heraus. Das Bemühen, sie gänzlich zu vermeiden, würde die Melodik allerdings unnötig arm machen: Jeder längere Sekundgang wäre ausgeschlossen. Die Kunst der alten Musik besteht vielmehr darin, diese Intervalle möglichst zu verstecken. Auffällig sind in der Melodie Wendepunkte der Bewegungsrichtung und lange Töne. Beiden galt die besondere Aufmerksamkeit der Komponisten. Vermieden wurden also derartige Wendungen:

> = Akzent   ∨∧ = Wendepunkte

Durch Richtungswechsel zwischen den kritischen Tönen lassen sich beide Intervalle am besten verstecken:

Nun die Diskussion etlicher Stellen aus Josquins Psalm ›De Profundis‹:

Aber sehen wir nun auch Stellen wie die folgenden:

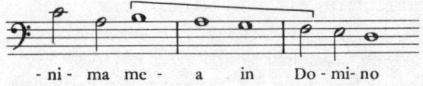

Hier kann von »Verstecken« keine Rede sein. Ebenso auffällig ist die verminderte Quinte dieser zweistimmigen Stelle:

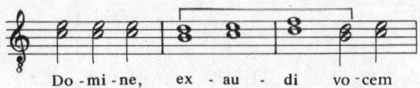

In der ›Missa De beata Virgine‹ finden sich ähnlich auffällige Tritoni und verminderte Quinten:

Wir werden diese auffälligen Stellen aber nicht zum Modell für unsere Arbeit machen. Sie sind selten. Es wird indessen bei Lektüre verschiedener Werke Josquins deutlich, daß seine Sprache nicht einheitlich ist. Gerade in der ›Missa De beata Virgine‹ finden sich so viele unversteckte Tritoni, daß man nicht anders kann als vermuten, es walte doch im Einsatz dieses Mittels die kompositorische Absicht, einzelne Stellen oder Werke aus der üblichen Sprache herauszuheben. Mehr kann man nicht tun, als es zu wagen, diese Vermutung auszusprechen. Denn vieles bleibt unklar, und auch die Musikwissenschaft weiß keinen Rat. Wie hat man wohl den Schluß des Christe der erwähnten Messe gesungen? Hier Baß und Sopran der vierstimmigen Stelle:

Hat man *E* oder *Es* gesungen? Im einen Falle liegt ein auffälliger Tritonus im Sopran, im anderen Falle im Baß. Oder hat man am Ende linear entschieden und *E* im Sopran gegen ein *Es* im Baß gestellt? Halten wir also folgendes fest:

1. Tritonus und verminderte Quinte zu verstecken ist die vorherrschende Tendenz.

2. Die verminderte Quinte wird eher toleriert, der Tritonus also sorgsamer versteckt.

3. Äußerst selten findet sich ein Tritonus mit nur einem Zwischenton (z. B.: *F–G–H*; im letzten Notenbeispiel fand sich eine solche Stelle im Sopran). Eher schon findet man die verminderte Quinte mit nur einem Zwischenton. Hier kann das kritische Intervall durch den Rhythmus versteckt werden:

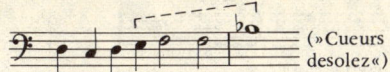 (»Cueurs desolez«)

4. Beide Intervalle sind im ausgefüllten Sekundgang des öfteren anzutreffen.

5. Man kann die kritischen Intervalle verstecken

   a) durch Richtungswechsel der Linie

   b) dadurch, daß einer der beiden Töne nur kurz gesetzt ist:

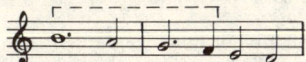

   c) dadurch, daß einer oder beide Töne nicht auffällige Wendepunkte sind:

$$\text{o} \quad | \quad \overset{\text{h}}{\text{o}} \quad d \quad d \quad | \quad \text{p.} \quad \text{p} \quad \text{o} \quad |$$
$$\text{f}$$

6. Auffällige Tritoni oder verminderte Quinten stehen eher an mehrstimmigen Stellen (nicht im zweistimmigen Satz), da dort melodisch Auffälliges durch klangliche Bindung gemildert werden kann.

7. Es ist nicht auszuschließen, daß einige auffällige Tritoni von Josquin bewußt gesetzt sind im Dienste des Ausdrucks einzelner Stellen oder Werke, also im Dienste sprachlicher Variabilität. (Siehe dazu die Abschnitte »Freiheiten« und »Josquin als moderner Ausdrucksmusiker«.)

Aufgabe 4:

   a) Durchsicht bisher geschriebener Sätze, gegebenenfalls Korrektur zu auffälliger Tritoni.

   b) Einstimmige Übung: Im Skalengang das kritische Intervall »verstecken«. Modell: Josquin in der ›Missa De beata Virgine‹:

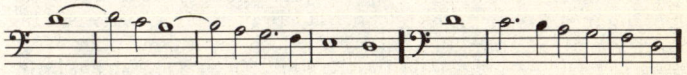

   c) In einstimmiger Übung die kritischen Intervalle vermeiden. Wird *H* gesetzt, *F* vermeiden und umgekehrt. Modell: Josquins ›Missa Pange lingua‹:

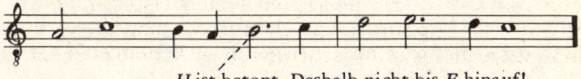

H ist betont. Deshalb nicht bis *F* hinauf!

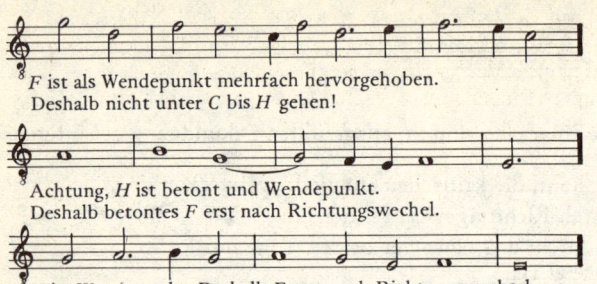

⁸*F ist als Wendepunkt mehrfach hervorgehoben.*
Deshalb nicht unter C bis H gehen!

Achtung, H ist betont und Wendepunkt.
Deshalb betontes F erst nach Richtungswechel.

⁸*H ist Wendepunkt. Deshalb F erst nach Richtungswechsel.*

d) Zweistimmigen Satz nach bisherigem Reglement schreiben und dabei die kritischen Intervalle bewußt vermeiden oder verstecken.

e) An allen abgedruckten Josquin-Stellen die Technik des Vermeidens und Versteckens analysieren.

DURCHGANGSDISSONANZ

Sekundschritte als Grundlage aller Melodiebildung konnten wir bisher nur auf zwei Arten realisieren. Einmal durch Bewegung beider Stimmen:

 (siehe S. 65)

Wenn sich aber nur eine Stimme bewegt, ließen sich bisher nur die beiden nebeneinanderliegenden Konsonanzen Quinte und Sexte einsetzen:

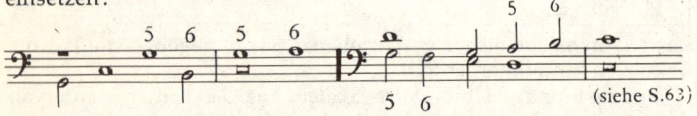 (siehe S. 63)

Nun macht die Musik des 16. Jahrhunderts aber auch von Durchgangsdissonanzen reichlich Gebrauch. Ihre Verwendung wird von Kontrapunktlehrbüchern jedoch im Rahmen der »Gattung 2:1« in merkwürdiger Praxisferne gelehrt. Lehrbücher erfinden Lösungsbeispiele wie Jeppesen dieses:

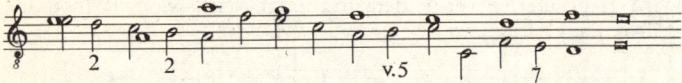

(Die Zahlen bezeichnen die im Durchgang auftretenden Dissonanzen.)

Damit lernt man indessen, was in der Praxis zwar auch, aber doch recht selten vorkommt. Die übliche Form der Durchgangsdissonanz, nennen wir sie *Typ 1*, zeigen die folgenden elf zwei- und dreistimmigen Stellen aus verschiedenen geistlichen und weltlichen Werken Josquins:

Durch Verlängerung einer konsonanten halben Note (einer
schweren oder auch leichten *) halben Note!) wurde der Durchgangsdissonanz also nur die Dauer einer Viertelnote gegeben, die
dadurch auf leichtester Zeit steht. Durchgangsdissonanzen in
Halben – man muß sie suchen, man findet sie nicht auf jeder
Partiturseite Josquins – tauchen interessanterweise meistens in der
Form auf, die die folgenden zwei- und mehrstimmigen Stellen
zeigen. Nennen wir dies *Typ 2*:

Die Dissonanz ist zwar eine halbe Note, ist damit gewichtiger als die als Typ 1 behandelte. Die dissonante halbe Note wirkt aber besonders leicht dadurch, daß ihr ein längerer Wert vorausgeht. Diese beiden Dissonanztypen machen etwa 90 % der Durchgangs-dissonanzen Josquins aus.

Aufgabe 5: Zweistimmige Sätze mit Durchgangsdissonanzen als »einzelne leichte Viertel« (Typ 1, |♩. ♪) und als »Halbe nach längerer Note« (Typ 2, entweder |♩. ♪ oder ♩ ♩ ♩). Hier mein Lösungsversuch mit eingetragener Typenbezeichnung:

Die in der Literatur seltenste Durchgangsdissonanz ist die »Halbe nach betonter halber Note«, *Typ 3*, die in den Lehrbüchern bisher als die normale Form gelehrt wurde. Hier eine Stelle aus der ›Missa De beata Virgine‹:

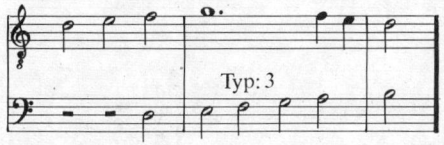

Diese zweistimmige Stelle aus derselben Messe bringt alle drei Typen von Durchgangsdissonanzen:

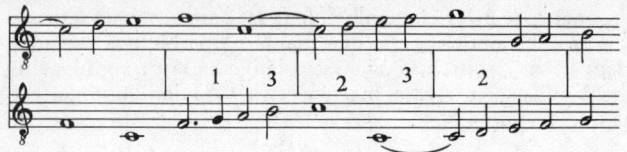

Es scheint kein Zufall, daß an allen drei Stellen, wo dissonante »Halbe nach betonter halber Note« (Typ 3) auftritt, ihr in derselben Stimme eine weniger auffällige Dissonanz vorausgeht. Die folgende dreistimmige Stelle aus derselben Messe zeigt nämlich dieselbe Technik, Durchgangsdissonanzen in einer Stimme zunächst in einer unauffälligeren Form einzuführen:

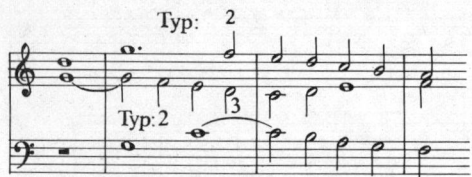

Hier nochmals Beispiele für alle drei Formen der Durchgangsdissonanz aus der Motette »Ave Christe«. Der Leser möge die Typenbezeichnung selbst vornehmen:

Abschließend noch einige fünfstimmige Takte aus dem Psalm »Domine Dominus noster«, in denen nur die beiden unauffälligen Formen auftreten:

Daß Durchgangsdissonanzen nur selten auf leichter halber Note | 𝄽 𝅗𝅥 𝅗𝅥 𝅗𝅥 𝅗𝅥 | auftreten, ergibt sich aus der Tatsache, daß die leichte Halbe nicht mehr leicht ist in einer Musik, die auch Viertelnoten einsetzt. Jetzt wird nämlich | 𝅘𝅥 𝅘𝅥 𝅘𝅥 𝅘𝅥 | empfunden, und diese Schwere der dritten Viertel hängt ihr Gewicht auch ein wenig an die »leichte« Halbe an, die im selben Augenblick erklingt. Jeppesen, der vorzügliche Kenner der Musik des 16. Jahrhunderts, bringt denn auch, nach Einführung der Viertelbewegung, in der »5. Art« in zwölf Beispielsätzen seiner Feder nur noch insgesamt zwei Dissonanzen des Typ 3, den er anfangs, wie wir gezeigt haben, als den üblichen lehrte.

Hier nochmals das aus Werken Josquins abgelesene *Reglement in Stichworten*:

Durchgang = Zwei Schritte (nicht Sprung!) in derselben Richtung, also nicht

Durchgangsdissonanz tritt in drei Formen auf, am häufigsten als einzelne Viertel nach punktierter halber Note (Typ 1):

Nicht ganz so häufig ist die Form leichte Halbe nach längerer Note (Typ 2):

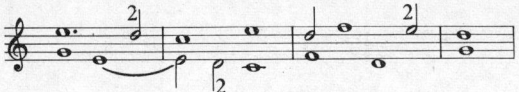

Sehr selten: Halbe nach betonter halber Note (Typ 3):

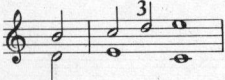

Typ 3 tritt kaum zu Beginn einer Bewegung in halben Noten auf; meist geht ihm eine Durchgangsdissonanz weniger auffälligen Typs voraus. Ungewöhnlich also wäre im Josquin-Stil:

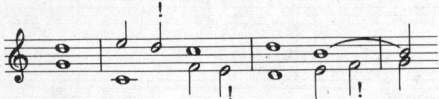

Die übliche Einführung einer Typ-3-Dissonanz dagegen wäre etwa:

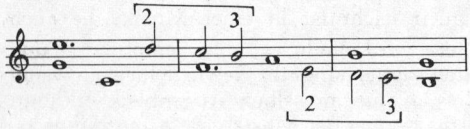

Aufgabe 6: Zweistimmige Sätze mit allen drei Durchgangsdissonanz-Formen. Am besten macht man sich das Reglement bewußt durch Eintragung der Typenbezeichnung. Die Häufigkeit der eingesetzten Dissonanzen sollte, der Literatur der Zeit entsprechend, vom häufigen Typ 1 zur seltenen Form Typ 3 hin abnehmen. Natürlich trifft man den Stil der Zeit besser, wenn man nicht jeden Takt mit Durchgangsdissonanzen vollpackt. Man gebe dazwischen immer der Konsonanz das ihr gebührende Recht. Hier mein Lösungsversuch:

DISSONANZ AUF SCHWERER ZEIT (VORHALT)

Vollkommene Konsonanzen regierten bei Perotin die schweren Zählzeiten. Bei den Niederländern eroberten sich die unvollkommenen Konsonanzen diese Positionen, die Dur- und Molldreiklänge und Sextakkorde. Und auch die Dissonanz dringt bereits auf die Akzentzeiten vor und wird dergestalt als klangliches Ereignis erlebt, während die Durchgangsdissonanz, wie wir gesehen haben, selten auf leichter, meist auf »leichtester« Zeit eingesetzt wurde als Weg von Konsonanz zu Konsonanz. Mit äußerster Behutsamkeit aber betritt die Dissonanz die schwere Zählzeit. Josquin, Palestrina, Schütz, Bach: In vier Stadien werden wir die Emanzipation der Dissonanz beobachten. (Die Harmonielehre vermittelt ihre weitere Emanzipation über Wagner bis hin zur Musik des 20. Jahrhunderts.)

Das Reglement der Behandlung betonter Dissonanzen ist bei Josquin äußerst streng und geradezu formelhaft eingeschränkt in den Möglichkeiten. Von wenigen Ausnahmen abgesehen gibt es nur drei Formen in je zwei Varianten:

Eine der beiden Stimmen muß aus vorangehender Konsonanz übergebunden werden, während die andere a) schrittweise steigend oder b) schrittweise fallend in die betonte Dissonanz geht und dort verweilt, bis die übergebundene Stimme auf leichter Zeit durch fallenden Sekundschritt die Auflösung vollzogen hat. Bei übergebundener Oberstimme ist möglich $7 \smile 6$ und $4 \smile 3$, bei übergebundener Unterstimme nur $2 \smile 3$. Als Vorbereitungsintervall ist, wie unsere Beispiele zeigten, jede Konsonanz möglich: Oktave, Sexte, Quinte, Terz oder Einklang. Das Auflösungsintervall hingegen ist stets eine unvollkommene Konsonanz, um einen zu krassen Spannungsabfall zu vermeiden:

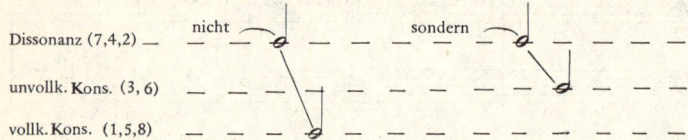

Die Notwendigkeit dieses behutsamen Gefälles ist von der damaligen Musiktheorie ausführlich diskutiert worden. Zur Zeit Josquins (später nicht mehr unbedingt) wäre also unmöglich

denn das Auflösungsintervall wäre in allen vier Fällen eine vollkommene Konsonanz.

Aufgabe 7: Man mache sich dieses Reglement bewußt durch eine technische Übung, die mit Musik zunächst wenig zu tun hat, wie sich sehr bald zeigen wird. Alle sechs Dissonanzformen sollen eingesetzt werden. Dazu benötigen wir jeweils die Vorbereitungskonsonanzen, die aus dem vorletzten Notenbeispiel ersichtlich sind. Wir tragen die sechs Bezeichnungen ein.

Lösungsbeispiel:

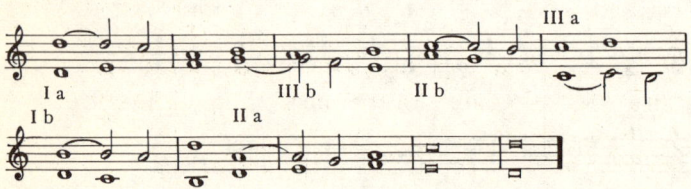

Wollen wir der Musik Josquins näherkommen, müssen wir die *formbildende Rolle* der `betonten Dissonanzen studieren. Nur auffallend selten nämlich wird diese Dissonanzform inmitten eines musikalischen Zusammenhanges eingesetzt. In den meisten Fällen wird durch sie das Ende einer Phrase oder eines Abschnitts angezeigt. Es ist an der Zeit, uns zu erinnern an die im Anfang dieses Kapitels behandelten Leittöne, die als leitereigene der 4. und 8. Stufe, als leiterfremde der 2., 5. und 6. Stufe kurzfristige Stabilität verleihen können. Hier zahlreiche zu allen möglichen Stufen führende Beispiele derartiger Klauseln, die sich der leiterfremden Leittöne bedienen können, aber nicht müssen; sie tun dies nur, wenn eine gewisse quasi-tonikale Befestigung der betreffenden Stufe gewünscht ist:

Stufe I

Stufe II

Stufe III

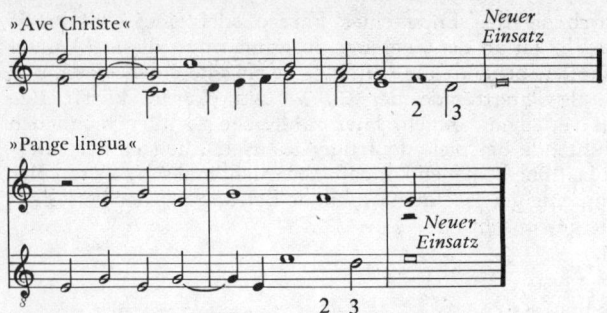

Nie führt ein Leitton zur 3. Stufe. (Dafür hat ihre Klausel den einzigen fallenden Halbtonschritt *F–E*.)

Stufe IV

Nach zur 4. Stufe führenden Klauseln muß man am längsten suchen. Ich fand nur diese beiden. – Ob im Baß nicht *Es* gemeint ist? »Ungewöhnlich schwierig liegt in dieser Messe das Akzidentalenproblem« schreibt der Herausgeber Friedrich Blume.

Stufe V

Hier wechselt einmal nicht die Besetzung bei der Klausel. Der zweistimmige Satz wird dem Text entsprechend gegliedert.

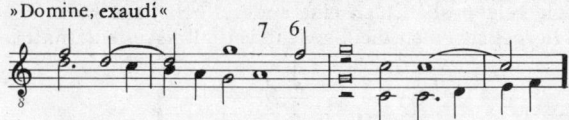

»Domine, exaudi«

Hier hat man wohl keinen Leitton gesungen: *G* soll nicht quasitonikal befestigt werden, wie die folgenden Einsätze anzeigen: *C* wird Zentrum.

Stufe VI

»Pange lingua«

Neue Einsätze

»Pange lingua«

Sanctum Do- mi-

num,   et   vi- vi- fi- - -can- tem: qui ex Pa- tre Fi- lioque

Hier wieder einmal nicht Besetzungswechsel, sondern »musikalische Interpunktion«, dem Text angemessen.

»Cueurs desolez«

Neuer Einsatz

Im ersten Takt eine betonte Dissonanz ohne Abschlußfunktion.

Ein *metrisches Problem* ist noch zu besprechen. Die Gewichtsverhältnisse der Normalform der gegebenen Beispiele sind so:

schwer   *Vorbereitung: leicht*   *Dissonanz: schwer*   *Auflösung: leicht*

Zwei Beispiele zeigen aber auch eine andere lebhaftere Form als stilgemäß. Hierbei scheinen die Gewichtsverhältnisse fehlerhaft:

Indessen: Unsere Gewichtsanalyse ist nicht angemessen. Als entscheidendes Kriterium erweist sich, daß die Auflösung leichter sein muß als der Eintritt der Dissonanz. *Leichter als* ist das entscheidende. Und dies ist auch in den beiden letzten Beispielen der Fall, nur müssen wir in Vierteln zählen:

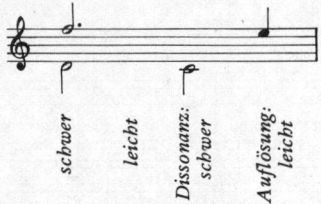

Eine Formulierung des Reglements, die für beide Formen zuträfe, wäre also: Die metrische Position der Auflösung muß leichter sein als die der Dissonanzsetzung:

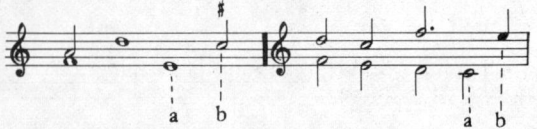

In beiden Fällen ist b (Auflösung) *leichter als* a (Dissonanzsetzung).

Die in den gegebenen Beispielen kaum vertretene Quartdissonanz ist damit kaum unterrepräsentiert; sie ist tatsächlich selten. Man wird lange suchen im zweistimmigen Satz. Hier einige Beispiele:

»Domine, Dominus noster«

»Domine, exaudi«

»Domine, exaudi«

Ungewöhnliche Dissonanzbehandlungen, die so vereinzelt auftreten, daß wir sie in unseren Übungen nicht anwenden wollen, sollten wir dennoch kennenlernen, da wir ihnen in der Analyse begegnen können.

a) Statt der bereits seltenen reinen Quarte tritt – noch seltener – auch die übermäßige Quarte als Vorhaltsdissonanz auf:

»Ave, Christe«

b) Bisweilen wartet die dissonanzsetzende Stimme die Auflösung der anderen Stimme nicht ab:

»Ecce tu pulchra es«

c) An einer Stelle fand ich auch die in der Unterstimme in die Quinte aufgelöste Quartdissonanz:

»Missa Da Pacem«

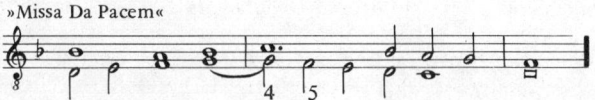

d) Die ›Missa Da pacem‹ setzt an einigen Stellen die Betonungsdissonanz im Drei-Ganze-Takt, dessen »zwei« und »drei« an sich als gleich gewichtig angesehen werden, so ein:

e) Nur in drei der bisher insgesamt gegebenen Beispiele wird die Dissonanz im Sprung gesetzt und nicht schrittweise erreicht. Hier diese Beispiele nochmals zusammengestellt:

Wir sollten uns deshalb in unseren Übungen an *schrittweise Dissonanzeinführung* halten und sprungweise Einführung, wenn wir nicht darauf verzichten wollen, anmerken als für die Musik Josquins ungewöhnlichen Fall. Spätere Musik wird den Eintritt der Dissonanz immer auffälliger gestalten, und diese Epochenunterschiede sollten wir nicht verwischen. Aus demselben Grunde sollten wir bedenken, daß die Betonungsdissonanz erst in späterer Zeit von den Schlußklauseln her in den gesamten Tonsatz eindringt (schon bei Palestrina!) und bei Josquin im wesentlichen noch der Schlußbildung dient. Typisch ist für seine Musik der Anfang des Osanna aus der ›Missa Pange lingua‹, der die mehrfach wiederkehrende Phrase mit Schlußklauseln in *A*, *D* und *G* versieht (wenige Takte später führt die nächste Betonungsdissonanz zum Abschluß in *C*):

Selten werden von Josquin Betonungsdissonanzen außerhalb dieser Klauseln inmitten einer Phrase eingesetzt:

»Pange lingua«

Nun ist *durchgehende Vollstimmigkeit* bei Josquin allerdings nicht die Norm. Im üblichen pausenreichen durchbrochenen Satz wechselt dauernd die Besetzung, so daß sich ständig beim Abschluß einer oder zweier Stimmen die Gelegenheit zur Schlußklausel ergibt. Hier ein besonders instruktives Beispiel dafür aus dem Kyrie II der ›Missa De beata Virgine‹. Der Weg zur doppelchörigen Technik eines Heinrich Schütz ist nicht mehr weit. 1., 2., 5. und 6. Stufe werden in schnellem Wechsel erreicht; von Befestigung kann bei diesem schnellen Wechsel gar nicht mehr die Rede sein:

Josquin ist deshalb ein so faszinierender Musiker – herausgehoben aus der Vielzahl derer, die ein beherrschtes Handwerk in immer ähnlicher Weise einsetzen –, weil es bei ihm für den Einsatz kompositorischer Mittel nie eine allgemein verbindliche Norm gibt. Für viele seiner Werke trifft zwar zu, was über den Einsatz der Betonungsdissonanz gesagt wurde. Aber dann begegnet man einem Werk wie dem Psalm »Domine Dominus noster«. Als Beispiel für Quartdissonanz brachten wir die Takte 3–5 vom Anfang des Werkes (Seite 88). In den weiteren 154 Takten der Komposition aber finden sich insgesamt nur noch 14 Betonungsdissonanzen, meist in fließende Phrasen eingebaut und ohne den Satz durch Klausel-Schlußkraft zum Stehen bringen. Hier einige von ihnen:

Nur an zwei Stellen des 159taktigen Werkes werden Betonungsdissonanzen von wirklicher Klausel-Schlußkraft eingesetzt:

Ein stürmisches, unaufhaltsames »immer weiter« ist der Gesamteindruck des hochexpressiven Werkes.

Aufgabe 8:

a) Zweistimmige mit Imitation beginnende Abschnitte, die mit
Betonungsdissonanzen als Klauseln schließen. Das folgende
Modell stammt aus der ›Missa Pange lingua‹. Hier geht die
Imitation besonders weit, das müssen wir nicht anstreben. Auch
ist diese dichte Imitation, wie wir schon früher sahen, schwerer
durchzuführen als Imitation bei größerem Einsatzabstand:

b) Eine längere Entwicklung (längerer Text oder Textwiederho-
lungen) soll durch mehrere Klauseln in Abschnitte gegliedert
werden. Die Klauseln können verschiedene Stufen anstreben. Im

folgenden Modell stehen nur die drei markierten ⊗ Viertelnoten-
gruppen außerhalb unserer bisher erarbeiteten Möglichkeiten:

In beiden Aufgaben können auch innerhalb der Phrasen gelegentlich Betonungsdissonanzen eingesetzt werden. Mögliche Texte
zum Beispiel: Crucifixus etiam pro nobis. Et exspecto resurrectio-
nem mortuorum. Sanctus Dominus Deus Sabaoth. Dona nobis
pacem. Ecce tu pulchra es, amica mea. Veni, Sancte Spiritus.

SCHWARTZE NOTTEN

Canzonen sind nach Michael Praetorius Stücke, die »mit vielen
schwartzen Notten frisch, frölich und geschwinde hindurch passieren«. Die Vielzahl der schwartzen Notten, der Viertel, Achtel
und Sechzehntel, kann offenbar deshalb für die instrumentale
Canzone um 1600 als charakteristisch gelten, weil in anderen
Gattungen noch um 1600 Noten mit nicht schwarz ausgefüllten

Köpfen dominieren. Mehr noch um 1500. In der ganzen ›Missa
Pange lingua‹ gibt es nur sechs Achtelnoten. Normale Bewegung
vollzieht sich in Halben, und mit den seltenen Vierteln werden hier
und da kurze besonders schnelle Figuren ausgeführt. Sprünge
kommen deshalb kaum in Frage; es dominiert der Sekundschritt.
Zwei Arten einzeln eingesetzter Viertel kennen wir bereits, den
leichten Durchgang:

und die Auflösung der Betonungsdissonanz in ihrer lebhaften
Version:

Durch Ausnutzung der konsonanten Nachbarintervalle Quinte
und Sexte

und durch Bewegung beider Stimmen ist es möglich, mit größeren
Gruppen von Viertelnoten einen noch völlig dissonanzlosen Satz
zu schreiben. In den folgenden Josquin-Ausschnitten, die meisten
aus bereits früher gegebenen Beispielen, steckt nicht eine Dissonanz. Einzelne Viertel stehen stets tiefer als ihre Umgebung:

Aufgabe 9: Zweistimmiger Satz mit einzelnen Vierteln als leichter Durchgang und als Betonungsdissonanz-Auflösung sowie mit konsonanten Vierteln: einzeln (dann können sie im Sprung erreicht oder verlassen werden und stehen tiefer als die Nachbartöne) oder in Gruppen (innerhalb der Gruppen nur Sekundgang).

Mein Lösungsversuch:

Studieren wir als nächstes größere Viertelgruppen in Durchgangsbewegung. Der Konsonanz gehört die schwere, der Dissonanz die leichte Zählzeit. Die folgenden zweistimmigen Josquin-Beispiele zeigen, daß die Viertelbewegung auf jeder der vier (beziehungsweise sechs) Halben einsetzen kann (sie führt meist aufwärts):

Auf betonter Zeit einsetzende Viertelbewegung kann ange-sprungen werden!

   Zahllose Beispiele der eben gezeigten Art mit vier Vierteln findet man. Sehr viel seltener sind länger ausgedehnte Viertelketten:

Alt und Baß einer 4 stimmigen Stelle   »Missa Da Pacem«

»Missa Da Pacem«

97

Man muß bei Einsatz durchgehender Viertel beachten, daß in der Skala an einer Stelle nicht wie sonst Konsonanz und Dissonanz abwechseln:

Nicht jeder Skalenabschnitt ist deshalb als Durchgangsbewegung über einem Liegeton verwendbar. Unmöglich wäre zum Beispiel:

In solcher Situation muß die andere Stimme helfend eingreifen, etwa so:

Häufig steht der Beginn einer Viertelbewegung auf der leichtesten Zeit als Durchgang nach verlängerter halber Note. Stets beginnt Josquin mit einem Sekundschritt zur ersten Viertelnote, die dann die erste Durchgangsdissonanz ist. Josquin verwendet also nicht, was man an sich auch für satztechnisch korrekt halten würde, angesprungene Viertelgruppen wie etwa:

(Seine auf betonter Zeit einsetzenden Viertelgruppen läßt er dagegen durchaus anspringen, wie einige unserer auf Seite 96 gegebenen Beispiele zeigen.) Merken wir uns also als stilgemäß das sanftest-mögliche Einfließen der Bewegung in dieser Form:

Diss.   Diss.

Hier zweistimmige Beispiele Josquins:

Aufgabe 10: Viertelgruppen in Durchgangsbewegung im zweistimmigen Satz gelegentlich (nicht ständig!) einsetzen. Die Bewegung soll, der Praxis entsprechend, seltener mit betontem Viertel (dann Ansprung möglich), meist mit leichter Viertel nach verlängerter halber Note (dann nur im Sekundschritt) beginnen. Hier mein Lösungsversuch:

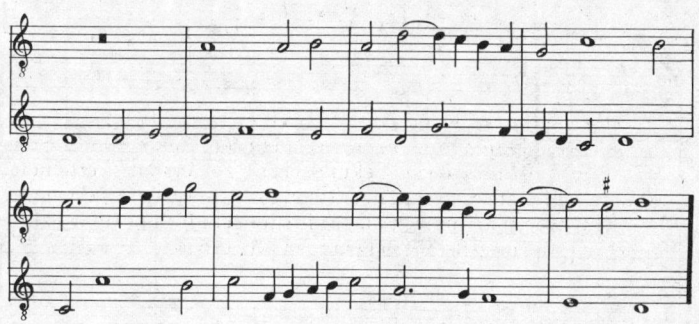

Erinnern wir uns an die drei Typen der Durchgangsdissonanz. Die zweite und vierte (und sechste) Halbe des Taktes können leicht sein (Typ 3)

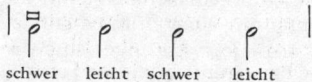

schwer   leicht   schwer   leicht

sie können aber auch »sehr leicht« sein dadurch, daß ihnen ein längerer Wert vorausgeht. (Typ 2 setzte seine Durchgänge auf diese »sehr leichten« Halben.)

sehr   sehr   sehr   sehr
leicht   leicht   leicht   leicht

Auf diese »sehr leichten« Halben setzt Josquin nun auch dissonante Durchgangsviertel, allerdings nur in fallender Bewegungsrichtung (die weniger auffällt als die steigende). Typisch sind
dabei entstehende Zwei-Viertel-Gruppen:

Erstaunlicherweise kann in diesem Augenblick das dissonante
Intervall sogar in beiden Stimmen gleichzeitig eintreten. (Bisher
kennen wir als Durchgang und als Betonungsdissonanz ja nur die
Technik, Dissonanzen durch Bewegung nur einer Stimme entste-
hen zu lassen.) Erstaunlich ist dies deshalb, weil angesichts der
Bewegung der anderen Stimme die Dissonanzzeit nur noch für
eine Stimme »sehr leicht« ist. Man kann daraus schließen, daß
Josquin doch mehr stimmig gedacht hat: An der Entstehung der
Dissonanz ist eine »sehr leichte« Stimme beteiligt. So war der
erlebte Dissonanzgrad für die Zeit Josquins wohl nicht so stark

wie für Hörer, die vor allem vertikal, klanglich zu hören gewohnt sind. Hier etliche zweistimmige Josquin-Beispiele:

Gruppen von nur zwei Vierteln finden sich auf leichten Halben recht häufig, dagegen treten nie nur zwei Viertel auf betonten Halben auf.

Stilfremd wäre also:

durchaus gebräuchlich dagegen:

♩ ｜♩ ♩ ♩ oder ｜♩ ○ ♩ ♩｜♩ ♩ ♩ ○ ｜

(Hier handelt es sich eben nicht um »nur zwei Viertel«.)

WECHSELNOTEN

Wechselnoten treten nur in Vierteln auf, nicht in Halben. Obere
Wechselnoten sind bei Josquin sehr selten (erst sehr viel später
werden sie gleichberechtigt). Von der unteren Wechselnote aber
wird lebhaft Gebrauch gemacht. »Nur zwei Viertel«, das haben
wir soeben besprochen, treten nicht an die Stelle einer betonten
Halben. Die Wechselnote aber ist die zweite von zwei Vierteln.
Daraus folgt, daß einfache Wechselnoten nur im Raum einer
unbetonten Halben Platz haben.

Nicht und nicht sondern

oder

Einige zweistimmige Josquin-Beispiele:

Die meisten Wechselnoten eröffnen oder beschließen eine größere Viertelbewegung:

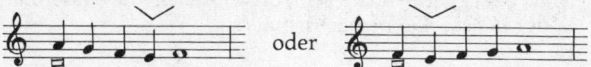 oder

(Diese Gruppen, weil nicht »nur zwei Viertel«, können jede Taktposition einnehmen.)
Wechselnote als Eröffnung einer steigenden Viertelbewegung:

Wechselnote als Abschluß einer fallenden Viertelbewegung:

Kann auf »sehr leichter« halber Note eine Durchgangsdissonanz stehen (siehe Seite 100), ist für Wechselnoten dasselbe möglich. Man begegnet – nicht sehr oft – Stellen wie diesen aus dem Gloria der ›Missa De beata Virgine‹:

Auch die obere Wechselnote soll noch durch Beispiele belegt werden:

»Missa De beata Virgine«, Gloria   »Domine, ne in furore«

»O bone et dulcissime Jesu«

»Ave Christe, immolate«

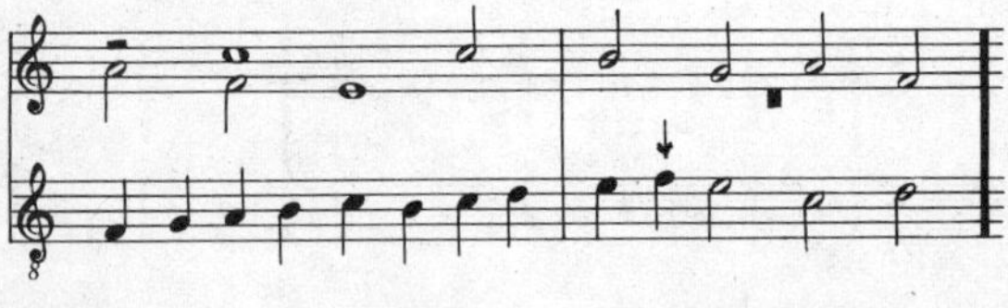

Aufgabe 11: Im zweistimmigen Satz einsetzen: Dissonante Durchgangsviertel auf »sehr leichten« Halben (a). Dabei auch einmal Dissonanz in beiden Stimmen gleichzeitig (b). Einzelne Wechselnoten (c). Wechselnote in Viertelgruppe als Eröffnung (d) und als Abschluß (e).

Mein Lösungsversuch:

Viertelgruppen sind nicht nur (von Wechselnotengruppen abgesehen) auf Bewegung in einer Richtung beschränkt. Auf betonter wie auch unbetonter Viertelnote kann in konsonanter Situation die Richtung geändert werden, wie diese zweistimmigen Josquin-Stellen zeigen. Richtungswechsel auf betonter (b.) und unbetonter (u.) Viertel ist vermerkt. (Die Beispiele ähneln einander: Obere Wechsel sind immer betont.)

SPRÜNGE IN VIERTELN

Einzelne Viertel lassen sich natürlich nur nach punktierter halber Note auf leichter Zeit finden. Von ihnen aus kann, wenn sie konsonieren, gesprungen werden. Die meisten Literaturbeispiele zeigen die Bewegungsrichtung ♩. ♩ ♩ (Zum Richtungswechsel vor und nach Sprüngen siehe nochmals Seite 69.)

Sprünge innerhalb von Viertelgruppen sind außerordentlich selten. Man findet kaum anderes als die fallende Terz nach steigend erreichter betonter Viertel, also entweder ♩ ♩ ♩ ♩ oder ♩ ♩ ♩ ♩. Anschließend Schritt oder Sprung aufwärts. (Es finden sich nur sehr wenige zweistimmige Beispiele.)

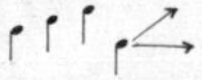

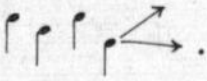

Ein merkwürdiger Fall ist die bei Josquin außerordentlich häufig eingesetzte unbetonte, von oben sekundweise erreichte, auf- oder abwärts abspringende dissonante Viertel. Hier bleibt eine Dissonanz regelrecht in der Luft hängen, unaufgelöst. Die spätere Harmonielehre würde sprechen von »*abspringender Nebennote*«.

»Missa Pange lingua«

In einem speziellen Fall läßt sich die Absprung-Dissonanz als unterbrochener Durchgang legitimieren: Nach fallendem Terzsprung wird der übersprungene Ton sogleich oder verzögert nachgeholt. Da der Terzsprung in eine Konsonanz treffen muß, läßt sich diese sogenannte »*Cambiata*«, die später außerordentlich beliebt werden wird, nur realisieren bei der Intervallfolge

(Cambiare = tauschen; der 3. und 4. Ton sind ausgetauscht.)
Verzögerte Auflösung:

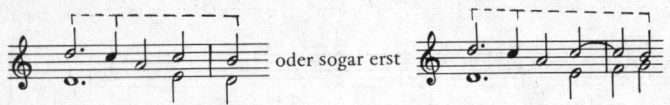

Hier drei Beispiele aus Josquins ›Missa Pange lingua‹ und eines aus der ›Missa Da Pacem‹:

Alle übrigen Sprünge in Viertelgruppen sind äußerst selten und stets vom Text her legitimiert. Niemals springt ein betontes Viertel aufwärts.

»Missa De beata Virgine«
Text: »miserere nobis«'

»Missa Da Pacem« Text: »peccata mundi«
Eine in der Dissonanzbehandlung erstaunliche Stelle.

»Domine, Dominus noster«
Text: »et pecora campi« = und die Tiere im Feld

»Domine, ne in furore«.
Text: »a facie irae tuae« = vor dem Gericht deines Zornes.

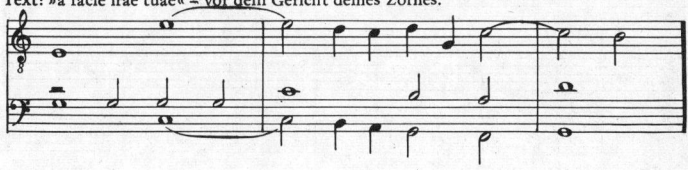

Aufgabe 12: Übung springender Viertel. a) Einzelne Viertel konsonant ♩· ♪↗. b₁) Sprünge in Viertelgruppen ♩♩♩♩↗ und b₂) ♩♩♩♩↗. c) Von oben im Sekundschritt erreichte »abspringende Nebennoten«. d) Cambiata. e) Richtungswechsel bei einer größeren Viertelgruppe. (Die zuletzt behandelten textlegitimierten Sprünge wollen wir nicht in unsere Sätze einbeziehen, um nicht durch bedenkenlosen Gebrauch extremer Mittel am Stil Josquins vorbeizukomponieren.)

Mein Lösungsversuch:

Man erkennt in der Länge meines Satzes das Bemühen, nicht zu viele Viertel auf engem Raum zu häufen. Die genaue Textunterlegung, im Original lückenhaft, ist bei Josquin-Ausgaben häufig Herausgebervorschlag. Fest steht jedoch, daß selten ein einzelnes Viertel Silbenträger ist. Immerhin textierte Friedrich Blume in der ›Missa Pange lingua‹ an einer Stelle:

- son, Ky - ri - e e - - -

Wir sollten aber nur ausnahmsweise so verfahren.

In der Schlußbildung lassen sich bei Josquin sechs »Signale« erkennen, die dem Hörer der Zeit in ihrer Bedeutung bekannt waren und ihm somit signalisierten, daß der Schluß einer Phrase, eines Abschnitts, eines Satzes oder eines ganzen Werkes nahte. Bisher haben wir nur die erste der folgenden sechs Formen kennengelernt und angewandt.

Die alte »Diskantklausel«: Vorhalt vor dem Leitton.

Viertelnoten-Vorausnahme der Finalis, sodann wie bei 1.

Erst wie 1, sodann Leitton mit unterer Wechselnote.

Leitton mit langer dissonanter oberer Wechselnote.

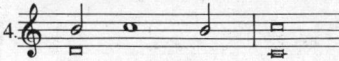

Vor der Finalis als betonte dissonante Viertelnote ihre Obersekunde, sodann wie bei 1.

Erst wie bei 1, dann wiederholter Leitton mit unterem Nachbarton. (Diese »Unterterzklausel« war vor Josquin sehr beliebt und ist bei ihm bereits eine altertümliche Schlußwendung.)

Hier zu allen sechs Formen mehrere zweistimmige Beispiele. Meist handelt es sich natürlich um Schlüsse zweistimmiger

111

»Abschnitte«, da es nur wenige »Sätze« gibt, die zweistimmig enden. Zweistimmige Satzschlüsse sind durch Doppelstrich kenntlich gemacht:

113

Außerhalb dieser Modelle gibt es auch originell erfundene Schlußbildungen, die man studieren, aber natürlich nicht lehren und lernen kann. So ist der Mollterz-Schluß des zweistimmigen Pleni sunt coeli aus der ›Missa Pange lingua‹ eine überraschende Lösung (1). Durterz im Benedictus der Messe ›Malheur me bat‹ (3).

Aufgabe 13: Man präge sich die sechs Schlußsignale ein. Ihre Kenntnis ist wichtig für ein verstehendes Hören der Musik dieser Zeit. Wie man sieht, haben fast alle Schlußbildungen mit der ersten Form zu tun, dem Vorhalt vor dem Leitton. Daß wir diese aber in unseren bisherigen Sätzen als einzige eingesetzt haben, ist zu einseitig. In bisher geschriebene gelungene Sätze arbeite man andere Schlußformen ein.

In unseren Übungen beschränken wir uns zwar auf den zweistimmigen Satz, dennoch sollten wir nicht verzichten auf einen Exkurs über Josquins *mehrstimmige Schlüsse*. Fern aller Formelhaftigkeit offenbaren sie in der Variabilität der Erfindung den Ideenreichtum Josquins, eines Musikers von sprudelnder Phantasie. Da gibt es die leere Oktave, die vollkommene Quint-Oktav-Konsonanz, den Durschluß in allen drei Lagen, also mit Oktave, Terz und Quinte in der Oberstimme. Und da gibt es vor allem – erstaunlicherweise – sehr viele Mollschlüsse. Sie werden bald nach Josquin verschwinden. Auch wird sich wenig später als Einheitsmodell der gemeinsame Schlußakkord aller Stimmen durchsetzen, während bei vielen Josquin-Schlüssen die Stimmen nach und nach zur Ruhe kommen. Oft bleibt als letztes noch in einer Stimme eine melodische Geste.

Oktavschluß:

Quint-Oktavschlüsse:

Durschlüsse mit Sopranterz:

Von diesem prächtigen Osanna-Schluß aus der ›Missa De beata Virgine‹ ist Händels ›Messias‹ nicht mehr weit:

Durschlüsse mit Sopranquinte und -oktave:

Mollschlüsse:

»Missa Da Pacem«, Benedictus

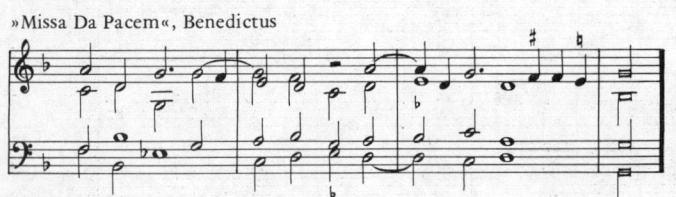

117

Aufschlußreich sind die Texte dieser Mollschlüsse. Sie lauten bei zwei Stellen »miserere nobis« sowie – in deutscher Übersetzung – »trauervoll wandle ich einher«, »mit Trauer ich mein Leben trag«, »mein armes Herz verzagt«, »der meinen Kummer stillt«. Die Beziehung zum Text ist deutlich, dennoch sollten wir uns hüten vor verallgemeinernder Zuordnung Moll = Trauer; in der ›Missa De beata Virgine‹ finden sich beispielsweise Mollschlüsse bei »primogenitus Mariae Virginis Matris« und »Tu solus altissimus, Mariam coronans, Jesu Christe«.

BINDUNG AN DEN GREGORIANISCHEN CHORAL

Neben freien Kompositionen stehen im Schaffen Josquins und seiner Zeitgenossen zahlreiche Werke, die sich in unterschiedlich strenger Weise auf den *gregorianischen Choral* beziehen. Das Verhältnis von Bindung und Freiheit sei an einem Beispiel untersucht. Friedrich Blume spricht als Herausgeber der ›Missa Pange lingua‹ vom mit diesen Worten beginnenden Fronleichnamshymnus, »dessen erste Melodiephrase (neben einigen gelegentlich anklingenden weiteren Motiven) das Motivmaterial zu den Anfängen sämtlicher Messeteile geliefert hat«. Ich glaube, daß man in diesem Falle ein wenig weiter gehen kann. Im folgenden ist die gregorianische Melodie (man findet sie im Graduale, Ausgabe von 1974, auf Seite 170) über die komplette Sopranstimme von Kyrie I, Christe und Kyrie II der Messe notiert. Vertikale Striche geben die Entsprechungen an, die ich für nicht zufällig halte.

(In anderen Sätzen der Messe ist die Beziehung auf den Hymnus weniger eng.) Derartige Beziehungen werfen aber die Frage auf, wie gregorianische Melodik die Tonalität der Kompositionen beeinflußt oder gar bestimmt. Hier eine dorische und eine hypophrygische Melodie aus dem Graduale Romanum (Seite 182 und 851).

Dorisch

G
A
Crux fi - de - - lis
E
D

Hypophrygisch

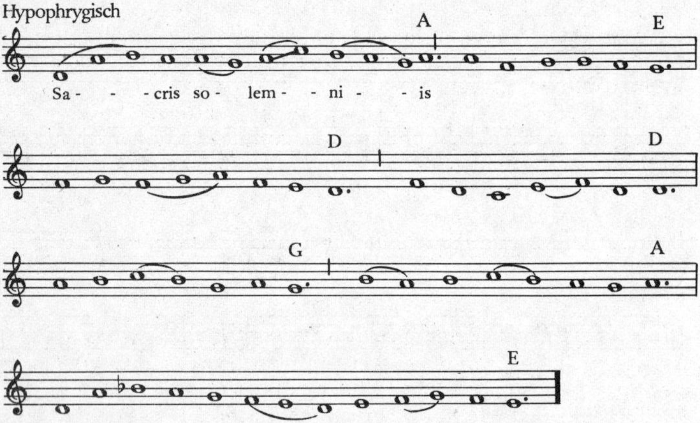
A
E
Sa - - - cris so - lem - - ni - - is
D
D
G
A
E

In beiden Fällen führen die Zeilenschlüsse zu den Stufen *D, E, G* und *A.* Der oben mitgeteilte ›Pange lingua‹-Hymnus führt die Zeilen nach *C, D, E* und *G.* Josquin – das ist aus der Sopranstimme ablesbar – kadenziert darüber hinaus nochmals nach *D* und *C. C* ist aber auch in dorischen Melodien als Zeilenschlußton möglich. Hier der Anfang einer dorischen Melodie (Graduale, Seite 443):

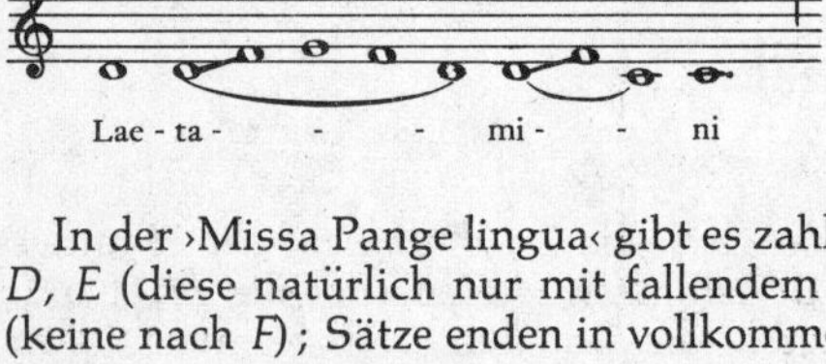
C
Lae - ta - - - mi - - ni

In der ›Missa Pange lingua‹ gibt es zahlreiche Kadenzen nach *C, D, E* (diese natürlich nur mit fallendem Leitton *F–E*!), *G* und *A* (keine nach *F*); Sätze enden in vollkommener Konsonanz auf *D, E* oder *G*, in C-dur und G-dur, in d-moll und e-moll. Kyrie I beginnt mit *E* und Unterquinte *A* und endet in G-dur. Das Christe beginnt mit *C* und schließt in d-moll, Kyrie II beginnt mit *G* und Unterquinte *C* und endet in *E*. Insgesamt also ein geschlossener Bogen, wie weit aber unterwegs tonal geöffnet! Die fünfstimmige Psalmmotette ›De profundis clamavi‹ beginnt dorisch auf *D*, wendet sich für längere Zeit durch ausdrücklich vorgezeichnetes *B* und *Es* in den von uns auf Seite 55 als »Material II« bezeichneten Bereich und endet gar in e-moll. Über tonartliche Strukturen dieser Art hat sich die damalige Musiktheorie erregt, wir sollten es nicht mehr tun. »Die ›mehrstimmigen‹ Kirchentonarten bilden den Übergang zwischen den gregorianischen Tonarten und dem Dur-Moll-System«, schreibt Jeppesen. Wir sollten also eine teilweise auf Gregorianik bezogene Musik nicht ärmer machen wollen als sie war. Das zu Beginn dieses Kapitels definierte Tonmaterial mit seinen wenigen möglichen Zwischenleittönen ist allerdings unübertretbares Gesetz.

(Es ist vernünftig, die Musik Josquins heutigen Chorgegebenheiten entsprechend in höherer Lage zu musizieren, allerdings ist es barbarisch, sie in »praktischen« Partiturausgaben transponiert mit diversen Vorzeichen versehen zu drucken. Zeigt die Originalnotation doch in idealer Klarheit an, wo man sich »zu Hause« befindet und wo am Rande des bewohnbaren Gebietes.)

»FREIHEITEN«

Seien wir zufrieden mit dem erworbenen satztechnischen Rüstzeug. Wir haben damit bei weitem nicht das gesamte Vokabular der Sprache Josquins erfaßt. Zudem gibt es gerade bei ihm so viele Stellen, die den Herausgebern Pein machen (Friedrich Blume: »scheinbare Regellosigkeit«, »großzügige, genial lässige Führung der Stimmen«), daß wir nie an ein Ende kämen. Hier nur drei Stellen als Beleg dafür, wie viel Josquin riskiert. Vielleicht erklärt sich die »sündhafte« ungewöhnliche Dissonanzauflösung nach oben in der ersten Stelle (›Missa De beata Virgine‹) vom Text »peccatorum« her? – Zwei weitere Stellen aus der ›Missa Da Pacem‹ zeigen völlig »unzulässige« Dissonanzbehandlung.

JOSQUIN ALS MODERNER AUSDRUCKSMUSIKER

Es lohnt sich, sich in einer anderen Blickrichtung noch intensiver mit diesem ersten modernen Musiker zu befassen, von dem aus es direkte Querverbindungen zu Bach und zu Beethoven hin gibt. Die Expressivität seiner Musik, schon von den Zeitgenossen erkannt und gerühmt, macht seine Musik noch heute spontanem Erleben außerhalb von Expertenzirkeln zugänglich. Und wenn wir die Grundlagen seiner Sprache gelernt haben, sollten wir erfahren, wozu sie da war, was sie auszudrücken vermochte.

Bisweilen sehen wir den *besonderen Ausdruck einer Stelle* in eine einzige Stimme gelegt. Im ruhigen Qui tollis der ›Missa De beata Virgine‹ beginnt die dritte Stimme auf einmal (mit Aufwärtssprung!) eine steigende Viertelbewegung, deren Quint-Oktav-Zickzack in der ganzen Messe nicht seinesgleichen hat. Miserere nobis als leidenschaftlicher Aufschrei.

Der Dezimensprung symbolisiert das Wunder, herausragend aus der Sprache der Motette »O virgo virginum«. An der folgenden Stelle zeigt der Aufstieg des Tenor im Psalm ›De Profundis‹ die Hoffnung des Menschen nach oben gerichtet.

Di - vi - num est___ mi - ste - - - ri - - - um,

spe - ra - vit a - ni - ma me - - - - a in Domino

Im ruhigen Tonsatz der fünfstimmigen Stelle (in freier Übersetzung) »mit Trauer ich mein Leben trag« zeigt der Tenor die Gemütsbewegung an.

Sehen wir nun Stellen, deren gesamter Tonsatz *vom Text her inspiriert* ist. Jede Betonungsdissonanz wartet auf ihre Auflösung. Zehn Vorhalte in nur 14 Takten setzt Josquin im Psalm ›De Profundis‹ in das hoffende Warten vom Morgen bis an den Abend. Hier nur einige Takte. Im Zusammenhang einer solchen Stelle gewinnt auch das konsonante »sechs vor fünf« einen gewissen Vorhaltcharakter, die Sexte wird zur Auffassungsdissonanz.

Der ganze Chor erhebt sich zum Herrn in der Motette »O bone et dulcissime Jesu«, und diese Erhebung geschieht mit satztechnischem Raffinement in unmerkbarer *Klangverwandlung*. Höher schiebt sich abwechselnd die erste, die zweite und dritte, die vierte Stimme:

Das Chanson »Plaine de dueil« beginnt in regloser Trauer (»Kummer mich drückt, voll Trauer ist mein Leben«). Äußerst langsam treten einzelne Töne hinzu, fällt ein Ton weg, tritt ein neuer Ton hinzu. Unmerkliche Klangverwandlung, und erst nach 5½ Takten der erste ruckartige Klangwechsel: Das neue *H* und das alte *C* schließen sich aus. Nach weiteren 1½ Takten dasselbe: Neues *A + F* und altes *G* schließen sich aus. – Zwei Takte nach der hier wiedergegebenen Stelle hat sich das Tempo der Klangwechsel gesteigert auf nur einen halben Takt. Das ganze ist ein deutliches komponiertes »Crescendo« der Klangdisposition.

Im Anfang des vierstimmigen Chansons »Incessament« (»Ohn Unterlaß muß Qualen ich ertragen«) geschieht das Gegenteil: Eine langsame fallende Klangverwandlung ohne ruckartige Klangwechsel über die Tonkonstellation

A _____
 F _____
   D _____
      B _____
        G _____

Vielleicht reizt es den Leser, sich an der Realisierung im vierstimmigen Satz zu versuchen. – »Ich finde keine Ruh« gewinnt seine Klanggestalt im Chanson »Cueurs desolez« durch ununterbrochene 16 Viertel, nachdem bis dahin im Chanson sechs Viertel die längste durchgehende Bewegungsgruppe waren. Josquin verteilt so:

Auch dies eine reizvolle *Aufgabe*: Man schaue nicht mehr in die eben gegebene rhythmische Darstellung und arbeite eine eigene Lösung aus für plötzlich eintretende Viertelketten.

Das die verlorene Liebe beklagende Chanson »Mille regretz de vous habandonner« findet ergreifenden Ausdruck durch deutliches Überwiegen fallender Bewegung im Sopran. Nun ist der Tonraum einer Stimme ja eng begrenzt, so daß immer wieder Gegenbewegung nach oben erforderlich ist. Diese geschieht aber meistens im Sprung, während die fallende Bewegung vor allem Sekundschritte auskostet. Auch liegen die steigenden Sprünge oft zwischen den Phrasen als »tote Intervalle«. (Siehe dazu nochmals Seite 71.) Im ganzen Chanson gibt es neben Tonwiederholungen 16 steigende und 40 fallende Schritte. (Mit ❜ ist die Abschnittgliederung des altfranzösischen Textes angegeben.)

Mit diesem *musikalischen »Sprechen«* schuf Josquin in der Tat eine Sprache, die wir noch heute verstehen und sprechen. So singt die Marie in Alban Bergs ›Wozzeck‹:

und wein - te   und   küß - te sei - ne Fü - ße   und

netz - te sie mit Trä - nen und salb - te sie mit Sal - ben...''

Erquickung von oben wird besungen (»vivificabis me in aequitate tua« = »Erquicke mich in Deiner Gerechtigkeit«) im Schlußteil der großangelegten Psalmmotette »Domine, exaudi«:

Einen Anfang von beschwörender Eindringlichkeit finden wir in der Psalmmotette »Domine Dominus noster«. Immer wieder dasselbe Motiv der fallenden Sekunde, erst vom selben Tone aus, dann in weiter Entfaltung des Klangraumes. Wie leicht wäre der Kontrapunktlehrer geneigt, den Einsatz der zweiten Stimme als fehlerhaft »unkontrapunktisch« anzukreiden. Unmerklich kriecht die neue Stimme in den schon vorhandenen Ton. Erst nachher bemerkt der Hörer, daß eine neue Stimme »eingesetzt hat«. Erst das Motiv zweimal volltaktig, dann zweimal drängender synkopisch, dann volltaktig und synkopisch zugleich:

In ihrer großformalen Anlage riskiert dieselbe Motette eine gradlinige Steigerung, die alle Diskretion hinter sich läßt. (Was sich vier Jahrhunderte später in Ravels ›Bolero‹ ereignet, ist im Prinzip nichts anderes, verlagert nur die Steigerung in den Bereich der Instrumentation.) Die vierte der fünf Stimmen pausiert acht Takte und singt dann die Melodie:

Zwölf Takte Pause, dann dieselbe Melodie; alle Dauern verlängert um die Hälfte:

| □ = | ⊤ | o | o | ⊤ = | | □ = | ⊤ | o | o | ⊤ = | usw.

Nun 16 Takte Pause. Zum dritten Male die Melodie, alle Werte erneut um denselben Betrag verlängert auf

| □ = | ⊤ = | | □ = | ⊤ = □ | □ = | ⊤ = | | □ = ⊤ = | | usw.

(Die Melodie dauert somit 16 Takte: Die Pausendauer entspricht jeweils der folgenden Melodiedauer.) 20 Takte Pause, die Melodie verlängert auf

, 24 Takte Pause und ein letzter Melodiedurchgang in der Form; alle fünf Durchgänge mit demselben Text »Domine Dominus noster«.

Diese Steigerungsanlage vom Kleingliedrigen zum Großflächigen hat nun ihre Konsequenzen auf Josquins Behandlung der übrigen vier Stimmen, die in der gegebenen Zeit den achten Psalm durchzusingen haben. Neben homophonen Passagen, erfunden aus der Wortbetonung, wie z.B.

werden »wortgezeugte« Motive polyphon durch alle Stimmen geführt. (Diesen Wechsel imitatorischer Polyphonie – zu jedem neuen Textabschnitt ein neues Motiv – und deklamatorischer Homophonie bezeichnet man als *motettische Technik*.) Hier ist der Ausgangspunkt der Entwicklung motivischen Komponierens, das bis zum Ende des 19. Jahrhunderts beherrschend blieb. Die übliche Dauer des Verweilens bei einem Text – und das heißt auch: bei einem Motiv! – zeigen diese beiden Ausschnitte aus unserer Motette:

128

Wenn aber die Menge des zu bewältigenden Textes kein Verweilen duldet – die Gesamtdauer der Komposition steht ja fest durch die Ordnung des Cantus firmus –, können bei konsequenter motettischer Technik keine größeren Einheiten entstehen. Die Steigerungsanlage bliebe also zwangsläufig auf den sich ausdehnenden Cantus firmus beschränkt. Aber Josquin fand auch für die übrigen Stimmen einen Weg zum Plakativen, zur großen Fläche: Er behielt mehrfach wortgezeugte Motive bei auch für einen neuen Textabschnitt. So konnten – bei unveränderter Text-Ablaufgeschwindigkeit – im Verlaufe der Motette mehrere motiveinheitliche Flächen von bis zu 15 Takten entstehen. Hier einige von ihnen. Einmal ist nur eine Stimme wiedergegeben. Bei den Partiturbeispielen sind natürlich sämtliche Stimmen mit demselben Text unterlegt zu denken, wie er zu einer Stimme eingetragen wurde:

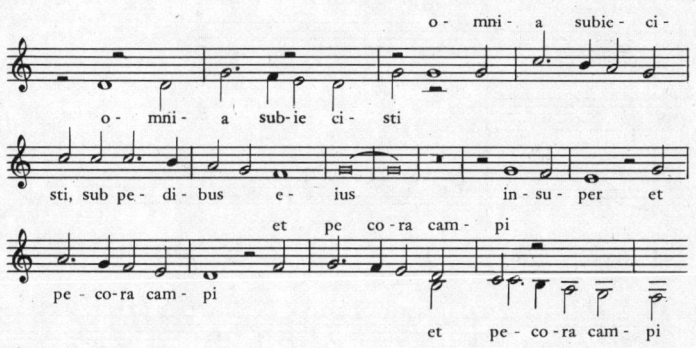

Viele Sätze Josquins (›Missa Pange lingua‹!) sind nach dem Prinzip der »*paarigen Imitation*« angelegt (M bedeutet Motiv):

```
S                M———————————————————————————
A                     M——————————————————————
T        M—————————            ——————————————
B        M—————————            ——————————————
```

Kein Zufall, daß Josquin dieses crescendoartige Prinzip besetzungsmäßiger Steigerung so gern heranzieht. Mehr Spannung als Ablauf. Dynamik, zielgerichtetes Drängen in der Gestaltung der Großform wie einzelner Phrasen.

Die 85 Takte des ersten Teils der vierstimmigen Psalmkomposition ›De Profundis‹ führen den Sopran nur an zwei Stellen bis zum *e''*. Der zweite Teil erreicht dieses *e''* mehrfach und führt an zwei Stellen bis *f''* hinauf. Erst in den letzten Takten wird dann ein einziges Mal *g''* erobert. Die hinreißende Gewalt dieses Schlusses beruht im Zusammentreffen der tonräumlichen mit der bewegungsmäßigen Steigerung: Nie bisher im ganzen Werk fanden sich in wenige Takte zusammengedrängt so viele schwarze Noten. (Hatten wir es uns nicht angewöhnt, derartige Ausbrüche als »Mangel an Stilgefühl« aus dem Kontrapunktunterricht zu verbannen?)

(Et in saecula
saeculorum, Amen.)

Letztes Beispiel: Der dreistimmige Anfang der sechsstimmigen Motette »Praeter rerum seriem«. Auch hier eine deutliche Verdichtung und Intensivierung. Hier geht die Spannungskurve schon über ein wellenförmiges Auf und Ab hinaus; bei typischen Josquin-Stellen dieser Art möchte man schon von *dramatischer Steigerung* sprechen.

(Vielleicht wiederholt sich bei manchem Leser meine eigene Erfahrung: Man liest/hört den Anfang durch, kommt im siebenten Takt mit der Klangvorstellung nicht mehr mit, es wurde zu kompliziert. Man versucht's noch einmal, erfolglos. Endlich studiert man den Schluß in ganz langsamem Tempo, bis man die dicht verzahnte Polyphonie der beiden Unterstimmen begriffen hat. Nun erst ergibt sich die richtige Vorstellung vom Komponierten. Man muß nämlich ganz langsam beginnen, so langsam, daß die wenig ereignisreichen ersten Takte »zu langsam« wirken. Nur so läßt sich der steile Spannungsanstieg richtig darstellen und erleben.)

ANALYSE ZWEISTIMMIGER WERKE JOSQUINS

1. Benedictus aus der ›Missa Pange lingua‹

134

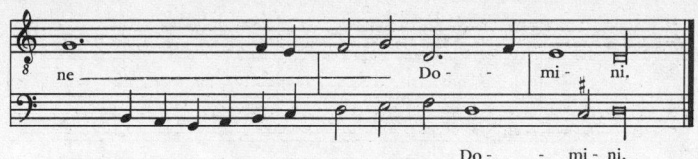

ne _____ Do - - mi - ni.

Do - - mi - ni.

Eine Sensation in dieser Zeit ist der einstimmige Anfang. Man bemerke, daß das Thema nur auf den Stufen D, E, A und H erscheint, die eine Mollterz besitzen (nicht also auf C, F oder G). Das erhält ihm bei aller Belebung durch Stufenwechsel eine einheitliche Atmosphäre. Typische Josquin-Steigerung im dreimaligen Aufstieg des Sopran in den Takten 149–154: ♩· ♩ o o / ♩· ♩♩♩ / ♩· ♩♩♩♩ . Der Satz beginnt auf A mit Oberquinte E und endet auf D. Zwischenklauseln in A, D, G und A. Eine erstaunliche formale Entsprechung, die mir außerhalb des Zufälligen zu liegen scheint: Die vierfache Wiederholung des Schlußabschnitts ist gestellt auf die Stufen A E, D A, E H und A E. Die drei ersten Paare entsprechen der Disposition der Benedictus-Einsätze vom Satzbeginn. Eine Art »tonale Reprise« also, letztes Einsatzpaar mit dichterer Stimmenfolge als »Coda«. Ruhiger Satz, kurze Phrasen, viele Ruhepunkte durch Schlußbildungen. Außerhalb der Klauseln nicht eine einzige dissonante halbe Note. Kein Durchgang also vom Typ 3, häufig Typ 1 (siehe nochmals Seite 76–80). Oftmals zwei Durchgangsviertel, das erste dissonant, auf »sehr leichter halber Note« (siehe Seite 100). Takt 155 abspringende Nebennote im Baß (oder: Cambiata mit lange verzögerter Auflösung). Takt 181: Bei in jeder Stimme korrekt geführten Vierteln können Dissonanzen auftreten wie hier H über F. Wir haben dies nicht in Aufgaben selbst geübt, es tritt bei Josquin im zweistimmigen Satz recht selten auf. In den Analysebeispielen findet sich kein weiterer Fall bei gleichzeitiger Viertelbewegung. Stimmumfang: Tenor None, Baß Oktav + Quarte.

2. *Agnus Dei II* (das Werk endet mit einem fünfstimmigen Agnus III) *aus der ›Missa De beata Virgine‹*

Altus 5
A - - - - - - - - - - gnus De -

Bassus
A - - gnus De - - - i, qui

Auch Alt und Baß ergeben einen zweistimmigen Satz von »Nachbarstimmen« (siehe Seite 61, »Abstände«). Dieser Altus, Umfang None, liegt allerdings ständig hoch. So ergibt sich zum Baß, Umfang Dezime, oftmals weiter Abstand bis zu Oktave + Quinte. Es finden sich – wer will, suche sie selbst – verdeckte Oktave, verdeckte Quinte, verschobene Quintenparallelen, abspringende Nebennoten. Alle drei Formen der Durchgangsdissonanz; auffallend oft Typ 3 (dissonante Halbe), dadurch ein relativ dissonanter Satz. Klauseln: Drei der auf Seite 111 beschriebenen Typen treten auf. Die großformale Anlage ist deutlich auskomponiert. Bis Takt 13 steigende Linien. (Beim viermaligen Anstieg in der Oberstimme jedesmal eine andere Erfindung.) Schluß auf *G*. Fallende Linien bis zur Klausel auf *E*. Stillstand der Bewegung bis Takt 35. Dann allmähliche Bewegungssteigerung bis zu einem großen Höhepunkt, Satzschluß auf *C* in Takt 52 mit folgender Coda. Die Steigerungsanlage ergibt sich nicht nur aus dem spätliegenden Höhepunkt, sondern auch aus folgendem: Drei sich vergrößernde Entwicklungsbögen werden deutlich hörbar, da sie ohne Zwischenhalt durchgezogen sind. Der erste führt über 13 Takte, der zweite (14–30) über 17, der dritte (32–52) über 21 Takte! In diesem Satz finden sich wie häufig bei Josquin Wiederholungen der Taktgruppen, die den eigentlichen Satzschluß herbeiführen. Hier 46–49 und 49–52. Ob der Bassus der Coda Takte 52–53 als Erinnerung an den Anfang des Satzes aufgefaßt werden soll?

3. 15 Takte aus der Motette »Ave Christe, immolate«

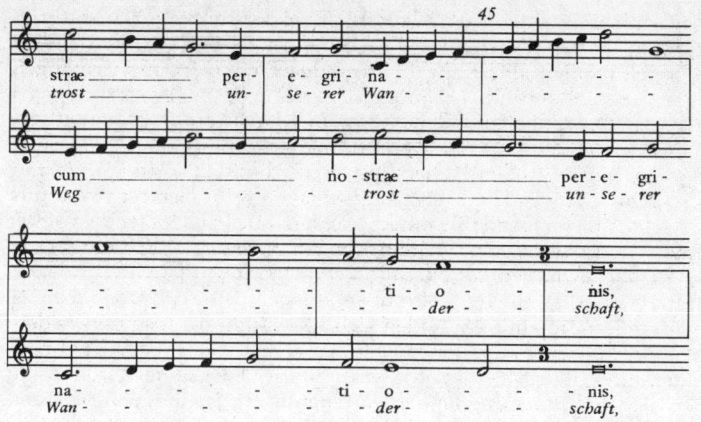

Erst sehr dichter Kanon im Quintabstand, vier Takte lang durchgeführt. In den Oberstimmen sodann fast fünf Takte lang durchgeführter Kanon im Einklang bei Stimmabstand von anderthalb Takten. Im Abschnitt der tiefen Stimmen keine Stimmkreuzung. Beim folgenden Einklangskanon wird Stimmkreuzung aber sehr wirkungsvoll eingesetzt. Die Oberstimme erreicht die Gipfeltöne *H*, dann *C*. Jetzt Lagentausch der Stimmen, die untere drängt zu *H* und *C*. Langer Skalengang führt die Oberstimme bei erneutem Lagentausch bis zu *D* hinauf. Die Töne der Gesamt-Gipfelkurve *H C H C D* liegen dicht beieinander, dennoch bewegen sich beide Stimmen lebendig auf und ab. Der lange Viertelnotenweg steht nicht zufällig für »Wanderschaft«.

4. Zwei Duette aus dem Credo der ›Missa Da Pacem‹

85 ... -la - - - to, Pi - - la - -

Pi - - la - -

90 -to pas - - -sus, et se - - -pul-

to pas - - - sus, et___ se -

95 - - - -tus___ est.

- - - pul - - - tus est.

Cantus 100
Et re-sur-re - xit ter - ti - a di - -

Tenor
Et re-sur- re - xit ter - ti - a di - -

105
- - e, se - cundum___ Scri - - -ptu - -

- - e, se - cun-dum Scri - - -ptu -

140

Alt und Baß, Sopran und Tenor: Zwei Duette nachbarlicher Stimmlagen. Beide Duette haben ihre Klauseln auf der sechsten, vierten und zweiten Stufe im Bereich des Tonmaterials II. (Siehe Seite 55); Vorzeichen ![notation], Stufe 1 ist *F*.) Das erste Duett führt von *B* nach *G*, das zweite von *C G* nach *G*. *G* ist Basis der ganzen Messe: »Dorisch auf *G*«. Bei allen Klauseln unserer vier Analysestücke hält eine Stimme aus, bis die andere wieder eingesetzt hat. Klauseln setzen also Zäsuren, wollen aber das Klangband nicht abreißen lassen. Ausnahme: In Beispiel 2, Takt 31, hält eine Stimme nur aus, bis die andere wieder einsetzen will. Eine besonders dichte Verbindung in unserem Crucifixus ist bei der ersten Klausel dadurch erreicht, daß der Baß seinen Schlußton ausläßt und ihn erst nach der Pause als neuen Einsatzton bringt. Diese Klausel bremst dadurch also weniger ab als üblich. Das Vorzeichenproblem in dieser Messe ist in der Tat, wie der Herausgeber Friedrich Blume sagt, »ungewöhnlich schwierig«. Der Herausgebervorschlag, *E* in den Takten 81 und 82 in *Es* zu verwandeln, macht aus der ersten Klausel einen phrygischen Schluß: Dritte Stufe einer Skala mit dem Grundton *B*! Ob nicht auch diese Lösung denkbar wäre: In der Skala auf *F* zu bleiben mit Kadenz zur Stufe 6?

Man untersuche den mehrfachen Wechsel zwischen drei Satztypen: Oktavkanon, Quintkanon, freie Polyphonie. Das Aufsteigen ist ein deutliches Abbild von »ascendit in coelum«, »aufgefahren gen Himmel«. Der drittletzte Takt muß nicht aufgefaßt werden als ungewöhnlicher Nonenvorhalt. Zwischen *C A* und *A C* bewegen sich beide Stimmen frei voneinander, in sich jeweils korrekt, als Durchgänge der Typen 1 und 3.

Aufgabe 14: In aller Demut, ohne Josquin kollegial auf die Schulter klopfen zu wollen, sollten wir dennoch versuchen, bei der Anlage eigener Sätze Gebrauch zu machen von einigen der Ausdrucksmöglichkeiten seiner Musiksprache, die ihn uns als modernen Ausdrucksmusiker haben erkennen lassen. Auch hatten die bisher gegebenen Aufgaben die Gefahr in sich, daß wir unser Augenmerk zu sehr auf eben neu besprochene Möglichkeiten richteten und dadurch nicht die Fülle aller satztechnischen Mittel einsetzten. Dies sollten wir nun korrigieren und uns zuvor noch einmal in raschem Überblick aller Möglichkeiten erinnern. Hier einige Textempfehlungen:

Divinum est misterium. De profundis clamavi ad te, Domine. Mir bleibt nur Schmerz und trauervolle Klage. Ich finde keine Ruhe, Tag und Nacht. Et resurrexit tertia die. Et ascendit in coelum. Requiem aeternam dona eis. Benedictus qui venit in nomine Domini. O virgo virginum. O bone et dulcissime Jesu. Et lux perpetua luceat eis.

Abschließend etliche zweistimmige Kompositionen Josquins zum Einsingen in seinen Stil, zur Überprüfung des gelernten satztechnischen Reglements und zur eigenen Analyse. Besonders einige für Josquin typische motiv-gezeugte Steigerungsanlagen heben sich aus der Musiksprache der Zeit heraus.

Missa »L'homme armé«

Missa »Malheur me bat«

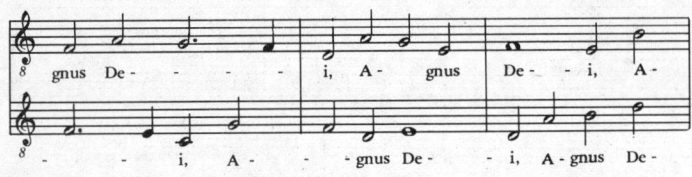

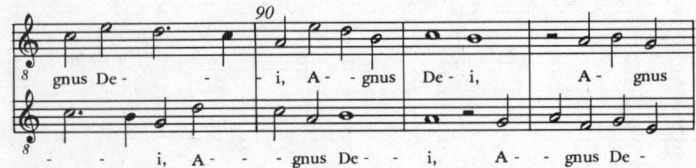

Missa »Hercules dux Ferrariae«

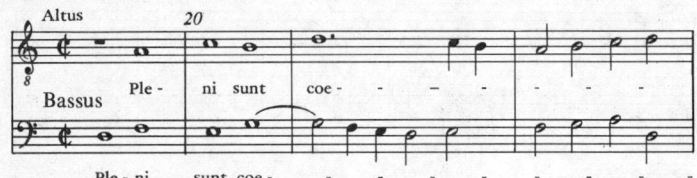

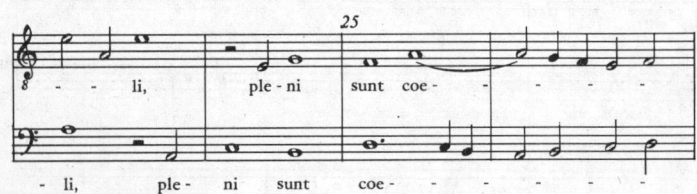

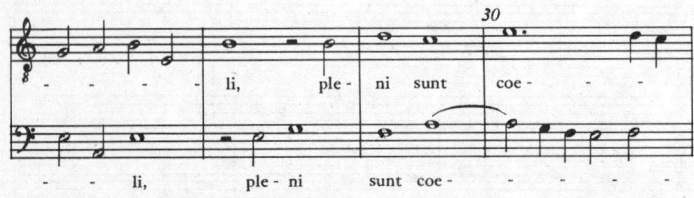

146

4. PALESTRINA: KLASSISCHE VOKALPOLYPHONIE
(~1570)

Musikgeschichte geschieht nicht allzeit in derselben Geschwindigkeit, und die Veränderungen des musikalischen Materials und seiner Anwendung vollziehen sich nicht stets in derselben Weise. Mozart brauchte nur zu entfalten, was durch Pergolesi, Christian Bach, Stamitz, Haydn bereitgestellt war; Johann Sebastian Bach stand durch Buxtehude und andere, Brahms durch Beethoven und Schumann in lebendiger Tradition einer noch zukunftsträchtigen Musiksprache. Anders die Situation eines Monteverdi, eines Debussy. Beide schufen eine neue Sprache, deren Grammatik noch nicht existierte und deren Ausdrucksvermögen noch nicht vorhersehbar war. Und was die Entwicklungsgeschwindigkeit betrifft: Wohl nie gab es in der Musikgeschichte rasantere 50 Jahre als zwischen 1775 und 1825, und kaum sonst sehen wir die Zeit derart nahezu stillstehen wie zwischen 1520 und 1590.

Palestrina (1525–1594) hat lediglich eine Sprache geglättet und verfeinert, die der über 70 Jahre ältere Josquin erstmals in ihrer ganzen Ausdrucksfähigkeit entfaltet hatte; ja Palestrinas weltmännische Souveränität machte diese Sprache gerade dadurch zu einer *gleichsam dialektfreien Weltsprache*, daß Josquins ungestümer Expressionismus zurückgenommen wurde, daß auf Josquins Reichtum der Erfindung von Werk zu Werk verschiedener überraschender Ausdrucksmittel verzichtet wurde: Reife durch Zurücknahme extremer Möglichkeiten und Kultivierung einer Sprachnorm, die es dem Hörer nach Kenntnis einiger Werke ermöglicht, mit einiger Sicherheit vorauszuwissen, welche sprachlichen Mittel Palestrina in einem anderen Werk einsetzt.

Sehen wir uns die geringfügig veränderte Situation an. Nur bei zwei der zu besprechenden acht Punkte wird es sinnvoll sein, uns der Veränderung durch eigene Arbeiten bewußt zu werden.

1. DER HELLERE KLANG

Gegenüber der Musik Josquins hat sich der Klangbereich Palestrinas ein wenig verschoben durch stärkeren Einsatz höherer Stimmen. Strenger noch als Josquin begrenzt Palestrina den Umfang der Singstimmen auf Oktav + Quarte. Das heißt praktisch, daß bei wohlüberlegter Schlüsselwahl auf Hilfslinien verzichtet werden kann. Hier zuvor ein Überblick über die üblichen Schlüssel mit Übertragung des *Stimmumfangs ohne Hilfslinien* in unsere heutigen Schlüssel:

Vierstimmige Chorwerke werden meistens nach wie vor in den vier unterstrichenen Schlüsseln (Sopran, Alt, Tenor, Baß) notiert. Abweichend aber ist die neue Stimmlagendisposition Palestrinas bei mehr als vierstimmigen Werken. In der folgenden Tabelle von fünf- und sechsstimmigen Kompositionen werden 𝄞 , S und Mezzo als »Frauenstimmen«, die übrigen als Männerstimmlagen gewertet und diese hoch-tief-Relation in Zahlenverhältnissen ausgedrückt.

Josquin:		Palestrina:	
Mezzo A T T B	1:4	𝄞 Mezzo A A Bar	2:3
S A T Bar B	1:4	𝄞 𝄞 Mezzo A Bar	3:2
S A A T Bar	1:4	𝄞 Mezzo A A T	2:3
		S S A T B	2:3
		S A A T B	·1:4
		S A T T B	1:4
		𝄞 Mezzo Mezzo A Bar	3:2
		𝄞 𝄞 Mezzo A T	3:2
		𝄞 Mezzo Mezzo A T	3:2
S A A T T B	1:5	𝄞 𝄞 Mezzo Mezzo A Bar	4:2
S A A T B B	1:5	𝄞 𝄞 Mezzo A A Bar	3:3
S A A T Bar B	1:5	𝄞 𝄞 Mezzo A T Bar	3:3
S A T T Bar B	1:5	𝄞 Mezzo Mezzo A A Bar	3:3
𝄞 S A A T B	2:4	𝄞 𝄞 Mezzo A A T	3:3
		S A A T T B	1:5

2. EMANZIPATION DES ♯

Bei Josquin waren *B* und, im Material II, auch *Es* essentielle (zum Wesen der Sache gehörende) Töne, während hinführend zum zweiten, fünften und sechsten Skalenton *Cis*, *Fis* und *Gis* als Zwischenleittöne, sogenannte *Akzidentien* (accidens = »sich zufällig ereignend«), eingesetzt werden konnten. Diese vom Komponisten meist nicht notierten Vorzeichen betrafen aber nur Töne bis zur Dauer einer Halben.

Wie Josquin setzt auch Palestrina den Ton *Es* in jeder Tondauer und führt ihn sekundweise oder springend weiter:

Lamentationes I

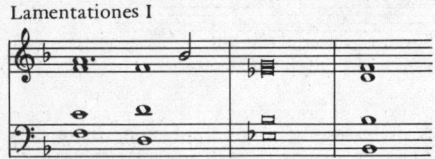

Cis, *Fis* und *Gis* werden noch immer wie Leittöne weitergeführt. Sie emanzipieren sich aber in der Tondauer und können eine ganze Note oder gar Brevis dauern. Damit werden sie nun auch klanglich relevant und führen zu einer außerordentlichen Bereicherung der Klangwelt. A-dur-, D-dur- und E-dur-Dreiklänge können auftreten, wenn nur der Aufwärtsschritt der kleinen Sekunde bedacht wird. Einschließlich der freier verwendbaren Töne *B* und *Es* ergibt sich eine Klangwelt von großer Breite. Möglich sind Durdreiklänge auf *Es*, *B*, *F*, *C*, *G*, *D*, *A* und *E*. In typischer Klausel-Situation war die Erhöhung von *C*, *F* und *G* für die Interpreten Josquins selbstverständlich; Kreuze mußten nicht notiert werden. Die neuen klauselfreien, gleichsam emanzipierten Töne *Cis*, *Fis* und *Gis* aber muß Palestrina mit Vorzeichen notieren. Auch im vierten der folgenden Beispiele ist die Leitton-Führung korrekt: Vorher übernimmt nur der Sopran das *Fis* des Tenors.

Motette »Homo quidam fecit coenam«

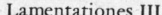

Lamentationes III

*) Auch dieses lange *H* ist – im Material II mit b-Vórzeichen – ein »emanzipierter« Zwischenleitton zum fünften Skalenton.

Einmal zugelassen, ist die *weitere Emanzipation* nicht mehr aufzuhalten. Dem Ton *Fis* im ersten und zweiten sowie dem Ton *Cis* im dritten folgenden Ausschnitt fehlt die Leittonfortführung. Hier handelt es sich nur noch um skalenfremde Durterzen in nicht weiterstrebenden, sondern rein klanglich erfundenen Akkorden:

Motette »O Domine Jesu«   Motette »Beatae Mariae«

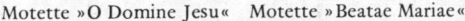

In diesem *C–Cis* sehen wir (noch durch Pause züchtig getrennt) den Weg angedeutet zu einer Chromatisierung der Musik, die bei den gleichzeitig entstehenden Werken von Gesualdo und Marenzio bereits ihren Gipfel erreicht:

Lamentationes I

151

Selbst in Schlußakkorden von Werkteilen und Kompositionen sind skalenfremde Töne bereits zugelassen; hier gerät die alte Leittonfunktion der Erhöhungen natürlich in Vergessenheit:

Lamentationes I

Lamentationes I

Schluß der Motette
»Quam pulchri sunt«

Wie Josquin (wir stellten es dar anhand der ›Missa Pange lingua‹) legt auch Palestrina vielen Kompositionen gregorianische Melodien zugrunde. Das erhält Bindung an die Kirchentöne. Zugleich entfaltet sich in seiner Musik (zwar weniger deutlich als in Werken seiner Zeitgenossen) aber auch eine nicht mehr kirchentonale und noch nicht dur-moll-funktionale Tonalität, deren Möglichkeiten und Grenzen sich ergeben aus den essentiellen Tönen *B* und *Es* und dem bereits erworbenen Freiraum der ehemals nur akzidentellen Töne *Cis, Fis* und *Gis.* Diese *»Tonalität«* ist im ersten Kapitel meiner Harmonielehre ausführlich dargestellt, dort findet man Anleitung zu eigenen Sätzen.

3. VIERTELNOTEN

Besonders deutlich zeigt sich Palestrinas Bindung an den tradierten Stil in seiner Behandlung der Viertelnoten. Sie haben sich gegenüber Josquin kaum vermehrt und überschreiten das alte Reglement nur in zwei Punkten:

a) Die obere Wechselnote – immer noch seltener als die untere – tritt doch so häufig auf, daß man sie zu den stiltypischen Mitteln und nicht mehr nur zu den Ausnahmen rechnen muß. Sie bleibt angewiesen auf einen gewissen Bewegungsschwung. Nie tritt sie bei nur zwei Vierteln auf

wohl aber bereits in Drei-Viertel-Gruppen wie

vor allem aber in noch größeren Viertelgruppen.

b) Viertelbewegung in einer Richtung kannten wir bei Josquin nur als Folge von Sekundschritten sowie in fallender Richtung als

Cambiata: ♩♩ ♩♩, die allerdings auch meist ruhiger verlief:

♩. ♩♩ ♩ (siehe Seite 108). Bei Palestrina dagegen wird die

Verbindung von Schritt und Sprung in derselben Richtung ein häufig eingesetztes Mittel. Allerdings gibt es für Auf- und Abwärtsbewegung jeweils nur eine einzige Form.

Abwärts: Sekundschritt(e) + ein Terzsprung, danach Schritt oder Sprung aufwärts:

Cambiata
(siehe Josquin, S.108)

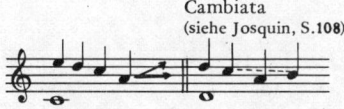

Bei dem ersten Beispiel ist der ˙folgende Ton frei, weil keine Dissonanzauflösungsverpflichtungen bestehen. Beim zweiten Beispiel, der Cambiata, liegt *H* als Folgeton fest, weil aus der Dissonanz *C* abgesprungen wurde.

Aufwärts: Nach Richtungswechsel Terzsprung + Sekundschritt(e). Aufwärtssprünge von betonter Viertel aus bleiben aber nach wir vor unmöglich. Typische Form, aber sehr selten:

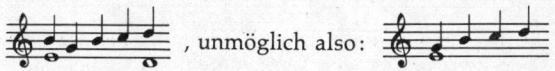, unmöglich also:

Als Überblick über alle Möglichkeiten des Einsatzes von Vierteln bei Palestrina hier eine Sammlung von Stimmen aus – natürlich – vier- bis fünfstimmigen Werken. Zur Information über die klangliche Situation der Stellen sind die den Konsonanzgrad bestimmenden Töne über beziehungsweise unter der zitierten Stimme angegeben.

Häufigste Form: Durchgangsbewegung in einer Richtung (niemals ♩ | ♩ ♩ ♩):

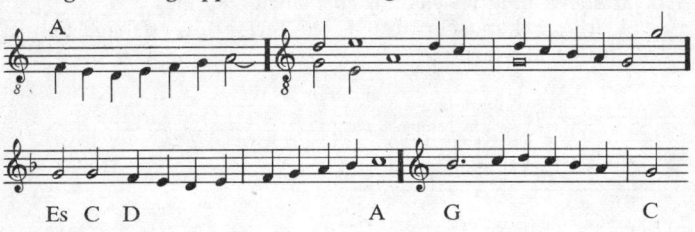

Häufig: Viertelgruppen mit Richtungswechsel bei Konsonanz.

Wechselnote nach unten (häufig) und nach oben (seltener, aber nicht ungewöhnlich):

154

Sprung mit Richtungswechsel vor- und nachher. Auch zwei Sprünge nacheinander in verschiedener Richtung (Aufwärtssprünge nur von unbetonter Viertel aus):

Fallend: Sekunde(n) + Terz

Steigend: Terz + Sekunde(n)   (selten)

Cambiata, auch in verlagsamter Form (sehr häufig):

Durchgangsdissonanz auf »sehr leichter« halber Note:

(Siehe Josquin Seite 100).

4. EINZELNE VIERTEL (abgesehen vom einfachen Durchgang ♩·♪♩)

Es ist aufschlußreich, daß Palestrina in einer Hinsicht die Mittel der Sprache Josquins nicht voll ausschöpft. Einzelne Viertel – sie können nur auf leichter Zeit stehen, also nach punktierter halber Note – fanden wir bei Josquin häufig auf zweierlei Arten eingesetzt: Einmal in konsonanter Situation beliebig schritt- oder sprungweise erreicht und verlassen, zum zweiten als dissonante »abspringende Nebennote«, sekundweise erreicht und dann ohne Rücksicht auf die ungelöst bleibende Dissonanz abspringend. Unsere Analysebeispiele zum Abschluß des Josquin-Kapitels enthielten zahlreiche Beispiele. Hier nochmals eines für die erste und drei für die zweite Form (siehe auch »Sprünge in Vierteln« im Josquin-Kapitel):

Da nun Palestrina die »abspringenden Nebennoten« vermeidet, fühlt man sich berechtigt zu der Annahme, daß ihm die hierbei entstehenden unaufgelösten Dissonanzen ein Ärgernis waren. Vermutlich aber träfen wir mit dieser Begründung nicht die

Wahrheit. Denn auch die in konsonanter Situation springenden einzelnen Viertel findet man bei Palestrina äußerst selten. Hier die spärliche Ausbeute nach Durchsicht zahlreicher Werke: Zweimal Sprung und Sprung, einmal die Wechselnote, einmal Sprung und Schritt:

Immer wieder dagegen begegnet man einzelnen Vierteln, die einen vorausgegangenen längeren Ton repetieren:

Es ist demnach gar nicht in erster Linie Scheu vor der Dissonanz, die Palestrina hier leitete, sondern vielmehr die Abkehr von einer Zackigkeit der Linienführung, das *Streben nach flüssiger Linieneleganz*. Hier ein Stilvergleich.

Josquin, zwei Stellen aus der Messe ›L'Homme armé‹, zwei aus der ›Missa sine nomine‹: An- und abspringende Viertel verlangen intensivere Tongebung, damit der Hörer einen unvorhersehbaren Linienverlauf erfassen kann:

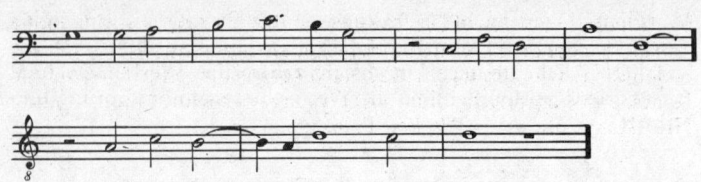

Palestrina, Stellen aus der ›Missa Papae Marcelli‹: Viertel erweisen sich als natürlicher Weg zu einem Ziel, sie können in elegantem Fluß leicht musiziert werden. Die Linien leuchten unmittelbar ein; Hörerwartung – gespeist aus der Erfahrung vieler ähnlicher Stellen – wird erfüllt:

Ausnahmen gibt es selbst in einer so streng durchorganisierten Sprache; hier zwei Ausnahmen vom Reglement »Schritt + Sprung = Sekunde + Terz«. Es handelt sich aber wirklich um auf alle hundert Partiturseiten einmal auftretende Sonderfälle:

5. Verschiebung im Dissonanzbereich

Drei Typen der Durchgangsdissonanz haben wir in der Sprache Josquins kennengelernt, von denen 1 (♩♪♪♪) sehr oft, 2 (𝅝♩) oft, 3 (♩♩♩♩) recht selten eingesetzt wurde. Typ 1 und 2 behalten bei Palestrina ihren Platz, während Typ 3 nahezu verdrängt wurde. Er gehört zu den Randerscheinungen, und es ist deshalb bedenklich, wie bereits im Kapitel Josquin ausgeführt, wenn der Kontrapunktunterricht ihn als Durchgangs-Normalform lehrt. Hier Ausschnitte aus Werken Palestrinas:

Typ 3 bleibt, von Ausnahmen abgesehen, beschränkt auf Abschnitte, in denen keine Viertelnoten auftauchen, die Halbe also schnellster Wert ist. Dies ist im schnell genommenen Dreiertakt Palestrinas der Fall:

Typisch deshalb die beiden folgenden Satzanfänge. Die gleich zu Beginn nach Typ 1 genommenen Durchgänge zeigen dem Hörer an, daß bald mit weiteren Viertelnoten zu rechnen ist:

Werden thematische Sekundgänge gleich in der Rhythmisierung ♩. ♩ erfunden, sind an der betreffenden Stelle in den anderen Stimmen ganze Noten möglich, also eine ruhige Klangfolge:

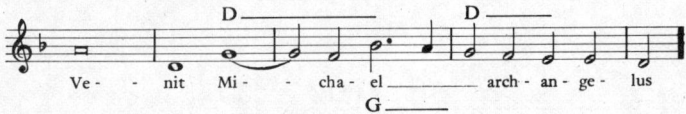

In Halben erfundene Themen werden dagegen gern rhythmisch umgeformt, wenn es erforderlich ist, um Durchgangsdissonanzen des Typs 3 zu vermeiden:

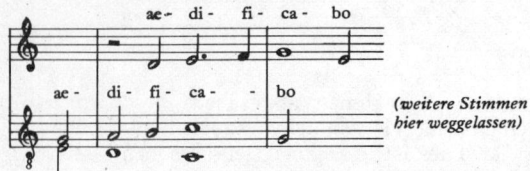

Nun die zweite Änderung des Einsatzes von Dissonanzen: Bei Josquin fanden wir den Vorhalt, die Betonungsdissonanz, im wesentlichen der Klauselbildung vorbehalten. Von dort aus dringt er nun in den gesamten Tonsatz ein und wird ein wesentliches Ausdrucksmittel. (Bislang war er mehr ein formbildendes Element!) Dabei entfällt nun auch die Verpflichtung zur Sekundeinführung der Dissonanz. Statt nur

 usw.

Das hebt die Dissonanzwirkung natürlich stärker hervor. Freilich: Da Palestrinas Satzanfänge stets sehr schnell zur Mehrstimmigkeit hinstreben und die Kompositionen dann im mindestens dreistimmigen Satz verweilen, findet sich eine angesprungene Vorhaltsdissonanz doch selten; eine der Stimmen wird immer den alten Klausel-Sekundschritt ausführen:

Hier einige Musikbeispiele. Sie sind keineswegs herbeigesucht. Derart gedrängte Vorhaltbildungen sind jetzt die Regel.

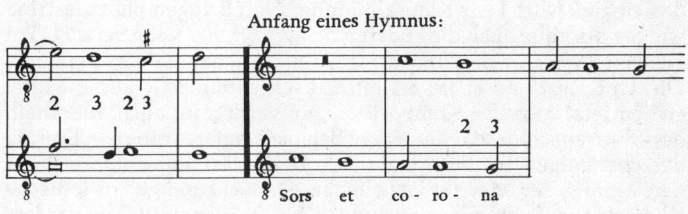

161

Auszug aus der 5 stimmigen Motette »O Antoni eremita«

Anfang des 2. Teils der Motette »Solve, jubente Deo«:

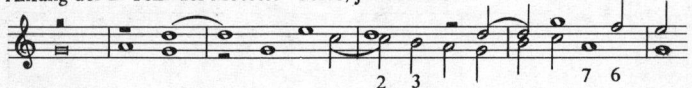

Bei Josquin waren die *Vorhalte* das entscheidende, aber nicht das einzige Mittel zur Klauselbildung. Nun dringen bei Palestrina wie die Vorhalte auch die anderen *Schlußsignale* (siehe Seite 111) in gleicher Weise in den Tonsatz ein (mit Ausnahme von Signal 6: Die Unterterzklausel ist als altmodisch eliminiert). Diese Mittel stehen jetzt also der Komposition zur Verfügung auch außerhalb der Phrasenschlüsse. Hier einige Beispiele mit gedrängtem Einsatz der ehemaligen Schlußsignale 2–5. Besonders aufschlußreich ist der Anfang der Motette »Alleluja!«. Der (ehemalige) melodische Klauselgang kann nun, vertrautes Kompositionsmittel geworden, auch Keimzelle einer melodischen Erfindung werden:

Lamentationes IV

(Missa brevis)

Motette »Alleluja! tulerunt Dominum meum«

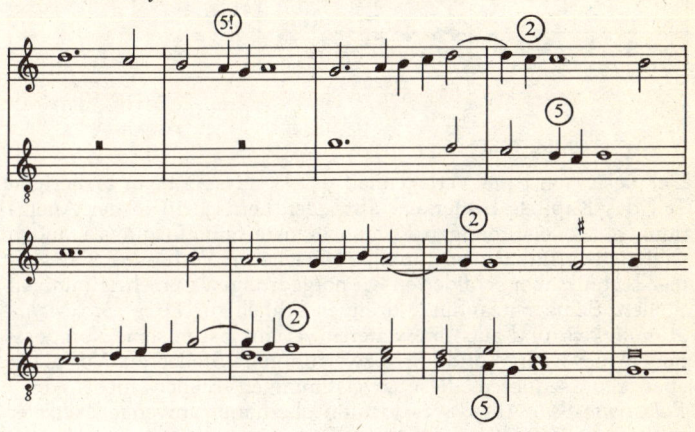

5 (betonter Durchgang) und 3 (untere Wechselnote) treten oftmals auch in beschleunigter Form in Achteln auf (wie sich auch der

Achteldurchgang einbürgert),

und schließlich wird die alte Klausel in neuen melodischen Figuren zur blassen Erinnerung:

Motette »Nunc dimittis«

6. ZWEISTIMMIGKEIT?

Der Leser wird die Verlegenheit des Verfassers beim bisherigen Teil des Kapitels bemerken. Für jeden Lernschritt in der Aneignung der zweistimmigen Kompositionstechnik Josquins standen zahlreiche original zweistimmige Modelle zur Verfügung. Palestrinas Technik aber schilderten wir notgedrungen an mehrstimmigen Stellen. Seine Satzanfänge drängen schnell zur *Drei- und Mehrstimmigkeit*, und auch im weiteren Verlauf lassen seine Kompositionen nur wenige und kurze zweistimmige Stellen zu. Vor allem aber repräsentieren diese zweistimmigen Stellen nicht »den« *Palestrina-Stil*. Alles, was Josquin überhaupt anwendet, setzt er auch in der Zweistimmigkeit ein. Demgegenüber hat man fast den Eindruck, als ob Palestrina gleichsam ängstlich Dünnstimmigkeit zu kompensieren bemüht sei durch besondere Klanglichkeit des Satzes. Terz und Sexte bevorzugt er als die klangvollsten Intervalle: Die Terz oder die Sexte ist ein Klang, ist Verschmelzung; Sekund- oder Septspannung läßt zwei Einzelstimmen gegeneinander hören. Wir konnten zwar diese alten Klauseldissonanzen auch an einigen zweistimmigen Stellen demonstrieren, sie finden sich aber sehr selten. Zwingt nicht Imitation bei Satzanfängen die Stimmen in Linie und Text gegeneinander, bevorzugt Palestrina ganz auffallend eine terz-sext-bestimmte Klangzweistimmigkeit mit textlicher Gemeinsamkeit. Der folgende Motettenausschnitt ist weit entfernt von dem, was im Kontrapunktunterricht gern als Ideal gelehrt wird. Anschließend in fünf Stückchen die gesamte Ausbeute an Zweistimmigkeit der ›Missa Papae Marcelli‹. An allen fünf Stückchen gemeinsamer Text für beide Stimmen:

Motette »Viri Galilaei«, Anfang des 2. Teils

A - scen - dit De - us in ju - bi - la - ti - o - - - - - - - ne

3. Einsatz

Cru - ci - fi - xus sub Pon - ti - o se - cun - dum Scri - ptu - - - - - ras cum glo - ri - a Be - - ne - di - - -

Der folgende Anfang einer berühmten Motette enthält in $7^1/_2$ Takten nur drei Dissonanzen von der Dauer je einer Viertelnote:

Di - es san - cti - fi - ca - tus il - lu - xit no - - - - - - - - - bis

Aus den Lamentationen eine zweistimmige Stelle. Fast nur Terzen. Melodisches Leben ist durch mehrfachen Stimmentausch eingebettet in einen kaum bewegten Klang:

Lamentationes II

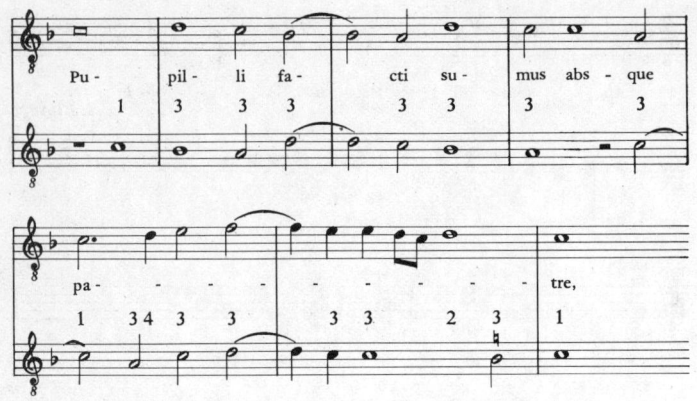

Pu - pil - li fa - cti su - mus abs - que
1 3 3 3   3 3   3   3

pa - - - - - - - - tre,
1   3 4 3   3   3 3   2   3   1

Die beiden folgenden Anfänge sind typisch, keine herbeige-
suchten Sonderfälle. Konsonanzbetonte Zweistimmigkeit. Aus-
drucksvolle Vorhaltsdissonanzen erst nach Eintritt der dritten
Stimme, die die Härte der Dissonanz mildert:

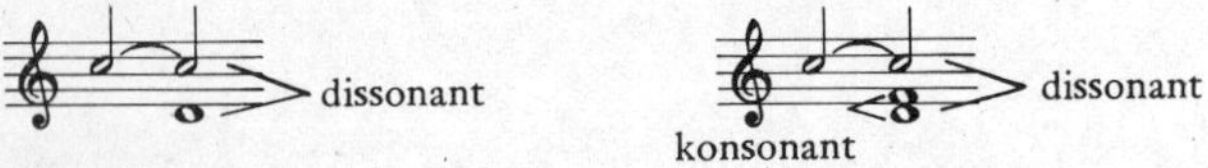

dissonant   dissonant
                   konsonant

Motettenanfang

Me - mor e - sto ver- bi-tu- i ser-vo tu-

o   ver- bi tu- i ser-vo tu- - - o
V.   V.   V.   V.

Lamentationes II

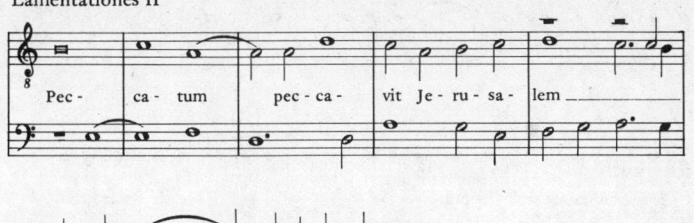

7. WORT UND TON

Zu wenig war im Kapitel Josquin die Rede von dem Verhältnis von Wort und Ton. Wir wollen uns nicht entschuldigen damit, daß die erhaltenen Drucke zumal der Messen oftmals nicht erkennen lassen, wie zur Josquin-Zeit gesungen worden ist. Friedrich Blume schreibt als Herausgeber der ›Missa Pange lingua‹ von »Schwierigkeiten, die noch dadurch vermehrt werden, daß der verhältnismäßig späte Erstdruck von 1539 mit Textmarken äußerst willkürlich verfährt, so daß oftmals, wenn man sich nach ihm richten würde, in den vier Stimmen gleiche Textworte zu ganz verschiedenen Zeiten und auf verschiedene Motive erklingen würden, was für den Josquin-Stil undenkbar ist«. Bei genügend Werken ist jedoch auch die genaue Textverteilung überliefert. Es läßt sich aber nicht leicht *ein allgemeines Prinzip der Textverteilung* herauslesen. Zu unterschiedlich geht der Komponist vor. Hier vier Beispiele aus der Messe ›L'Homme armé‹. Die mit Strichen angedeuteten Motivbeziehungen innerhalb aller, auch der ohne Tonhöhen wiedergegebenen Phrasen springen ins Auge. Welches gemeinsame Verfahren der Wortverteilung aber sollte man herauslesen?

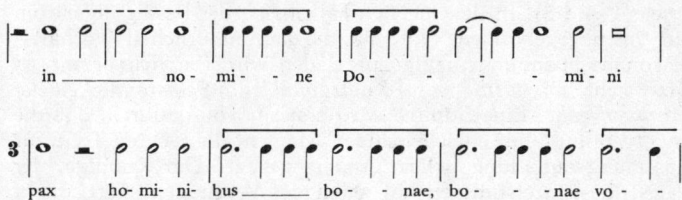

- - lun - - - ta - - - - - tis

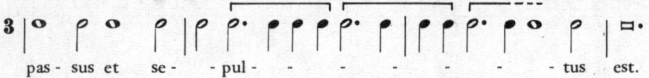

pas - sus et se - - pul - - - - - - - tus est.

Je - - - sum Christum Fi - li - um _____ De - -

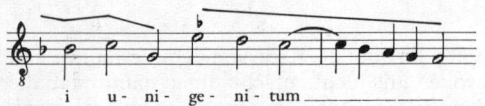

i u - ni - ge - ni - tum _____

Palestrinas Wort-Ton-Beziehung läßt sich dagegen leicht erfassen und in eigenen Übungen nachvollziehen. Im Inhaltlichen dem Text diskreter gegenüberstehend als Josquin, bringt Palestrina die Sprachmelodie deutlicher hervor. Grundlage ist, daß jede Silbe einen Ton erhält, der länger als eine Viertel ist. (Einzelne Viertel tragen nur in Ausnahmefällen eine Silbe.) Nun werden einzelnen Silben größere Koloraturen zugeteilt, und zwar am häufigsten am Ende, oft in der Mitte, recht selten am Anfang eines Textzusammenhanges, dem ein musikalischer Bogen entspricht mit der Grundform Ruhe–Bewegung–Bremsvorgang–Ruhe. Fast regelmäßig kommt schnellere Bewegung in den Koloraturen in Fluß, kaum aber je über zehn Viertel hinaus. Werden längere Koloraturen gebildet, können demnach auf einer Silbe mehrere Viertelgruppen eingesetzt werden, getrennt durch längere Notenwerte (Beispiele 4 und 5). In den meisten Fällen zielt der Bewegungsstrom auf eine übergebundene Note hin, die dann natürlich als Vorhaltsdissonanz spannungsmäßig aufgeladen wird (bezeichnet mit ♩). Man sieht, *wie wenig es im Kontrapunkt um Selbständigkeit der Stimmen geht:* Eine Stimme wird erst sinnvoll dadurch, daß die andere Stimme im entscheidenden Moment die rechten Töne zur Spannungsaufladung liefert. Anders gesagt: Der Kundige, der Palestrina-Einzelstimmen mit geistigem Vergnügen singt, denkt im rechten Augenblick notwendige, sinnstiftende Töne anderer Stimmen unbewußt hinzu! – Die folgenden Beispiele entstammen Hymnen, Lamentationen und Motetten:

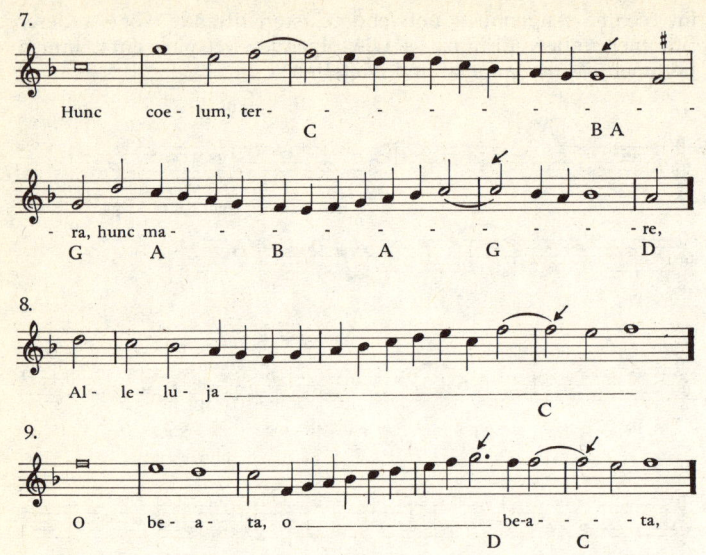

Mir fiel bei Durchsicht dieser Beispiele auf, daß alle Koloraturen auf a, e, i und o gesetzt sind. Also ging ich auf die Suche, wie es mit ae, oe, y und u steht. Es ergab sich nach Durchsicht zweier Motettenbände, daß in der Tat a, e, i und o eindeutig bevorzugt sind in der Koloraturausdehnung. (Die Anzahl war nicht zu bewerten, da die Vokale in den Texten ja nicht gleichmäßig verteilt sind.) Martyrio hat seine kleine Koloratur ebenso wie coelo, in coelis, martyrii, saeculi. Ein Wort wie coelorum aber findet den Komponisten schon zu längerem Aussingen auf o geneigt. In drei Phrasen ist in einer motettischen Durchführung bei »regnat in aeterum« das ae länger auskomponiert, in 16 Phrasen aber die Silbe ter (Motette »Virgo prudentissima«). In der Motette »Homo quidam fecit coenam magnam« habe ich die Dauer der letzten vier Silben ausgezählt. Dieser Text wird über 20 Takte auskomponiert. Hier das Ergebnis: coe = 28 Halbe, nam = 22, ma = 66, gnam = 46. Die Bevorzugung von ma leuchtet ein; eine große Speise/ Mahlzeit. Aber coe als die andere betonte Silbe wäre an zweiter Stelle zu erwarten. Ihr wird aber die a-Silbe gnam deutlich vorgezogen. Wenig später in derselben Motette: »et misit servum suum hora coenae« (»und er sandte seinen Diener zur Stunde des Mahles«) schiene die angemessene Betonung. Auszählung: ho = 67, ra = 22, coe = 60, nae = 40 halbe Noten. Kleine Überbetonung also der »Stunde des Mahles«, der o-Silbe gegenüber der oe-Silbe.

Wir sollten also nicht übertreiben. Es gibt Koloraturen auf ae, oe und y, sie werden aber weniger gern gesetzt als a-, e-, i-, o-Koloraturen. Eine wichtige Silbe gegen Ende einer Phrase auf a, e, i oder o erhält in jedem Falle die hervorgehobene Koloratur. Bei ae-, oe- oder y-Silben fehlt oftmals, auch wenn sie die wichtigste Silbe sind, die kompositorische Hervorhebung.

Nun der Vokal u. Bei den Schlußworten »inter omnes mulieres« der Motette »Suscipe verbum« verteilen sich zehn Koloraturen so auf die Silben:

in	ter	om	nes	mu	li	e	res.
0	0	1	0	1	2	2	4

Beim dreimaligen Alleluja der Motette »Alleluja! tulerunt Dominum meum« setzt die Sopranstimme auf *lu* 16 Halbe, auf *ja* 48 Halbe. »Pro mundi vita« (Motette »Ego sum panis vivus«) setzt Koloraturen auf *di*, *vi* und *ta*, nicht auf *mun*:

Am Anfang der Motette »Hic est discipulus ille« setzen zwei Stimmen Koloraturen auf *lus*, lassen aber beide deutlich längere Koloraturen folgen auf *il* beziehungsweise *le*:

Ähnliche Vernachlässigung möglicher u-Hervorhebung bei »ut perducat *eas*«, »venturi *saec*uli«. Diese Tendenz, dem dunklen Vokal u dann, wenn mehrere Betonungsmöglichkeiten bestehen, andere vorzuziehen, die einen helleren Chorklang ergeben, führt aber nie zur Sinnwidrigkeit. Bei u-betonten Textabschnitten (und Palestrina setzt die Koloraturen ja, wie wir sahen, gern an die Phrasenschlüsse) wie »et emisit servum *su*um« oder »quam pulchri sunt gressus *tu*i« bietet sich keine sinnvolle Alternative zur u-Koloratur an. Ich fühle mich aber doch dazu berechtigt, in Palestrinas *Tendenz zur Hervorhebung offener und heller Vokale und unvermischter Sprachklangfarben* ein auf die Wort-Ton-Beziehung seiner Kompositionen stark einwirkendes musikalisch-klangliches Prinzip zu sehen. Es scheint mir wichtig, dies deutlich zu machen, da die allgemeine Meinung besteht, Palestrina habe die Musik ganz dem Text untergeordnet. Wir sehen dagegen, daß sich bei ihm Sprachklang gegen Sprachsinn behauptet.

Hier habe ich sechs Melodien geschrieben, die von der nachgewiesenen Norm der Wort-Ton-Beziehung Palestrinas in je einem (ich hoffe inständig, wirklich nur in dem von mir beabsichtigten) Punkt abweichen. Es ist eine gute Vorübung, vor der Ausarbeitung eigener Melodien herauszufinden, aus welchem Grunde jede von ihnen als untypisch für den Palestrina-Stil gelten muß. (Man muß nicht alles gleich Fehler nennen: Irgendwo kommt das für einen bestimmten Komponisten Untypische in seinem Schaffen doch einmal vor. Ein grober Fehler wäre es allerdings, derartige Abweichungen von der Norm nicht als solche zu erkennen und sie bei eigenen Stilübungen ständig einzusetzen.) Zum sinnvollen Spannungsverlauf der Melodie notwendige Töne anderer Stimmen sind mit Buchstaben eingetragen:

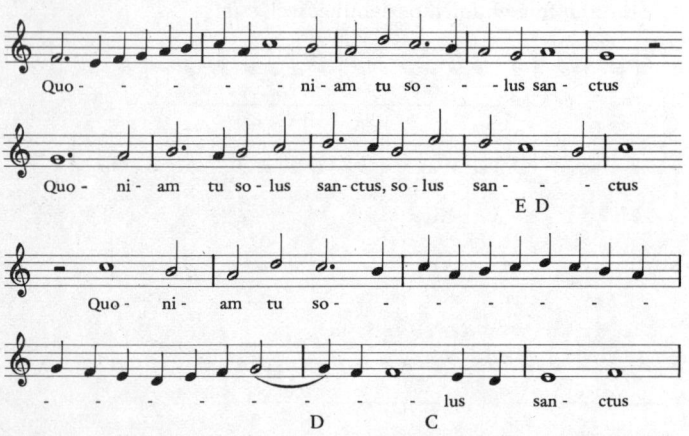

Aufgabe: Schreibe Melodien im Palestrina-Stil zu den gegebenen Texten. Es lohnt sich, bei dieser Aufgabe länger zu verweilen und sich nicht mit einer Lösung zu begnügen. Am besten legt man zuerst die Koloratursilbe (oder -silben) fest. Bei Spannungsvorhalten einzelne Töne einer gedachten Zweitstimme mit Buchstaben eintragen.

Gratias agimus tibi / Venite gentes et adorate Dominum / Adoramus te / Hodie descendit lux magna in terris / in nomine Domini / et invocate nomen ejus / Ego enim sum Dominus Deus tuus / et rogabo patrem / Alleluja, Alleluja!

8. »GEZÄHMTE« GREGORIANIK

Palestrina hat sich wie Josquin in vielen seiner Werke auf den gregorianischen Choral bezogen, dessen Melodien aber selten Note für Note als Cantus-firmus-Gerüst der Komposition verwen-

173

det. Ich berufe mich auf den Herausgeber der Gesamtausgabe Haberl, dem man eine bessere Übersicht über das Gesamtwerk zutrauen darf als mir (». . . größte Zahl der Palestrinamessen, in welchen sich der Meister gregorianischer *Motive*, aber nicht als Cantus firmus bedient . . .«). Nun hat sich in der Art der Einschmelzung gregorianischer Melodik von Josquin zu Palestrina ein bedeutungsvoller Wandel vollzogen.

Die Gregorianik kennt Melodieschwünge von großer Vitalität. Nicht selten wird der verfügbare Tonraum wie im Fluge durchmessen. Hier der Anfang von einem der versus alleluiatici (Graduale, Ausgabe 1974, Seite 449). (Man muß diese Linie singen, lesen allein vermittelt nicht den vollen Eindruck der Weite des Raumes.)

Josquins Musikertemperament ließ eine direkte Übernahme solcher Motive zu. Ein ungestümes Aufwärtsdrängen wie gleich zu Beginn des Fronleichnamshymnus blieb in Josquins ›Missa Pange lingua‹, wie wir nachgewiesen hatten, erhalten und wurde sogar formal bestätigt durch die Steigerungsanlage der »paarigen Imitation« (siehe Seite 131):

Es gibt keinen stilistischen Bruch, da auch Josquins frei erfundene Melodik bisweilen (natürlich nicht ständig) derartige Bögen enthält. Hier zwei Beispiele offenliegender Melodik, die also nicht versteckt ist in Mittelstimmen vielstimmiger Werke:

Dieselbe Vitalität zeigte sich bei Josquin auch auf andere Weise, so in diesem leidenschaftlichen Rufen eines dreifach steigenden Quartmotivs:

»Planxit autem David«

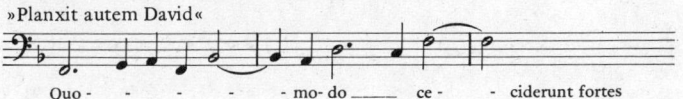

Quo - - - - - mo- do___ ce - - ciderunt fortes

Palestrinas Melodiewille aber bevorzugt *ein klassisches Maß*, und wo die gregorianische Vorlage überschäumt, wird sie in Palestrinas Fassung »gezähmt«. Wir wollen dies untersuchen an der Messe ›Sanctorum meritis‹, einem Werk des reifen Palestrina. Hier zunächst der Hymnus, auf dem der Komponist aufbaut. Wir haben vier charakteristische Materiale; zum ersten tritt noch eine Variante, vom zweiten die Wiederholung auf:

Sehen wir aber alle Stellen der Messe durch, die sich auf *Motiv 1* beziehen, so entdecken wir, daß der Komponist die Dynamik des großen Melodiebogens zurückgenommen hat. Meist wird nur die Septime *C* erreicht, und das einzige Mal, wo die Melodie in der Oktave *D* gipfelt, wird dieser Spitzenton erst im zweiten Melodiebogen von *G* aus erreicht, und von *G* aus ist es nur noch eine Quinte. Demgegenüber erlebt man beim Singen der gregorianischen Melodie den Oktavambitus in einem einzigen großen Bogen:

Ky - ri - e e - lei - son

et in ter - ra pax ho - mi - ni - bus bo - - -

- nae vo - - lun - ta - tis

Aus all diesen Melodiegestalten ergibt sich als Kern »G – A – C – Richtungswechsel«. Dies stellt sich dar in einem viel verwandten Motiv:

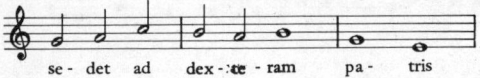

Vergleicht man von hier aus noch einmal mit der gregorianischen Urgestalt, findet man kaum noch Verwandtschaft, nur noch ferne Erinnerung.

Motiv 2 kann wörtlich seinen Platz finden im Palestrina-Stil:

Bei *Motiv 3* gibt es ein Problem: Der Tritonus *H G F* ist gefährlich deutlich, da sowohl *H* als auch *F* melodische Wendepunkte sind, so daß der Tritonus nicht gerade »versteckt« wird. Palestrina will ihn aber verstecken und tut dies an allen Stellen, die sich auf Motiv 3 beziehen, in derselben Weise. Der tiefste Ton wird erstens nach Möglichkeit erhöht, so daß aus dem Tritonus die ungefährliche Quarte wird, und er wird zweitens nach Punktierung des vorangehenden Tones zur Viertel verkürzt: Nur noch eine harmlose Wechselnote bleibt übrig.

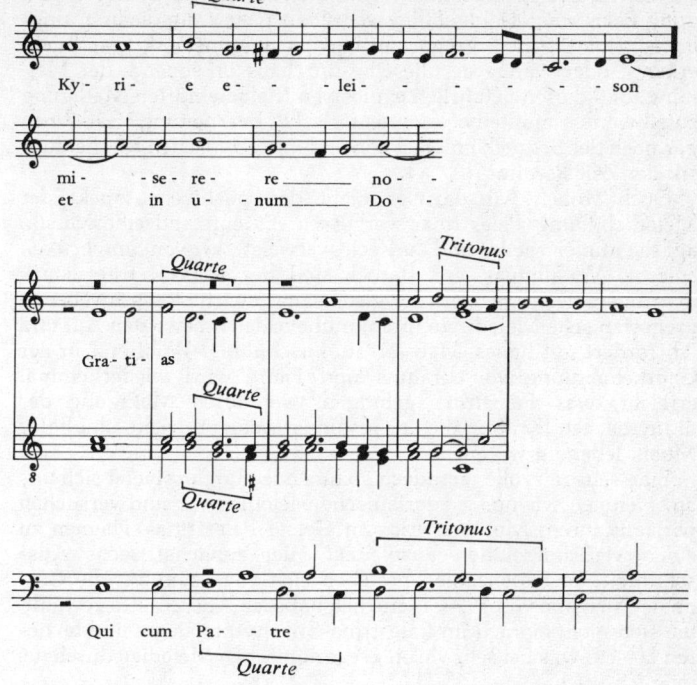

Nach einer Verarbeitung von *Motiv 4* sucht man in der ganzen Messe vergebens. Erfolgt nach einem Sprung kein Richtungswechsel, werden Sprung und Sprung in einer Richtung (oder Sprung und Schritt) im Sinne der »ballistischen Kurven« angeordnet, die im Kapitel Josquin behandelt wurden (Seite 70). Es müßte also bei fallender Bewegung erst der kleinere, dann der größere Sprung stehen. Quarte, Sekunde und Terz in unmittelbarer Folge wäre demnach nur steigend möglich: größtes Intervall zuerst. Ich fand auch in Josquins Melodiebildung kein Beispiel und erst recht nicht bei Palestrina, der die Ausdrucksmittel der Sprache Josquins noch reduziert.

Wird demnach von vier Motiven nur das zweite direkt übernommen, Motiv 4 als zu ausschweifend außer acht gelassen, Motiv 3 so umgeformt, daß der bedenkliche Tritonus versteckt ist und das ungestüme Aufwärtsdrängen in Motiv 1 auf klassisch-maßvolles Schreiten reduziert: Wo bleibt dann der ganze Reichtum gregorianischer Melodik? Warum haben diese Frage eigentlich nicht die kirchlichen Gestrengen gestellt, die zur Zeit Palestrinas für eine

Reinigung der Kirchenmusik kämpften? Wenn ihnen die Mäßigung Palestrinas wohlgefällig war: Haben sie dann die ursprüngliche Vitalität der gregorianischen Choralmelodik gar nicht erkannt oder waren sie, dieselbe durchaus erkennend, der Meinung, daß diesen gefährlich explosiven Melodiekräften Mäßigung zuteil werden müßte bei kompositorischer Bearbeitung? Saß ihnen gar noch der Schreck im Nacken vor der orgiastischen Kirchenmusik der Zeit Perotins?

Doch wollen wir darüber nicht den positiven Aspekt der Melodiebildung Palestrinas vergessen. Es entstand eine Musik, auf die immer wieder und zu Recht verweist, wer von *Sanglichkeit* spricht. Vokalmusik des Barock und der Klassik trägt stark instrumentale Züge, und die gleichsam gewichtslos schwebende gregorianische Melodik in ihrem mühelos leichtbewegten Auf und Ab fordert ein hohes Maß an Stimmschulung. Wohl erst in der Chorbehandlung von Brahms und Fauré wird wieder einmal erreicht, was Palestrina gelungen war durch Mäßigung der dramatischen Kräfte, die in Josquins weniger leicht singbarer Musik lebendig waren.

Eine sehr reizvolle, geradezu spannende *Aufgabe* bietet sich uns an. Nehmen wir uns gregorianische Melodien vor und versuchen wir, aus ihrem Motivmaterial im Geiste Palestrinas Themen zu einer Meßkomposition abzuleiten. Hier zunächst sechs Ausschnitte. Die Seitenzahlen beziehen sich wiederum auf die Graduale-Ausgabe von 1974. Natürlich habe ich Ausschnitte gewählt, die sich nicht einfach im Palestrina-Stil rhythmisieren und textieren lassen, was bei sehr vielen gregorianischen Melodien durchaus möglich wäre.

Siehe hier Seite 179.

In diesen Abschnitten sind, so weit ich es übersehe, folgende Wendungen problematisch (zunächst im Notenextrakt, sodann kommentiert):

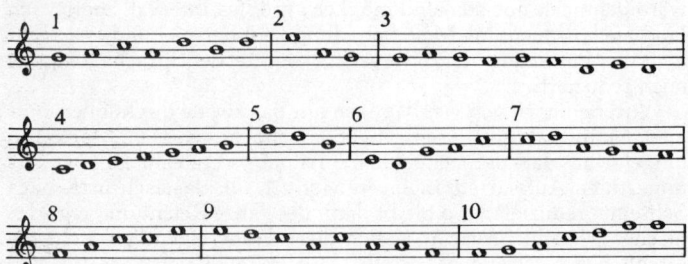

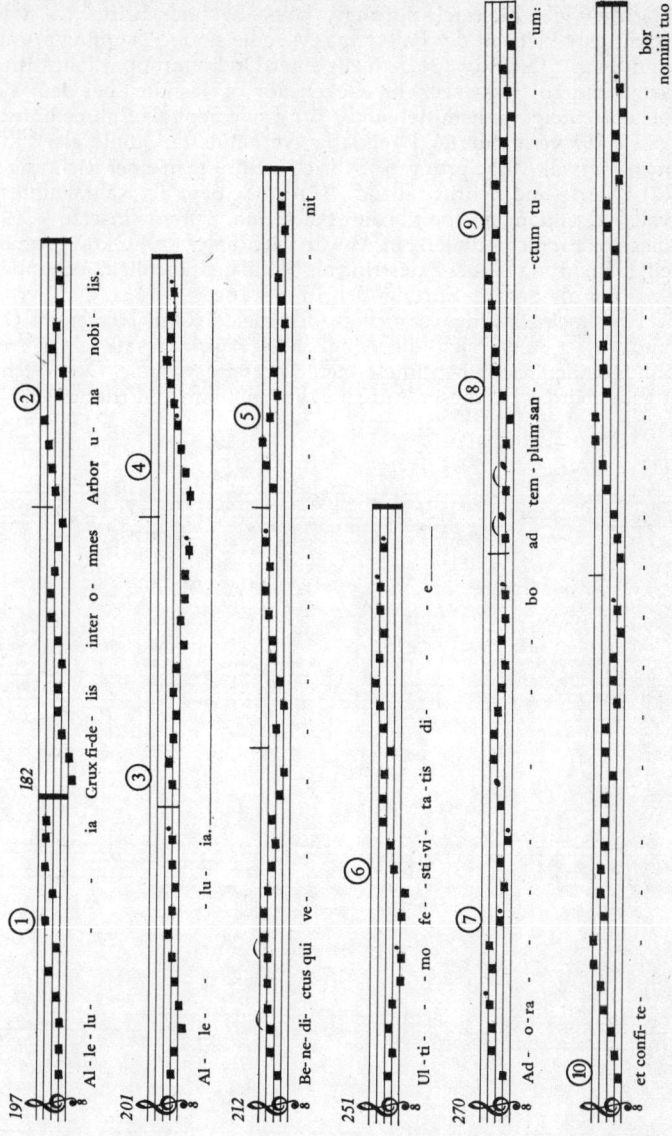

179

(1) Zu viele Zickzack-Sprünge, keine Sekundschritte, die das wichtigste Element der Palestrina-Melodie sind / (2) Quintsprung und Schritt fallend / (3) Sequenz einer Dreitongruppe; Palestrina setzt ungern Sequenzen im Gegensatz zu Josquin, bei dem sie beliebte Steigerungsmittel sind / (4) große Sept als Rahmenintervall / (5) verminderter Dreiklang; verminderte Quinte als Rahmenintervall / (6) Sprung + Schritt + Sprung in einer Richtung / (7) Quarte und Schritt fallend / (8) große Sept als Rahmenintervall; Dreiklangsmelodik, die Palestrina selten einsetzt / (9) dieselbe Problematik jetzt in Abwärtsrichtung / (10) Oktavgang in einer Richtung ist bei Palestrina als Skala gebräuchlich, nicht aber wie hier als Schritt–Sprung–Schritt–Sprung.

Hier mein Lösungsversuch zu den melodischen Elementen (1) und (9). (Wenn sich die Möglichkeit zum Einsatz einer frei imitierenden zweiten Stimme bietet, ergreife man sie. Das Wichtigste aber ist bei dieser Aufgabe die einstimmige Erfindung.)

Vergleichende Analyse zweier dreistimmiger Crucifixus-Sätze Palestrinas

(Wir müssen uns bei diesem Komponisten behelfen, da es von ihm keine zweistimmigen Sätze gibt.)

(1.)

Missa »O Rex gloriae«   (hypodorisch) Original:

9
10
11
12
sub Pon - ti - o Pi - la - to pas - - sus, et
la - to pas - sus, et se - pul-tus est, et
to pas - sus et se - pul-tus est, pas -
13
14
II
15
16
se - pul - tus est.
Et re - sur - re - xit ter -
se - pul - - tus est.
Et re - sur - re - xit ter -
- - sus, et se - pul - tus est.
Et re - sur - re - xit ter -
VI oder III?
17
18
19
20
- ti - a di - e se - cun - dum Scri - - ptu -
- ti - a di - e se - cun - dum Scri - - - - -
- ti - a di - - e se - - cun - - dum Scri -
21
22 IV
23
24
- - - ras. Et a - scen - - - - dit in coe -
- - ptu - ras. Et a - scen - - dit in coe - -
- - - ptu - ras. Et a - scen - dit in

(2.)

Missa »Sanctorum meritis« (phrygisch) Original: (Ausschnitt)

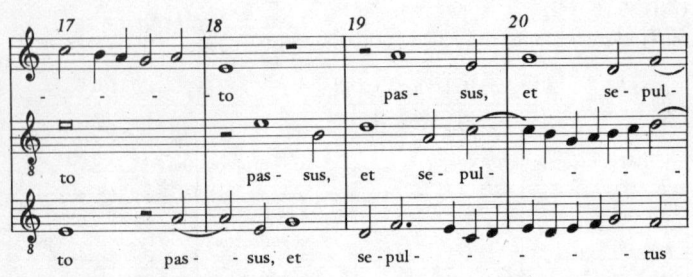

184

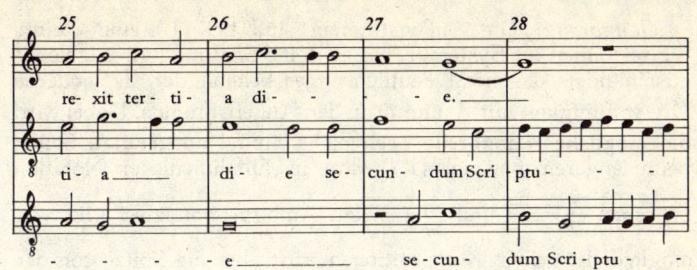

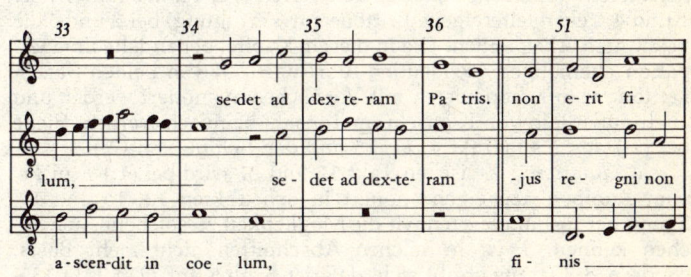

185

Klangbreite: Die Außenstimmen sind bei (1.) eine Quinte (»zwei Linien im System«), bei (2.) eine Septime (»drei Linien«) auseinander, das heißt deutlich enger beieinander als moderne Dreistimmigkeit mit 𝄞 und 𝄢 in den Außenstimmen. Dabei wird die mögliche Klangbreite noch nicht einmal ausgenutzt. Selbst beim engeren Beispiel (1.) wäre in hilfslinienloser Notation zwischen 𝄞 und 𝄡 ein Ambitus von zwei Oktaven möglich. In beiden Kompositionen trifft aber nie Spitzenton der Oberstimme mit tiefster Lage der Unterstimme zusammen. Größte Distanz überhaupt bei (2.) in Takt 17: Ein einziges Mal Oktave + Sexte. (Die Oberstimme geht sonst auch noch einen Ton höher, die Unterstimme an anderen Stellen einen Ton tiefer.) Durchschnittlicher Grenzwert ist die Dezime, selten Oktave + Quinte (dies bei (2.) kurz in Takt 31 und 54, bei (1.) kurz in Takt 23). Die Parallelverschiebung der Lagen bei (1.) Takt 14–15 zeigt das typische Verhalten. Dichtere Lage ermöglicht bessere Klangverschmelzung, und diese liegt dem Komponisten mehr am Herzen als die Profilierung von Stimmindividuen!

Tonmaterial: (2.) benutzt das vorzeichenlose »Material I«, erste Stufe ist *C* (siehe Seite 55), (1.) zeichnet ein *B* vor, also »Material II«, erste Stufe ist *F*. Römische Zahlen in den Analysebeispielen markieren die Kadenzen, die zu den Stufen 1, 2, 4 und 6 führen; bei 1 und 4 stehen leitereigene Leittöne zur Verfügung, bei 2 und 6 die bekannten Akzidentien. Die in diesem Kapitel behandelte Emanzipation ehemaliger Akzidentien führt dazu, daß in beiden Sätzen Leittöne vom Komponisten mit Vorzeichen ausnotiert werden und auch außerhalb von Klauseln im Tonsatz heimisch werden. Siehe bei (1.) das *Fis* in Takt 4, 11, 15 und den Schluß von (2.).

»Modulation«: Zwischen Takt 12 und 21 wird bei (1.) *E* zu *Es*, vom Komponisten eigens notiert in den Takten 13, 16 und 17. Schon bei Josquin lernten wir die Möglichkeit zu solchem Ausweichen kennen. *F* ist in solchen Abschnitten nicht mehr Basis, sondern *B*. Daraus ergibt sich, daß der Schluß auf *D* in Takt 18 – an sich Stufe VI – als dritte Stufe empfunden wird, als eine phrygische Wendung also. Daß allerdings *Es* und *Fis* in den Takten 11–15 ständig zusammentreffen, ebenso am Schluß, etabliert in diesen Bereichen ein klares g-moll. Kein Wunder: Wir haben hier die homophonste Stelle beider Messesätze, und es ist interessant zu sehen, daß sich die kirchentonale Welt in stimmigen Abschnitten eher noch behaupten kann, während Homophonie besonders Dur-Moll-anfällig ist.

Schlußsignale außerhalb der Klauseln: (2.), Takt 15–16, zweite Stimme. Dieselbe Viertelnotenvorausnahme (bei Josquin als Schlußsignal Nr. 2 dargestellt) in der Mittelstimme Takt 25, Oberstimme Takt 26.

Sprünge/Stimmumfang: Bei (2.) begnügen sich die beiden oberen Stimmen tatsächlich mit Sprüngen bis zur Quarte. In aller mehrstimmigen Musik tendieren Unterstimmen zu größeren Sprüngen. Hier ist es in Takt 30 und am Schluß nur die Quinte. Auch bei (1.) gehen die beiden Oberstimmen nicht über die Quarte hinaus. In der Unterstimme findet sich hier eine Quinte in Takt 10 und eine Oktave in Takt 24. Wenn die Unterstimmen mehr springen, ist bei ihnen auch am ehesten ein größerer Stimmumfang zu erwarten. Bei (1.) lauten die Stimmumfänge von oben nach unten Septime, Oktave, Oktave + Quarte. Bei (2.): Alle drei Stimmen haben den Umfang einer None.

Zeichnende Musik: »gestorben und begraben« (»passus et sepultus est«) wird in beiden Sätzen durch fallende Bewegung symbolisiert, das »aufgefahren« (»et ascendit«) durch steigende.

Imitation: Beide Sätze sind streng durchimitiert. Man markiere sich, welche Motive und in welcher Ausdehnung in anderen Stimmen wiederkehren. Es bleiben nur wenige freie Verbindungsstücke übrig sowie der homophone Mittelteil bei (1.). (Siehe nochmals »motettische Technik« bei Josquin, Seite 128.) Meist handelt es sich um die übliche Imitation im Quint- oder Quartabstand, seltener um Oktave und Einklang. Dies nur in (1.) bei »passus« (Oberstimmen) und in allen drei Stimmen bei »et ascendit«. Der Schluß von (1.) ist nicht Imitation, sondern – bei Palestrina sehr viel seltener als bei Josquin – Wiederholung (erst zwei-, dann dreistimmig »instrumentiert«).

Tonsatzdetails: Die Sätze bestätigen, daß sich die Vorhaltsdissonanz bei Palestrina von der Klausel her den gesamten Tonsatz erobert hat. Man sehe nur in (2.) die Takte 5, 7, 9, 16, 21, 25, 26. In beiden Sätzen findet sich nicht eine Durchgangsdissonanz »Typ 2« $\circ \cdot \ d$ oder »Typ 3« $d \ d$, Durchgangsdissonanzen treten also nur in Vierteln auf! (Siehe Kapitel Josquin, Seite 77–79.) Cambiata: (2.) Unterstimme in Takt 19, bei (1.) in verlangsamtem Tempo in der Oberstimme Takt 20. Eine gewisse Form der Gewichtsquinten

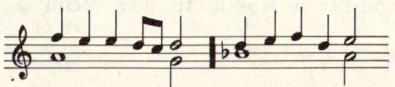

ist im Palestrina-Stil absolut unbedenklich, ja sogar ein beliebtes »Schlußsignal«. Man sehe bei (1.) Takt 25 und 31, bei (2.) Takt 21.

Viertel: Fast alle einzelnen Viertel beider Kompositionen sind Durchgang, Wiederholung der vorangehenden Note oder Vorausnahme des folgenden Tones. Nur wenige Ausnahmen isolierter Viertel: Bei (1.) in Takt 28 (Cambiata-artig), bei (2.) Takt 16 und Takt 24. In allen drei Fällen ist der Sprung vor- beziehungsweise nachher nicht größer als eine Terz. Auch innerhalb von Viertelgängen ist die fallende Terz der einzige Sprung; ebenso stehen am Abschluß von Viertelgruppen von der letzten Viertel aus höchstens Terzsprünge: (1.) Takt 5, (2.) Takt 24. Interessant ist in (2.) Takt 29. Obere Stimme: Durchgang, untere Stimme: quasi Cambiata. Verhalten sich wie hier beide Stimmen in sich korrekt, können effektive Dissonanzen zwischen zwei viertel-bewegten Stimmen auftreten. Man sehe aber zugleich, wie selten dies geschieht. Überall sonst sind zwei bewegte Stimmen nicht nur je für sich zur dritten korrekt geführt, sondern darüber hinaus untereinander konsonant: siehe (2.) Takt 11, 20, 28, (1.) Takt 20. Man beachte in (2.) Takt 5: Die kurze Viertelnote *G* auf schwerer Zeit vermag die Quartdissonanz herabzuziehen; die Auflösung muß also von der dissonanz-setzenden Stimme nicht abgewartet werden.

Interpunktion: Nach »sepultus est« und nach »Scripturas« steht ein Punkt. Beide Kompositionen folgen dieser Gliederung des Textes genau, besonders deutlich (1.) durch die einzigen gemeinsamen Schlüsse aller Stimmen in Takt 15 und 22. Aber auch die zweite, mehr »durchgewebte« Komposition setzt in Takt 22 und 30 deutliche »Punkte«.

Individualität: Palestrinas Streben war weniger als das Josquins auf Originalität gerichtet, und beider Originalitäten verblassen neben dem, was das auf Originalität verpflichtete und sich vor allem in ihr, weniger im Können, bestätigende Genie des 19. Jahrhunderts auf diesem Gebiet leistete. Doch sollten wir Auge und Ohr schulen, um auch in der Sprache Palestrinas kompositorische Nuancen wahrnehmen zu können. (2.) zeigt einen für Palestrina ungewöhnlichen durchbrochenen Satz einer meist nur zweistimmigen Dreistimmigkeit; auffällig bei einem Komponisten, dessen Tendenz zum vollen Klang sonst überall deutlich ist. (1.) gewinnt eine spezielle Idee aus der Disposition der Stimmlagen: Zwei Oberstimmen gleicher Lage! Der Spitzenton *f''* wandert zu Beginn (Takt 2–10) von Stimme zu Stimme. Die folgende deklamatorische Homophonie begnügt sich mit *es''* als Gipfelpunkt. Danach die größte Verdichtung im Hin und Her des Gipfeltones *f''* (Takt 18–20), ähnlich nochmals Takt 23–25. Im Schlußteil liegt der Klang noch tiefer als im mittleren Abschnitt, hier bleibt *d''* Spitzenton.

Bei einem internationalen Musikfest der fünfziger Jahre kam der tschechische Komponist Alois Hába, immerhin doch berühmt als Erfinder der Vierteltonmusik, in einer Diskussion auf die gefährliche Tendenz der neuen Musik zur intellektuellen Überlastung zu sprechen und zeichnete die Weisheit der klassischen Sonate, ihr Vermögen, den ganzen Menschen zu erfassen, in einem mir unvergeßlichen Bild. Er sagte etwa so: »Der erste Satz, das ist der Kopf. Das Adagio ist das Herz, und das Finale – das sind die Beine.« Motorische Musik, ein rasantes Presto läßt die Beine laufen und den Menschen sich austoben. Die Beine bringen aber noch anderes ins Spiel. Tanzende Beine haben schwere und leichte Schritte: So kommt der Taktstrich und die betonte »eins« in die Musik. Und Tänze haben festgelegte Schrittfolgen, aufeinanderfolgende Schritt-Gruppen gleicher Dauer: Hier entwickelt sich die *Periodik*, die *Gliederung musikalischer Abläufe* in Zwei-, Vier- und Achttaktgruppen. Mit beidem entwickelt sich ein Drittes: Das auf derselben (Wiederholung) oder einer anderen Stufe (Sequenz) wiederkehrende *Taktmotiv*. Die Sarabande braucht auf der zweiten Zählzeit im Dreitakt eine Betonung. Typisch, was sich in einer berühmten Sarabande Händels musikalisch daraus ergibt:

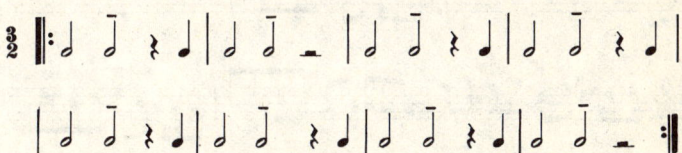

Schon 1530 heißt es in einer Pavane von Pierre Attaingnant so:

Sequenz eines halbtaktigen Modells; achttaktige Periode mit je vier Takten Vorder- und Nachsatz. Das Ganze klingt so modern, seiner Zeit so weit voraus, weil wir gewohnt sind, dieses Periodenmodell mit der Musik der Klassik zu identifizieren. Immer wieder einmal in der langen Geschichte der Musik, bei Attaingnant ebenso wie bei Carl Orff, vermag Elementares das Kunstvolle aufzuwiegen. Sollten wir der Meinung sein, daß der namhafte Samuel Scheidt in einer eine Suite eröffnenden Intrada sich unter Wert verkauft, wenn wir folgendes simple, über ganztaktigen Akkorden ablaufende Wechselspiel der beiden als Cantus bezeichneten Melodiestimmen sehen, so urteilen wir lediglich vom falschen Standpunkt aus: Gerade das Wagnis dieser Einfachheit ist von Wert; sie mußte erfunden werden, war neu, erfrischend, voller Kraft und Zukunft, während »kunstvoller« Kontrapunkt keine Kunst mehr war.

Hier zwei Abschnitte aus weltlicher Vokalmusik des 16. Jahrhunderts. Arnold von Bruck setzt (dann doch kunstvoll gegen den Takt verschoben) in einem Trinklied zwei anderthalbtaktige Modelle je dreimal ein zu dem Text »trinks gar aus«, und Orlando di Lasso (»Ich weiß mir ein Maidlein«) wiederholt auf den Text »hüt du dich, vertrau ihr nicht, sie nar-nar-nar-nar-narret dich« drei Modelle viele Male. Nur der Anfang ist hier wiedergegeben:

Eine Formel bietet sich an:
Imitatorische Polyphonie = Geistlich,
Periodik und Freude an Wiederholung = Weltlich.

Doch stellt diese Gleichung eine unzulässige Vereinfachung dar. Viele weltliche Werke des 16. Jahrhunderts stehen den geistlichen an Diskretion des Ausdrucks und satztechnischer Kunst nicht nach. Und seit sich die weltliche Kunst endlich befreien konnte von der Verpflichtung, Fürsten angenehm zu unterhalten oder für sie zu repräsentieren, seit Konzertsaal- oder Kammermusik sich anmaßen darf, so kompliziert zu sein, daß ernsthafte Beschäfti-. gung mit ihr erforderlich wird und wiederholtes Hören, scheinen sich die Verhältnisse gar umzukehren. Nun wird für geistliche Musik eine leichtere Sprache erforderlich, da eine Gottesdienst-Gemeinde nun einmal beanspruchen darf, beim ersten Hören und nicht erst bei häuslichem Partiturstudium erbaut zu werden. Die Kompliziertheit eines späten Beethoven-Streichquartetts stand einer Messe nicht zu. Wir müssen deshalb aber die oben riskierte Formel nicht widerrufen; sie ist zu korrigieren. Imitatorische Polyphonie ist eine hohe Kunst, und der ihr gewachsen war, der Intellektuelle des Mittelalters, trug nicht den Spielmannsrock, sondern das Priestergewand. Kanonkunst und imitatorische Motette wuchsen in der Vertonung geistlicher Texte heran, während tänzerisch-periodisches 4 + 4, das Schwer-Leicht der Tanzmusik und die Ausprägung des wiederholten oder sequenzierten Taktmotivs Sache der Spielleute war. Beide Musikarten sind nicht zwingend und nicht bleibend eine dem geistlichen, die andere dem weltlichen Raum zugeordnet, aber sie sind dort entstanden und vergessen ihre Herkunft nie ganz: Wird doch immer wieder an sie erinnert. Zwar ist eine Bachsche Sarabande längst verfeinerte Kammerkunst, die die »Beine« vergessen hat (in Bachs Partiten heißt es einmal bedeutungsvoll nicht Gavotta, sondern »Tempo di Gavotta«), zwar sagt die ungewöhnliche Tempoangabe Allegro molto beim Menuett der Haydn-Sinfonie Nr. 94, daß hier niemand mehr zu tanzen habe. Aber es gibt zu allen Zeiten Spielleute, die Tanzmusik zum Tanze aufspielen, und es gibt immer wieder Komponisten, die frische, unverbrauchte Tanztypen (der Tänzer braucht den Tanz, die Kunstmusik verbraucht ihn) einmal für kurze Zeit in die Kunstmusik hineinnehmen (Schuberts Walzer, Chopins Mazurken, Hindemiths Ragtime, Bartóks Tänze in bulgarischen Rhythmen). So wird immer wieder von neuem daran erinnert, wo die Quelle liegt, aus der das periodische 4 + 4, das Schwer-Leicht, das Motiv im Taktformat und die Wiederholung von Abschnitten entspringen. Und so bleibt auch die Gegenwelt definiert, so bleibt Musik ohne Periodik, ohne Taktschwerpunkt, ohne Taktmotiv, ohne Wiederholung im Bewußtsein als die »nicht tänzerische«, »nicht volkstümliche«, »nicht unterhaltende«. So nimmt es nicht wunder, daß man geneigt ist, aus dieser negativen

Definition durch Formulierung des Gegenteils eine Definition der Merkmale geistlicher Musik abzuleiten.

Von Josquin wie von Palestrina gibt es zahlreiche weltliche Werke. Beim Versuch, die Musiksprache Josquins zu beschreiben, konnten wir in gleicher Weise geistliche wie weltliche Werke heranziehen. Sie sprachen dieselbe Sprache. Das ist bei Palestrina nicht der Fall. Ein großformatiger Madrigalband in der Gesamtausgabe von immerhin 249 Seiten bezeugt, daß seine weltliche Musik nicht nur ein paar verstreute Gelegenheitsarbeiten sind. Sie setzen sich aber in mancher Hinsicht ab von der Kompositionstechnik seiner geistlichen Werke. Der größte Teil der Madrigale ist im modernen Vierviertaltakt notiert. Eine satztechnisch so simple Parallelverschiebung (1) hätte er sich in seiner geistlichen Musik nicht gestattet. Hier taucht ein Wechsel-Quartsextakkord auf (2), den wir zwar als Schlußsignal schon bei Josquin fanden, doch hat er jetzt die doppelte Dauer, also erheblich größeres Gewicht. (Die Notation trügt: Die Dissonanz ♩|♩ ist gleich lang wie die bei Josquin so notierte |♩ o ♩|, und da in der neuen Notation die Viertel die Rolle der alten Halben übernehmen, dauert die Dissonanz jetzt vier Aktionszeiten lang, nicht mehr nur zwei. Auch dies hätte der geistliche Palestrina nicht gewagt.) Die tonale Raumerweiterung (3) des schnellen Klangwechsels a-moll, E-dur, A-dur, E-dur, a-moll geht über den Rahmen hinaus, den seine Motetten und Messen einhalten. Als letztes noch (4) die flotte erste siebentaktige Phrase eines Madrigals. (Die Zahlen bei den Beispielen sind Seitenzahlen der Gesamtausgabe.)

Und doch: Andere Komponisten der Zeit gehen in weltlicher Musik in der Erweiterung des Klangraumes weiter, andere können in weltlicher Musik auch einmal auf die altmodische Imitation verzichten, während auch der weltliche Palestrina an ihr festhält (siehe das letzte Beispiel), Wiederholungen von Taktgruppen gibt es bei Palestrina nicht und auch keine periodische Gliederung. Das Madrigal, das mit unserem letzten Notenbeispiel anhebt, hat die Taktgruppen 7 + 5 + 4.

Josquins einheitlicher Stil kommt nicht dadurch zustande, daß die weltliche Musik quasi geistlich komponiert wurde. Seine Sprache ist weiter gefaßt als die streng reglementierte des geistlichen Palestrina. Josquin nutzt im geistlichen wie weltlichen Bereich alle Ausdrucksmittel, die er entwickelte, voll aus. (Übrigens vergißt man leicht, von Palestrina ableitend, wie »geistlich« klingt, daß auch der gregorianische Choral Wiederholungen feiert. Man sehe nur die Melodie, die wir auf Seite 179 zitierten.)

Josquins Motette »In principio erat verbum« beendet bei den Worten »voller Gnaden und Wahrheit« eine wörtlich wiederholte Kadenz (5). Seine einzige achtstimmige Motette »Tulerunt Dominum meum« (»Sie haben meinen Herrn hinweggenommen«) endet nach dem »Er wird vor euch hergehen nach Galiläa, dort werdet ihr ihn sehen« mit einem ausgedehnten Alleluja von barocker Festlichkeit und Pracht; eine Stelle, die man dem hundert Jahre späteren Giovanni Gabrieli oder gar dem 200 Jahre späteren Händel zuschreiben möchte (6). Siebenmal, quasi doppelchörig verteilt auf zwei gleichbesetzte Chorhälften, erklingt das Alleluja über dieselbe Zweiklangfolge. Beim letztenmal wird der Einsatzabstand noch verdichtet. – Eine eindringliche Bibelexegese findet sich in der eben schon zitierten Motette über den Anfang des Johannes-Evangeliums. Von Johannes dem Täufer ist die Rede, der »von dem Licht zeugte, auf daß sie alle durch ihn glaubten. Er war nicht selbst das Licht, sondern daß er zeugte von dem Licht. Das war das wahrhaftige Licht, welches alle Menschen erleuchtet, die in diese Welt kommen. Er war in der Welt . . .« Josquins Ausbruch bei den letzten Worten setzt die Realität des in diese Welt gekommenen Lichts deutlich ab vom vorbereitenden Hinweis auf das Licht: der Mensch Johannes und der Gottessohn Christus. Vor dem Aufleuchten des Lichtes siebenmal wiederkehrend dieselben drei Töne (in den anderen Stimmen entsprechende Wiederholungsfiguren), mehrfach rhythmisch neu gefaßt und dadurch wachgehalten in der Spannung der Erwartung. Hier die Sopranstimme (7).

5. gra - ti - ae   et ve - ri - ta - tis,   et ve - ri - ta - tis.

6.

7.

sed ut te - sti - mo - ni - um per - hi - be - ret de

lu - mi - ne. E - rat Lux ve - ra, quae il - lu - mi -

nat o - mnem ho - mi-nem ve - ni - en - tem in hunc

mun - dum. In mun - do e - rat,

Ein aufregendes Werk ist Josquins Messe ›Malheur me bat‹. Hier gibt es mehr und ausgedehntere Motivwiederholungen, Ostinati und Sequenzen als in seinen anderen Werken, so daß ich es ratsam fand, diese Musik nicht im Josquin-Kapitel zu behandeln und damit als Modell für eigene Satzübungen anzubieten. Kennenlernen sollten wir sie aber. Die als zentrales melodisches Material herangezogene weltliche Melodie – offenbar bringt das erste Kyrie ihren Anfang – beginnt gleich mit einer Dreifach-Sequenz. Dergleichen könnte man verstecken durch einen Kontrapunkt, der jedesmal andere melodische Gestalten entgegensetzt. Josquin akzeptiert aber diese Melodiegestalt und bestätigt sie, indem er für den Altus eine ostinate Figur erfindet, die dreimal eingesetzt werden kann (8). Der Gloria-Teil »Qui tollis« ist angelegt als eine große Steigerung auf einen Höhepunkt kurz vor Schluß hin. Dynamisches Komponieren, kein harmonisierender Ausgleich von Spannung und Entspannung (9). Der Anstieg erfolgt in zwei Wellen. Ausgehend vom tiefen Quintbereich c'–g' wird erst nur a' hinzugewonnen und wieder aufgegeben. In der zweiten Welle dann Anstieg Ton für Ton, ein ganzer weiterer Quintraum wird erobert (a'–e'') und der Gesang bei Erreichen des Spitzentones zu großer Leidenschaft gesteigert. Man beachte, daß bis kurz vor Schluß alle Phrasen auf e' enden; auch der Schlußton des Satzes ist Mollterz über e. Natürlich kann auf die Idee einer so demonstrativen Schlußtonwiederholung nur ein Komponist kommen, bei dem auch sonst Wiederholung von Taktgruppen und Motiven eine große Rolle spielt. – Jedes Choral- oder Bibelwort sollte in gleicher Aufmerksamkeit und Andacht vernommen werden. Dem geistlichen Text wird bei den meisten Komponisten ein harmonischer Ausgleich der kompositorischen Mittel zuteil. Genau das Gegenteil braucht die spätere Oper. Spannung, Erregung, Affekt steigern sich bis zu explosiver Entladung. Josquins »In mundo erat« brachte einen plötzlichen Ausbruch (die Spannung wuchs an dadurch, daß vorher nichts geschah). Hier eine planmäßige Entwicklung auf einen Höhepunkt hin. Noch gibt es die Oper nicht; in Josquin hätte sie ihren ersten potenten Komponisten gehabt.

8.

9.

Qui tol- lis pec- ca- ta mun - - - di,

Qui tol- lis pec- ca- ta mun - - -

- - di, su- sci- pe de- pre- ca- ti- o- nem

no- stram. Qui se- des ad dex- te- ram Pa-

tris, Quo- ni- am tu so - lus san - ctus,

Al- tis- si- mus, Je- su Chri - - ste.

Cum san - cto Spi - -

- - ri- tu, in glo - ri- a De - i Pa-

- tris,

A - - men.

Die wiedergegebene Sopranstimme der vierstimmigen Komposition enthält nicht den ganzen Text. Ein Abschnitt kurz vor Schluß ist im Urtext untextiert wie oft bei Werken der Zeit.

Der verblüffendste Satz der Messe ist das zweite Agnus Dei, ein Duo für Alt und Tenor. Dichtes Wechselspiel zweier Motive, immer wieder auf anderen Stufen. In den zwanzig wiedergegebenen Takten wird nicht Raum gelassen für einen einzigen motiv-freien Ton. Und dabei ist das ganze pausenreiche Stück – man vermutet es kaum bei derart durchbrochenem Satz – ein bis zur letzten Note streng durchgeführter Kanon im ungewöhnlichen Intervall der Sekunde (10). Nicht einmal für die letzten Töne Befreiung, um eine Schlußklausel anzubringen. So endet der Satz ohne vorbereitenden Bremsvorgang unvermittelt im Intervall der kleinen Terz (11). Erst bei Bach (und dann erst wieder in der Musik des 20. Jahrhunderts) gibt es Musik, die sich in ähnlicher Konsequenz auf ein eng begrenztes Motivmaterial beschränkt. Und Bach wagt nie so ausgedehnte Sequenzen. Dreimal, das ist bei ihm die Norm. Sein Sinn für Diskretion erlaubt nur selten ein viertes Mal. Josquin setzt das erste Motiv unseres Beispiels in jeder Stimme sechsmal ein. (Auch dieser Satz ist in den alten Drucken unvollständig textiert. »Qui tollis peccata mundi« ist im wiedergegebenen Abschnitt zu singen.)

Bach, Händel, Vivaldi, Telemann: Es ist aufschlußreich, auch einmal die vier großen Komponisten der letzten Generation der Barockmusik auf *ihre Bereitschaft zu plakativen Wirkungen* zu befragen. Wer von ihnen wagt die Eindringlichkeit und Einfachheit wörtlicher Wiederholungen, wer die elementare »kunstlose« Ausbreitung von Klangflächen? – Den letzten Satz einer großangelegten ›Musique de Table‹ Telemanns von 1733, ein Furioso (!) für zwei Oboen und Streicher, eröffnen die Violinen mit einer siebentaktigen Entfaltung des B-dur-Dreiklangs über einem in unserem Notenbeispiel nicht notierten ausgehaltenen *B* des Fondamento (12). Vivaldi geht noch weiter: Im ersten Satz des Concerto ›La Primavera‹ (Frühling) seiner 1730 im Druck erschienenen ›Vier Jahreszeiten‹ lassen drei unbegleitete Soloviolinen 14 Allegro-Takte lang einen figurierten E-dur-Dreiklang zwitschern (»Il canto degl'Ucelli«, Gesang der Vögel). Händels 1742 uraufgeführter ›Messias‹ läßt den dreieinigen Gott, den »König der Ehren«, einziehen mit einer dreimal unverändert gesungenen, ein viertes Mal noch den Geigen zugeteilten festlichen Kadenz. »Wer ist dieser König der Ehren?«, fragt der Chor dreimal unverändert (13). Der Welterfolg des ›Hallelujah‹ erklärt sich gewiß nicht nur, aber doch auch aus seinem Mut zur Wiederholung. Viermal auf die Worte »for ever and ever«, viermal auf »Hallelujah«, ein fünftes Mal verlangsamt auf »Hallelujah«, neunmal also erklingt am Schluß des Satzes unter dem Tonikaton des Sopran die Kadenz T S T. Wer diesen imposanten Schluß einmal gehört hat, vergißt ihn nicht mehr. Erst Beethovensche Sinfonieschlüsse wagen wieder ähnlich ausgedehnte Befestigungen. Bei Bach findet man dergleichen nicht. Er scheut die Wiederholung und bevorzugt die Sequenz, geht aber auch hier kaum je über ein ›dreimal‹ hinaus. Er schätzt größere Diskretion, läßt die Zügel der Begeisterung niemals so frei wie Telemann, Vivaldi und Händel, bleibt in dem Grundsatz »höchstens ähnlich, niemals gleich« Palestrina verwandt. Man sehe nur, an welchen Stellen er bei seinen Vivaldi-Bearbeitungen (die doch weitgehend dem Original folgen) von der Vorlage abzurücken für notwendig hielt. In Vivaldis herrlichem Concerto grosso op. 3 Nr. 10 für vier Soloviolinen und Streichorchester spielen die unbegleiteten Geigen 1, 2 und 4 eine Fünfeinhalbtaktgruppe (14), die wörtlich eine Oktave tiefer wiederholt wird von der dritten Geige und zwei Bratschen.

12.

13.

and the King   of glo-ry shall come in!   (Streicher)   Who

is this King of glory?   who   is   this King of glory?   who

is   this King of glory?

14.

Da innerhalb der Gruppe die Takte 3–4 die Wiederholung der Takte 1–2 darstellen, erklingt dieser Zweitakter insgesamt viermal. Diese »Primitivität« war für Bach unerträglich. Für die Takte 1–2, 3–4, 5–5½ und nochmals für die drei Abschnitte der Vivaldischen Wiederholung erfindet er sechs unterschiedliche

Bewegungsmodelle für seine Soloinstrumente: Cembali statt Geigen (Takte 86–96, erster Satz). Auch im ›Weihnachtsoratorium‹ werden Textstellen, die sich für Wiederholungen anbieten (»Fallt mit Danken – fallt mit Loben«), stets auskomponiert. Eine Oper von Bach – er wußte sehr wohl, warum er keine geschrieben hat – wäre ein Reinfall gewesen.

Es versteht sich, daß mit einer derartigen Geistlich-Weltlich-Typologie keine Wertung verbunden sein kann. Ich persönlich könnte mich jedenfalls für keine Seite entscheiden, gilt meine Verehrung doch mehr Josquin als Palestrina, unter den Späteren aber mehr Bach als Telemann und Händel. (Im Fall der Vivaldi-Bach-Bearbeitungen bin ich vollends im Dilemma: Wüßte ich doch heute nicht mehr – vor Jahren hatte ich eine Meinung zugunsten Bachs –, ob Bachs kunstvollere Bearbeitung Reichtum hinzufügt, ob sie nicht auch Reichtum gefährdet durch Minderung einer im Risiko der Einfachheit hinreißenden Vitalität.)

6. HEINRICH SCHÜTZ: STYLUS GRAVIS UND STYLUS LUXURIANS (~1650)

Beethovens Werke setzten eine grundsätzliche Veränderung der Einstellung des Hörers zur Musik durch. Der geistliche oder weltliche Dienstherr entfiel, für den zum alsbaldigen Gebrauch (und Verbrauch) bestimmte Werke zu schreiben waren, die dementsprechend beim ersten (letzten) Hören gefallen und überzeugen mußten. Der für das bürgerliche Konzert des 19. Jahrhunderts Schreibende durfte es wagen, Musik anzubieten, deren Kompliziertheitsgrad spontanes Verständnis erschwerte, teils sogar in Frage stellte, so daß der Musikgebildete sich mit ihnen zu beschäftigen und sie mehrfach zu hören hatte. Viele waren bereit, diese geistige Bemühung aufzubringen; anders hätte sich eine so anspruchsvolle Musik nicht durchsetzen können. (Ein anderes war die Kompliziertheit mittelalterlicher Musik. Sie dachte nicht an einen Hörer, der sie immer wieder hören und am Ende vielleicht verstehen sollte; sie war Frucht menschlichen Bemühens, göttliche Vollkommenheit im klingenden Abbild zu spiegeln. Auch Steinmetzarbeiten, hoch oben am gotischen Kirchturm angebracht, wurden nicht von Menschenaugen gesehen wie heute von weitsichtigen Kameras: Sie sahen Gott an und an ihn war adressiert, was an musikalischen Kompliziertheiten menschliches Fassungsvermögen überstieg.) Repertoire entsteht, das Musikleben gewinnt Gedächtnis und erweitert den Bestand »gegenwärtiger« Werke Schritt für Schritt in die Vergangenheit hinein. Mendelssohn führt wieder Bach auf, Brahms wieder Heinrich Schütz, unser Jahrhundert erobert sich die Musik des Mittelalters zurück. So ist heute die gesamte Musikgeschichte in Auswahl präsent in Noten, Konzerten, Rundfunksendungen, Schallplatten, im musikwissenschaftlichen Denken. Und sie ist gleichermaßen (in Auswahl) präsent im musiktheoretischen Unterricht, von dem sich eine aktuelle Kompositionslehre abhebt.

Bis zu Mozarts Zeit war die Norm, daß man die Musik der Gegenwart in allen Spielarten studierte, älterer Musik aber kaum Beachtung und wenig Respekt zollte. Satztechnische Unterweisung bestand darin, daß der Meister dem Schüler beibrachte, was er selbst für seine Werke an Handwerkskunst benötigte und beherrschte. Aber es gibt eine Ausnahmesituation, und es lohnt sich, sich mit ihr ausführlicher zu beschäftigen. Die Revolution der frühen Oper um 1600 war im Grad durchgesetzter Veränderungen außerordentlich, der neue Stil aber war nicht mit derselben Entschiedenheit auf alle musikalischen Gattungen übertragbar. Der Grund ist einfach: Opern gab es bisher nicht, sie wurden aus dem Nichts geschaffen in einer für sie erfundenen neuen Musiksprache. Motetten, Madrigale, Choralbearbeitungen beider Konfessionen (gregorianischer und reformatorischer Choral) aber gab es und mußte es weiterhin geben. Eine ungebrochene Kette des Bedarfs ließ hier in der Satztechnik nur Modifikationen zu im selben Maße schrittweiser stilistischer Wandlungen, wie es die bisherige Musikgeschichte bestimmt hatte. So verfügte ein Claudio Monteverdi je nach der zu komponierenden Werkgattung über die alte und über die moderne Kompositionstechnik und beide Musiksprachen lernte Heinrich Schütz, die eine bereits in Deutschland, die andere sodann in Italien.

Heinrich Schütz (1585–1672) war ja kein Anfänger mehr, als Landgraf Moritz von Hessen 1609 den immerhin bereits 24jährigen mit Stipendium nach Venedig schickte. Elf Jahre vorher war der 13jährige als Diskantist in die Kasseler Kantorei des kunstverständigen Fürsten aufgenommen worden, erhielt auch schon kompositorische Unterweisung und legte bereits einige Werke vor. Eine schon geprägte Musikerpersönlichkeit ging also 1609–1613 zu Gabrieli nach Venedig und studierte 1628/29 nochmals für ein Jahr in Venedig in einer durch Monteverdis Übernahme des Kapellmeisteramtes veränderten musikalischen Landschaft. Danach beherrschte Schütz die alte wie die neue Musiksprache, ging aber in der Anwendung der neuen Ausdrucksmittel nie so weit wie Monteverdi und seine italienischen Weggefährten, was damit zusammenhängt, daß im Schaffen von Schütz die Oper kaum eine und die Instrumentalmusik überhaupt keine Rolle spielte. In der Vorrede zu seiner ›Geistlichen Chormusik‹ von 1648 rief Schütz gar zur Rückbesinnung auf den alten strengen Satz auf. Diese ungewöhnliche Situation eines traditionell Geschulten, der dann zunächst Gabrieli-Meisterschüler, Avantgardist also, später aber mehr und mehr Bewahrer tradierter Kompositionskunst wurde, spiegelt sich nun auch in der Kompositionslehre seines Schülers Christoph Bernhard, etwa 1649 entstanden und, wenngleich ungedruckt, in vielen Abschriften verbreitet und lange Zeit in der Fachwelt beachtet, die einen »Niederschlag der Kompositionslehre Schützens darstellt« (so J. Müller-Blattau über die von ihm herausgegebene Neuauflage).

Dieser ›Tractatus compositionis augmentatus‹ (erweiterte Kompositionslehre) stellt zunächst »General Regeln des Contrapunkts« zusammen und muß gleich zu Beginn Einschränkungen machen: »Jedoch werden etliche dieser Gänge und Sprünge in heutiger absonderlich recitativischer Composition zugelassen, welches der Discretion des Componisten anheim gestellet wird.« (Es handelt sich um Septsprünge sowie um Sprünge und ausfüllende Gänge der Intervalle übermäßige und verminderte Quinte und verminderte Quarte.) In der folgenden Kontrapunktlehre ist die Welt dann wieder in Ordnung. Interessant ist dabei, daß auch Bernhard, ähnlich wie wir es zu Beginn des Josquin-Kapitels unternahmen, mit einem nur aus Konsonanzen bestehenden Satz beginnt, »wozu nicht erfordert wird, daß eine jegliche Stimme in lauter einerley Noten bestehe«. Ob man und wie man von welchem in welches Intervall fortschreiten kann und darf, wird sehr ausführlich gelehrt.

Interessant wird es für uns vom 16. Kapitel an. Hier wird dargelegt, welche »Figuren« (Möglichkeiten der Dissonanzbehandlung) dem *Stylus gravis* eigen sind. Dieses Kapitel enthält neben Beispielen des Verfassers nur Literaturbeispiele Palestrinas, greift also 50–80 Jahre zurück und lehrt Durchgang, Wechselnote und Synkopendissonanz, wobei auch die Synkopendissonanzauflösungen 9–8 (1) und, mit dem Vermerk »selten«, 7–8 (2) zugelassen werden ebenso wie der betonte Durchgang (3):

Für den Stylus gravis, den man als ein wenig erweiterten Palestrina-Stil bezeichnen könnte, reichen (in der Neuausgabe des Lehrbuchs) 7^1/$_2$ Seiten. Nun aber benötigt der Autor 19 Seiten für den *Stylus luxurians* Monteverdis, »welcher denselben Stylum wohl erfunden und hochgebracht«. Bernhard nennt als Vertreter aber auch zahlreiche andere Italiener, darunter als uns bekannteste Cavalli und Carissimi, sowie »unter denen Deutschen Herrn Schütze« und einige andere.

Hier handelt es sich nun bei Bernhard nicht um eine systematische Tonsatzlehre, sondern um eine Aufzählung und Beschreibung zahlreicher Licentias, die mit den bisher gegebenen Tonsatzregeln »nicht scheinen entschuldiget zu werden«. Es gelingt also keine systematische Darstellung der neuen Musiksprache. Diese kann nur dargestellt werden als eine Fülle neuerdings in Gebrauch gekommener Ausnahmen vom alten Reglement. Tonsatz nicht als in sich ruhende Situation einer Sprache, sondern als Prozeß. Bernhard weist immer wieder darauf hin, daß etliche dieser neuen Figuren »aus dem Brauch der Sänger und Instrumentalisten« erwachsen seien und sie erst »hernach die Componisten gut befunden und also in ihren Sätzen imitiert haben«.

Wir wollen Bernhards Lehrbuch nicht referieren, das ja für Interessierte greifbar ist, verzichten deshalb auf die lateinischen

Bezeichnungen der Figuren und greifen diejenigen heraus, die im Schaffen des »Herrn Schütze« nicht nur ausnahmsweise vorkommen, die für seine Musik charakteristisch sind.

1. Abspringende Nebennoten

a) Die obere Nebennote vor Sekundschritt abwärts
b) Die untere Nebennote vor Sekundschritt aufwärts

Allgemeine Definition also: Vor Sekundschritt die Nebennote der entgegengesetzten Richtung, wobei sich ein Terzsprung aus einer Dissonanz in eine Dissonanz ergeben kann. Aus Bernhards Beispielen:

Hier etliche Beispiele aus den Bänden der ›Kleinen geistlichen Konzerte‹ von Schütz (1636/1639) mit Angabe der Band- und Seitenzahlen:

Hier ein größerer Sprung nach der Nebennote:

2. Vorausnahme (häufiger fallend als steigend)

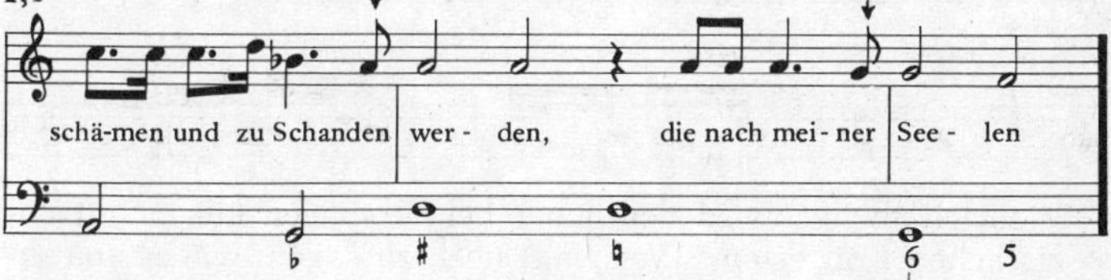

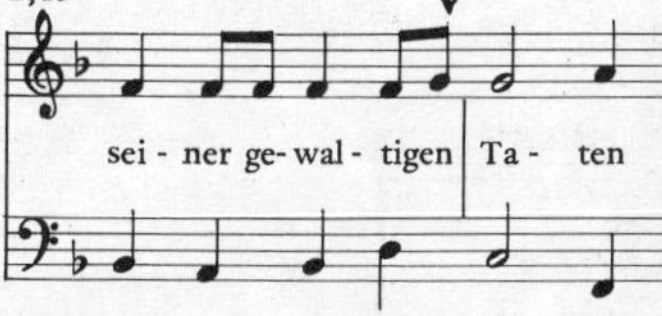

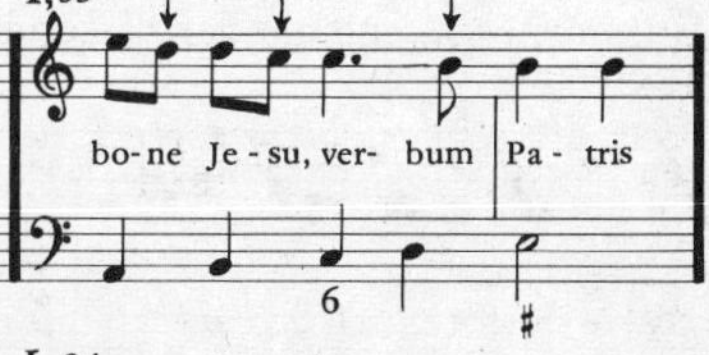

207

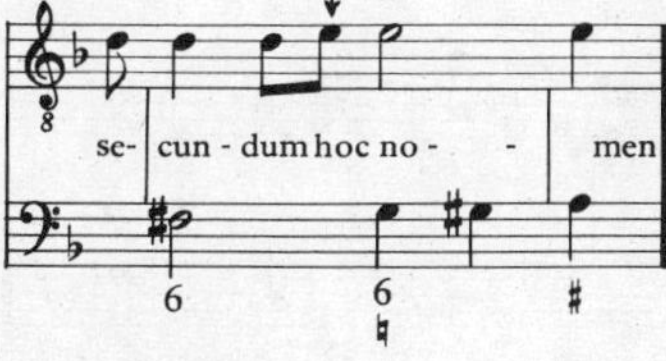

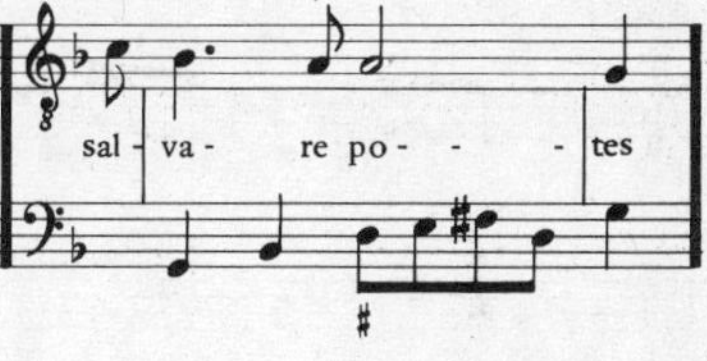

3. Koloratur

Verzierung einer längeren Note »durch allerhand Gänge und Sprünge«. Damit können größere Intervallschritte ausgefüllt, aber auch Sekund- oder Terzschritte verziert werden. Bernhard bekennt, daß »diese Figura so reich« ist, »daß alle ihre Exempel anzuführen ohnmöglich«. Interessant ist, daß er mögliche Koloraturen einstimmig expliziert, also ohne Rücksicht auf die Intervallverhältnisse zur Gegenstimme. Gleichfalls bemerkenswert, daß Bernhard jede Koloratur als Variation zu einer mitnotierten Grundform darstellt. In derselben Weise wurde schon bei den Vorausnahme-Beispielen mitnotiert, wie es jeweils »natürlich« heißen würde.

Einen alten Vorläufer haben also unsere heutigen Formenlehrebücher, die bei unregelmäßigen sieben- oder neuntaktigen Phrasen mitnotieren, wie es »eigentlich« heißen müßte (achttaktige Version), als ob der Phantasie des Komponisten eine brave regelmäßige Fassung zugrunde gelegen hätte. So glaube ich auch, daß die Koloraturen, nachdem sie in Brauch gekommen waren, den Komponisten eingefallen sind und Bernhards herausdestillierte »natürlich«-Fassung nicht mehr die Natur der Sache trifft. Bernhard notiert z. B.:

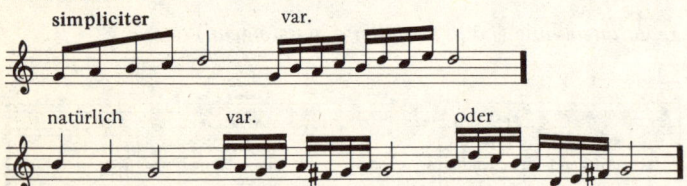

Was ich meine, wird deutlicher bei Beispielen aus Schützens ›Geistlichen Konzerten‹. Wer wagt noch zu sagen, wie es »natürlich« heißen würde? (Man beachte, daß bei Koloraturen die Stimmen »gegeneinander dissonant × seyn« können.)

4. *Dissonanz mit Tonwiederholung* (bei Durchgang oder Vorhalt)

Symphoniae Sacrae

I, *26*

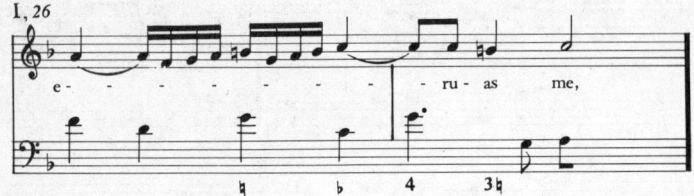

5. *Chromatik in der Linie*

Merkwürdig, wie hier Theorie und Praxis auseinandergehen. Bernhard nennt diese Figur »passus duriusculus«, was herb, hart, roh, ungeschliffen, rauh, beschwerlich, mißlich, gefährlich meint. Der Komponist aber setzt Linienchromatik für hervorgehobene Emotion in zwei Richtungen: Weinen / Klagen und süß / zärtlich. Der Komponist spürt, was dieses neue Mittel ausdrucksmäßig hergibt, beim Theoretiker überwiegt Mißtrauen (». . . daß man sich für unnatürlichen Gängen hüten solle«).

Weihnachtshistorie, 51

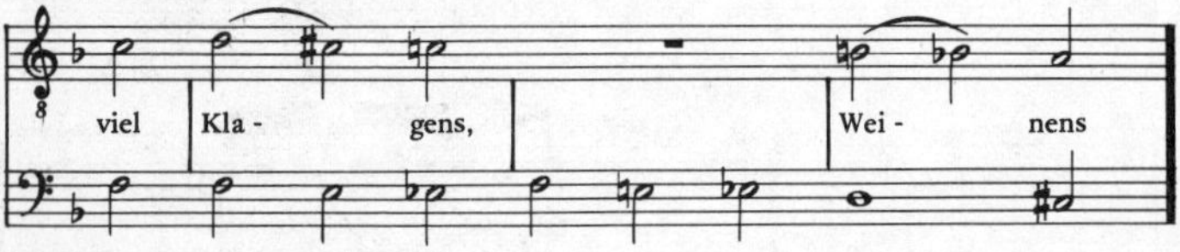

I, *103*

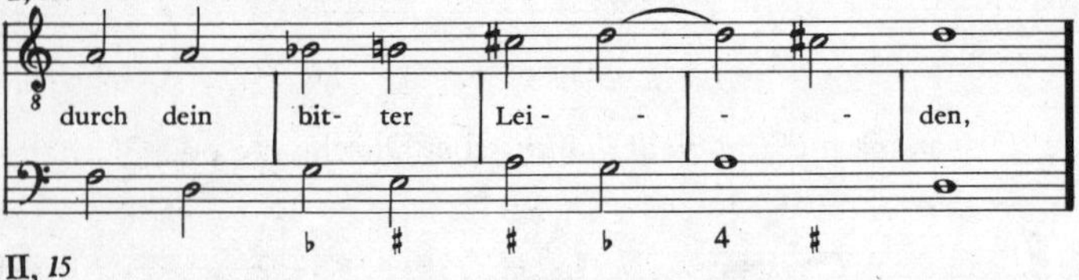

II, *15*

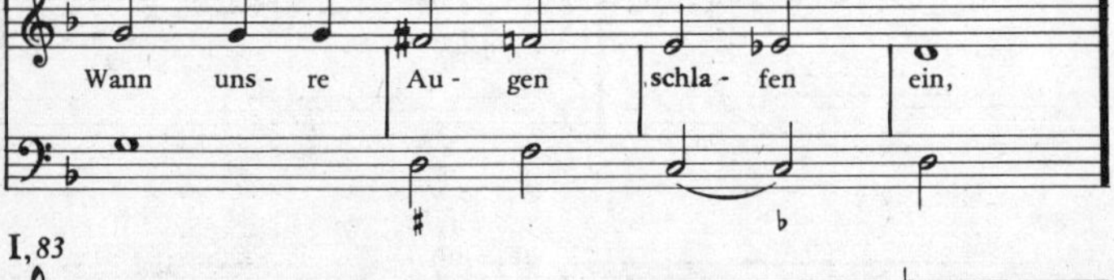

I, *83*

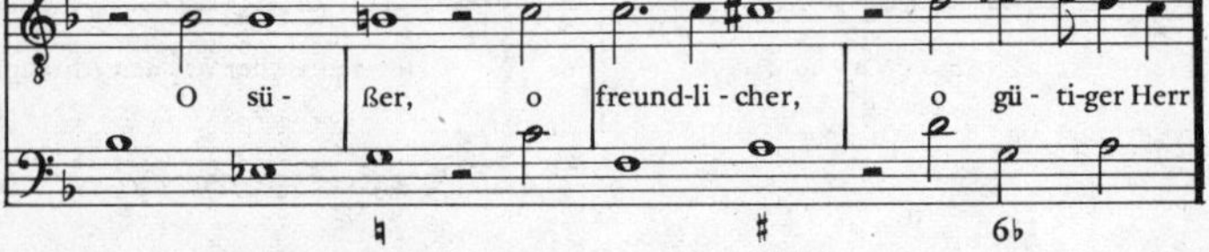

I, 89

Tu-um i-ta-que no-men dul-cis-sime Je - - - su,

6. Sprünge in großen und übermäßigen / verminderten Intervallen

Auferstehungshistorie

1

Je - - - - - su

Johannespassion

84

Wir dür-fen

niemand tö-ten

I, 109

Die Furcht des Her - ren

I, 3

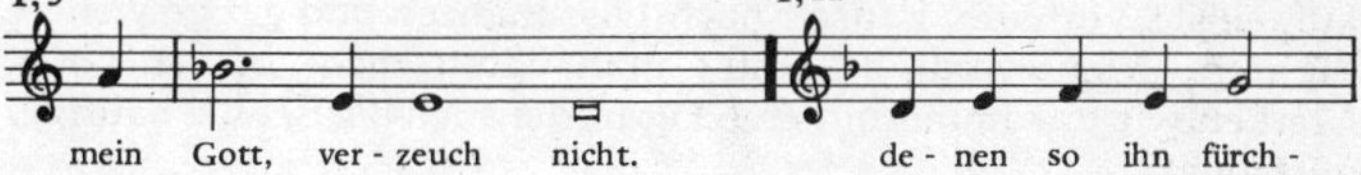

mein Gott, ver-zeuch nicht.

I, 12

de-nen so ihn fürch-

I, 5

ten, er freu - - -

III, 32

en, der ei-nig Trost und Hel-fer mein.

III, 58

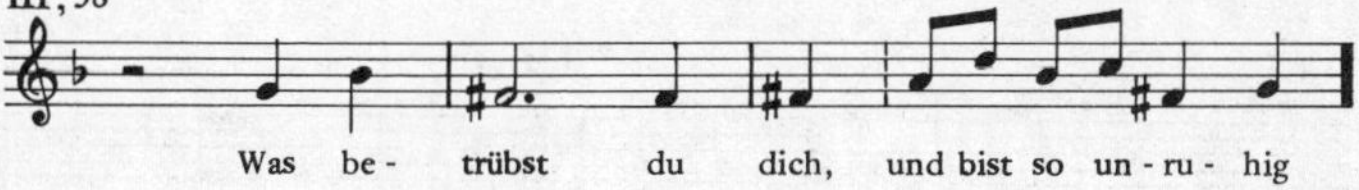

Was be-trübst du dich, und bist so un-ru-hig

I, 112

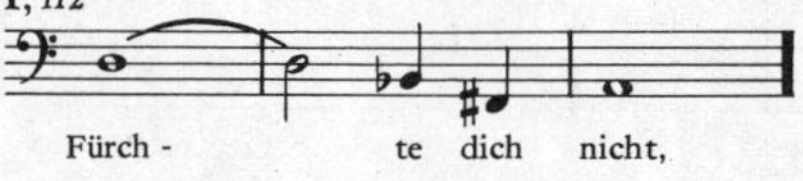

Fürch - te dich nicht,

Dies waren die wichtigsten und im Werk von Schütz häufig auftretenden Figuren des »Stylus luxurians«, den Bernhard mit dem Zusatz »communis« versieht. Er unterscheidet ihn nämlich von einer zweiten Art des Stylus luxurians, dem *Stylus theatralis*. Hier ist von deutschen Komponisten nicht mehr die Rede. Bernhard bezieht sich ausschließlich auf Monteverdi, Cavalli, Carissimi und andere Italiener. Gewiß hat er recht mit der Anmerkung »Uns Deutschen will es annoch an denen anmuthigen Poesien zu solchem Genre dienlich, fast gebrechen.« Bedenkt man aber, wie sehr sich die Opernsprache Monteverdis abhebt von der Sprache von Heinrich Schütz, muß man die sieben Lehrbuchseiten kümmerlich finden, auf denen Bernhard das Wesen dieser Musiksprache einzufangen versucht. Unaufgelöste Dissonanzen, bei denen ausgelassene Töne angenommen werden müssen, nach oben aufgelöste Vorhalte, Pausen nach Dissonanzen und einige weitere Figuren: Monteverdi bekommt man damit nicht in den Griff. Merken wir uns immerhin eine Figur, die auch bei Schütz häufiger auftaucht:

7. *Verlängerte Durchgangsdissonanz*

Bernhards Lehre, bemüht, der gesamten Musik der Zeit gerecht zu werden, wird also wohl zu Recht angesehen werden dürfen als Darstellung der Kompositionslehre und -kunst Heinrich Schützens, der die neue theatralische Kompositionskunst gelernt hatte, zu ihr aber eine mit den Jahren noch wachsende kritische Distanz behielt. Wenn Bernhard beim theatralischen Stil von den »sonst verbothenen, hier aber zugelaßenen Sprüngen« spricht, wenn er Figuren erläutert, dann aber doch nicht an sich halten kann mit seiner Meinung, daß »es allemahl beßer ist, dieselben gäntzlich zu meiden«, wenn er von »bißweilen übel genug genommenen Freyheiten« spricht, tut sich darin auch die Einstellung Schützens kund, der die neuen Ausdrucksmittel sparsam und stets nur bei ausdrücklicher Legitimation durch besonderen Ausdrucksgehalt des zu vertonenden Textes einsetzte. So aber erhalten diese Stellen, durch ihre Seltenheit hervorgehoben, die besondere Inbrunst, durch die sich Musik von Schütz unterscheidet von Zeitgenossen, die die neuen Mittel stets und leicht bei der Hand haben.

Zur Situation der Zeit muß noch folgendes notiert werden:

1. Die *Notenwerte* haben sich erheblich verkürzt. Sehr häufig sind Achtel, nicht nur vereinzelt auch schon Sechzehntel Silbenträger, und es tauchen auch schon 32stel auf:

daß Ar - che - la - us im jüdischen Lande Kö - nig war,

sei nicht neidisch ü - ber die Ü - bel - tä - ter

Brot___ ge - - - - - hen, und ___ du Bethlehem

2. Endlich gibt es den *Bindebogen*. Damit werden rhythmische Werte notierbar und komponierbar, die der älteren Musik versagt waren:

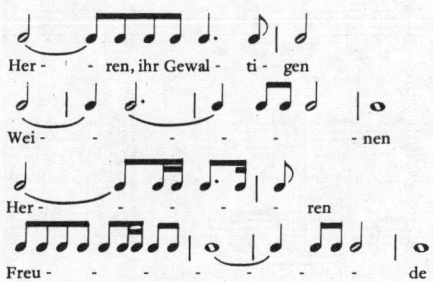

Her - - ren, ihr Gewal - ti - gen

Wei - - - - - - nen

Her - - - - - ren

Freu - - - - - - de

3. Die *Vorzeichen* emanzipieren sich weiter, doch ist vielleicht bemerkenswert vor allem, wie wenig sie es bei Schütz tun. Gelegentlich gibt es *dis* statt *es*, statt *gis* sehr selten *as*. Monteverdi geht in dieser Hinsicht sehr viel weiter auf wohltemperierte Gleichberechtigung aller Töne zu. Von Monteverdi aus gesehen unterscheidet sich der Tonvorrat von Palestrina und Schütz erstaunlich wenig.

4. Es müßte vom *Generalbaß* gesprochen werden. Angesichts vorhandener vorzüglicher Darstellungen dieser Tonsatz-Organisation kann hier aber darauf verzichtet und dorthin verwiesen werden.

Wer studieren will, wieviel weiter Monteverdi sich vorwagt in eine von den Gesetzen des alten Kontrapunkts befreite neue eigengesetzliche Sprache (denn es hat keinen Sinn, sein Eigentliches nur, wie Bernhard es versucht, zu definieren als Ansammlung von »Freiheiten von ...«), studiere im ›Orfeo‹ (Bärenreiter-Klavierauszug der Wenzinger-Bearbeitung) vor allem die Seiten 31–37 (die Unheilsbotschaft; inmitten des Fis-dur der Messaggera »La tua bella Euridice ... è morta« steht Orfeos »Ohime! che odo?« in a-moll) sowie die Schilderung des endgültigen Verlustes (Seiten 80–82). Hier müßte vom Klanglichen ausgegangen werden, von dem in Bernhards Kompositionslehre, einer Behandlung von Stimmverläufen, nicht einmal die Rede ist.

Analysebeispiele sollen dazu anregen, die *Spannweite der Sprache* von Heinrich Schütz zu studieren. Wir geben drei unterschiedliche Stilproben. Als erstes fünf zweistimmige Abschnitte aus der Lukas-, Johannes- und Matthäus-Passion. Beschleunigte Notenwerte, was zur Folge hat, daß auch Achtelnoten Silbenträger sind. Im übrigen eine Satztechnik des Stylus gravis, die sich kaum vom Palestrina-Stil unterscheidet. Daß auch von betonten Achteln aus Sprünge aufwärts führen können, ist die einzige Neuerung:

Zweite Stilprobe: In der Evangelisten-Passage der ›Weihnachtshistorie‹ finden sich an den mit ◯ bezeichneten Stellen von uns besprochene Figuren des Stylus luxurians communis. Man mache sich bewußt, um welche es sich jeweils handelt. (Entsprechende Zahlen eintragen.) Man bemerke die tonale Großräumigkeit. Es regieren ausschließlich die Tonalitäten *F / d* und *B / g*. Die geringfügig gesteigerte harmonische Aktivität am Ende (»Aber das Kind wuchs ...«) mit der Verlaufskurve F→C→B→F hebt sich dagegen bereits deutlich ab als intensivierte Musiksprache:

Dritte Stilprobe: Bei dem wiedergegebenen Abschnitt eines ›Geistlichen Konzerts‹ begegnen wir neben besprochenen Figuren etlichen von uns nicht behandelten Licentias, markiert durch ♮. Man bezeichne wiederum die Figuren und definiere bei den darüber hinausgehenden Freiheiten, inwiefern sie mit dem bisherigen satztechnischen Reglement nicht erfaßt sind (abspringende Dissonanz, Sprung in die Dissonanz . . .). Worin liegt das Lasterhafte der Stelle, die vom »todwürdigen Laster« spricht? Man beobachte, wie hier die tonale Situation ständig in Veränderung begriffen ist. Man singe diesen und den zuvor gegebenen Abschnitt, um festzustellen, wie glatt sich die Evangelisten-Partie absingen läßt, während beim ›Geistlichen Konzert‹ durch ständigen Wechsel des tonalen Bezugstones sehr viel Konzentration verlangt wird:

218

219

Um nicht zu verwischen, daß erstaunlicherweise noch 1620–1650 (noch nach mehr als hundert Jahren also) gilt, was hinsichtlich der für ein ganzes Stück verfügbaren Vorzeichen zu Beginn des Josquin-Kapitels gesagt wurde (keine Vorzeichen oder ein ♭), wurde dieser Abschnitt nicht wie in der Schütz-Gesamtausgabe höhertransponiert (zwei Kreuze), sondern original wiedergegeben. Die Altstimme wurde, um allzu viele Hilfslinien zu vermeiden, als Tenor notiert.

Aus unseren drei Stilproben wird deutlich, daß sich der Stylus luxurians nur in *Generalbaßmusik* entfaltet und bei Schütz nicht in die *Vokalpolyphonie* (Stilprobe 1) eindringt. Bei Generalbaß-Monodie aber liegt nicht Stimme + Stimme vor, sondern Stimme über einem von einer Baßstimme getragenen Klangband. Die Kunst der Klangdisposition muß nun wenigstens andeutungsweise am Beispiel des ›Geistlichen Konzerts‹ zur Sprache kommen:

Takte 1–2: Die verminderte Quarte *Cis–F* soll nicht als ausdrucksmäßig aufgeladener ungewöhnlicher Schritt erlebt werden. Sie soll offensichtlich gehört werden als – wie wir heute sagen – »Totes Intervall«. Die Aussage Ende Takt 1 geht nicht Anfang Takt 2 weiter. Takt 2 beginnt nochmals von vorn. (Gleicher Text!) Von Takt 2 zu Takt 3 dagegen entspricht der textlichen Fortsetzung die musikalische Weiterführung.

Takt 7, 8, 11: Vor und nach einer Pause derselbe Ton in der Singstimme entspricht einem Komma des Textes: Ein Gedanke wird an derselben Stelle weitergeführt.

Takte 10–15: Dreimaliges »was ist . . .«: Dreimal dasselbe mit anderen Worten. Auch die Musik geht nicht weiter, sie stoppt zweimal. C-dur ist jedesmal Neubeginn, nicht Fortsetzung nach E-dur. Erst Takt 15 ist textlich wieder Fortsetzung, er beantwortet die Frage, was in der Komposition deutlich wird durch die nun endlich glatte Verbindung E-dur→a-moll.

Cis wird *C*, *Fis* wird *F* in Takt 9:

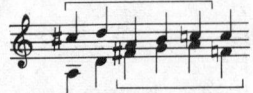

. Abschluß in Takt 10 beim Fragezeichen, bis zur letzten Silbe aber tonale Aktivität; man weiß nicht voraus, wo es enden wird. Also darf man diese Passage nicht leicht übersingen, sie muß Schritt für Schritt mit Bedacht gesungen und gehört werden. Man vergleiche die erwartbare Nomalkadenz in den Takten 4–5. Nach »allerholdseligster Knab« ist klar, von wem die Rede ist, »Jesu Christe« ist textlich und ebenso musikalisch bei Schütz nur Bestätigung des Erwarteten.

Das *Fis* in Takt 16 wäre als »angesprungene Dissonanz« zu trocken interpretiert. Es kommt einfach zu früh, die Erregung geht mit dem Sänger durch (und tut sie es nicht, ist der Sänger falsch!).

7. JOHANN SEBASTIAN BACH:
HARMONISCHER KONTRAPUNKT (~ 1730)

Eine Sing- oder Instrumentalstimme Bachs kann in der neugewonnenen Freiheit der *temperierten Stimmung* nicht nur sehr viel mehr als eine Josquin-, Palestrina- oder Schütz-Stimme, ihr erwachsen auch neue Verpflichtungen. Der tonale Raum um 1500 war eine selbstverständliche, alles regierende und nie in Frage gestellte Ordnung. Eingebettet in diese Ordnung, der die Stimmung der Instrumente entsprach (Intervalle, die gebraucht wurden, wurden so rein wie möglich gestimmt auf Kosten nicht benutzter Intervalle), konnte sich eine Stimme frei bewegen. Die wohltemperierte Stimmung der Bach-Zeit teilt die Oktave nun in zwölf Teile gleicher Größe. Keine Quinte ist mehr rein, aber *Cis–Gis, Ges–Des* usw. klingen genauso gut (und genauso schlecht) und sind damit genauso gut verwendbar wie *C–G*. Kein Intervall muß mehr aus Stimmungsgründen vermieden werden. Der freigewordenen melodischen Phantasie droht völlige Haltlosigkeit. Der Stimme erwächst in dieser Situation die Aufgabe, ihre jeweilige tonale Situation selbst unmißverständlich zu definieren.

Der harmonische Kontrapunkt Bachs wird nur verständlich aus der Geschichte der Tonalität. Der Leser der bisherigen Kapitel erinnere sich, und wer erst mit dem Bach-Kapitel in die Kontrapunktarbeit einsteigen möchte, erfahre immerhin dies: Die Zeit Josquins (um 1500) wählte zwischen zwei Materialen mit der Lizenz, gelegentlich innerhalb eines Satzes vom einen in das andere überzugehen:

Material I:

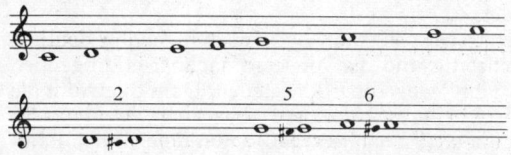

Material II:

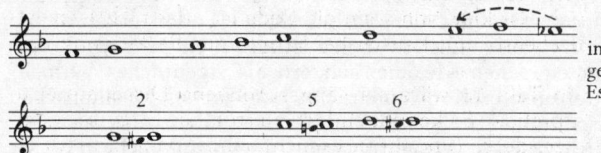

in Material I
gelegentlich
Es statt E

Leittöne zum 2., 5. und 6. Skalenton, stets von ihm aus erreicht und wieder zu ihm hinführend, tauchten nur in Klauseln auf, bei Formeln in der Schlußbildung (siehe Seite 55). Bei Palestrina (um 1570) haben sich die Leittöne ein wenig emanzipiert. Fast immer führt ein *Cis, Fis* und *Gis* noch leittönig aufwärts, nur selten finden sich von diesen Tönen aus Sprünge. Aber sie sind nicht mehr nur Einleitung eines Zieltones, sie erfüllen auch längere Dauern, sind »klangfähig« geworden. So erklingen bei Palestrina auch gehaltene D-dur-, A-dur- und E-dur-Klänge, auf gehaltenes E-dur konnte A-dur folgen (bei korrekter Aufwärtsführung von *Gis*) usw. (s. S. 149–151; siehe in der Harmonielehre das 1. Kapitel). Schütz geht in seinen Werken im strengen Stylus gravis nicht weiter und bleibt der alten Tonalität auch in den Generalbaßwerken des Stylus luxurians verbunden, während gleichzeitig und schon vorher Monteverdi zu Beginn des 17.Jahrhunderts die Befreiung der ehemaligen Leittöne durchsetzt. Jetzt gibt es auch *Des, Dis, As* und *Ais* statt wie bisher nur *Cis, Es, Gis* und *B*. Bald tauchen Stücke mit zwei bis vier Vorzeichen auf, so bei Buxtehude Orgelwerke mit 2 ♭ und 3 oder 4 Kreuzen. Der chromatische Ton zwischen *G* und *A* spielte zuvor für Generationen von Komponisten und Hörern nur eine Rolle: Er war notiert als *Gis*, war Leitton zu *A*, und dieses *A* war sechster Ton im Material I oder dritter Ton im Material II. (Aufgrund dieser Selbstverständlichkeit wurde das notwendige Kreuz noch nicht einmal notiert.) Was aber kann derselbe Ton (eben nicht derselbe: er mußte anders gestimmt werden) bei Buxtehude sein? In Präludium und Fuge g-moll (Sämtliche Orgelwerke II, Nr.25) ist er, als *As* notiert, obere Wechselnote zu *G*, absprungfähige Mollterz über *F*, steigender oder fallender melodischer Gang (*G As B, B As G*), Dominantsept über *B*. In Präludium und Fuge E-dur Nr. 14 ist derselbe Ton, als *Gis* notiert, Terz in E-dur, obere Wechselnote über *Fis* in H-dur, Quinte in cis-moll usw. Auch werden jetzt *C* und *G* bereits als *His* und *Fisis* verwendet.

Was ein Ton jetzt sein soll, muß der Zusammenhang deutlich machen. Die gleichzeitig und die vor- und nachher erklingenden Töne müssen den Sinn jedes Tones klarstellen. Damit gewinnt die Melodie *harmonische Verpflichtungen*, aber auch *harmonische Ausdrucksmittel* hinzu. (Wir sahen, daß schon dem Stylus luxurians der Schütz-Zeit eine altmodische Kontrapunktlehre nicht mehr gerecht werden konnte, auch hier gab es schon das Ausdrucksmittel Harmonik.) Harmonie ist also nicht nur Begleitung von Melodie. Das hat der Bach-Forscher Forkel erkannt und trefflich formuliert: »Die Harmonie ist also nicht bloß als Begleitung einer einfachen Melodie, sondern als eigentliches Vermehrungsmittel unserer Kunstausdrücke, oder unsers musikalischen Sprachreichthums zu betrachten. Sie muß aber auch alsdann, wenn sie ein solches Vermehrungsmittel seyn soll, nicht in bloßer

Begleitung, sondern in der Verwebung mehrerer wirklichen Melodien bestehen, deren jede das Wort bald oben, bald in der Mitte und bald unten führt und führen kann.« (›Über Johann Sebastian Bachs Leben‹, Faksimile-Neudruck, Seite 25.)

Dieses Vermehrungsmittel künstlerischen Ausdrucks bereichert also, das hat Forkel schon erstaunlich deutlich gesehen, den Sprachreichtum der Stimmen selber. Die letzten Sätze des Forkel-Zitats machen ja deutlich, daß Harmonie nicht mehr generalbaßmäßig als tragender Baß gemeint ist, über dem Stimmen musizieren, sondern daß sich Harmonie in der *Melodienverwebung* ereignet. Die Melodien selbst sind Harmonie, aus ihnen selbst spricht der neue reichere Kunstausdruck. Wir wollen deshalb mit harmonischer Einstimmigkeit beginnen. So werden wir das neue »Vermehrungsmittel künstlerischen Ausdrucks« am deutlichsten erfahren.

Jean Philippe Rameau – Hugo Riemann – Wilhelm Maler sind die drei Hauptetappen der Entwicklung eines *Bezeichnungssystems für funktionsharmonische Vorgänge.* (Nur bei einem Akkord mußte ich in meiner Harmonielehre vom System Malers abweichen, um dem verminderten Septakkord der Bach-Zeit gerecht werden zu können: D^{sv}, der nicht begriffen werden darf als $\cancel{D}^{9}_{7}$, also als Verkürzung eines Akkords, der erst in der Romantik existiert.) Bach war kompositorisch weiter als Rameau, Rameau aber war in der Interpretation harmonischer Vorgänge weiter als Bach, der seine eigenen Neuerungen immer noch generalbaßmäßig altmodisch definiert hätte. Da unser heutiges Bezeichnungssystem auf Rameaus Erkenntnissen basiert, diese weiterentwickelt aber nicht durch anderes Denken ersetzt hat, fühlen wir uns berechtigt, Bach mit dem heutigen Instrumentarium zu analysieren. Schließlich stammen die vier Stützpfeiler unseres Gebäudes von Rameau: Die Zurückführung aller Harmonien auf T, S und D, die Auffassung von Sext- und Quartsextakkord als Umkehrungen des Dreiklangs, die enge Verwandtschaft der Paralleltonarten (C-dur–a-moll) und das Verständnis von Zwischendominanten. (Dieses hat sich nur modifiziert, nicht geändert: Rameau begriff Septakkorde wie *A C E G* als Dominanten, in diesem Falle zu *D F A C*, dieses wiederum als dominantisch zu *G* . . .)

HARMONISCHE EINSTIMMIGKEIT

Vorübung: Einfache Kadenzvorgänge wie T D T T S T S D T oder t s D t D t s D t s t D t sollen einstimmig dargestellt werden ohne akkordfremde Töne. Funktionswechsel zunächst taktweise. Beim Übergang von Funktion zu Funktion auf gute Melodieschritte achten. Als Beispiel Bewegungsmodelle aus Bachs Solosonaten und -suiten:

Meine Lösungsversuche:

usw.

An den mit × bezeichneten Stellen ist der takttiefste Ton die Dreiklangsquinte. Ein Quartsextakkordproblem gibt es aber in der Einstimmigkeit nicht. Wir bezeichnen dementsprechend auch nur die Funktionen, nicht wie im vierstimmigen Satz T, T_3, T_5.

Bachs Zweistimmigkeit bietet keine Probleme mehr für den, der das Wesen seiner Einstimmigkeit erfaßt hat: Sie ist für Komponist wie Hörer anspruchsvoller als jene! Ich bitte deshalb um Geduld und Sorgfalt bei den folgenden sieben Lernschritten.

Aufgabe 1: Einbeziehung der *charakteristischen Dissonanzen* S^5, S^6_6, D^7. (Zwischen S^5 in der Position S^5_6 und Sp^7 ist in der Einstimmigkeit schwer abzugrenzen; siehe dazu nochmals in der Harmonielehre die Seiten 34 und 53.) Es genügt nicht, daß die Auflösungen der Dominantsept und der 5–6 Spannung der Subdominante überhaupt erfolgen: Die Auflösungstöne müssen in der Oktavlage der Dissonanz liegen. Der Dissonanzton muß also als auflösungsbedürftige »Stimme« behandelt werden:

korrekt:

nur als Ausnahmefall denkbar:

Diese Klammern trägt man am besten in die eigenen Arbeiten als Selbstkontrolle ein. Man analysiere die Dissonanzbehandlung in den folgenden Beispielen aus Bachs Solosuiten und -sonaten. Man wird dabei bemerken, daß der Zielton des Leittons, der Dominantterz, auch in anderer Oktavlage stehen kann:

Die folgenden Bach-Stellen zeigen, daß harmonische Stufen auch schon mit nur zwei Tönen klar definiert werden können:

Hier gilt als Gesetz (von dem Bach selten abweicht), daß die Dreiklangsterz der wichtigste Ton ist. 1+3 oder 3+5 stellen bei Bach sehr viel häufiger als 1+5 eine Harmonie dar. (Die S kann auch durch 1+6 dargestellt werden, doch kann dieser Zweiklang zugleich als D⁷-Extrakt aufgefaßt werden.)

»bachisch« wäre:

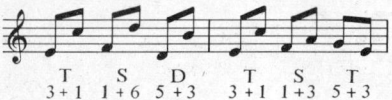

$$\begin{array}{cccccc} T & S & D & T & S & T \\ 3+1 & 1+6 & 5+3 & 3+1 & 1+3 & 5+3 \end{array}$$

unmöglich wäre:

$$\begin{array}{ccc} T & S & D \\ 1+5 & 1+5 & 5+1 \end{array}$$

Aufgabe 1a: Nutze die Möglichkeit, das harmonische Aktionstempo zu verändern. Taktweiser Wechsel sei die Basis, gelegentlich aber mag sich die Schnelligkeit der Wechsel verlangsamen oder steigern. Man mag dies bei der Arbeit entscheiden oder vorplanen. Mein Lösungsversuch:

Aufgabe 2: Akkordfremde Töne. Um in diesem weiten Gebiet melodischer Erfindung nicht hilflos umherzuirren, bitte ich den Leser, mit einer schrittweisen Eroberung einverstanden zu sein.

Erster Schritt: Wechselnoten und Durchgänge auf unbetonter Zeit. Hier etliche einstimmige Bach-Stellen aus Violin-Solosonaten (V), Orgelchoralvorspielen (O) und der c-moll-Invention (I):

(Anmerkung zum vorletzten Beispiel: Ein zweites Achtel bleibt auch dann leicht, wenn ihm ein »noch leichteres« Sechzehntel folgt: ♪♫ Der erste Halbtakt des Beispiels enthält also zwei leichte Durchgänge. Schwer dagegen ist das dritte von vier Sechzehnteln: ♫♫ .)

Man bedenke vor der eigenen Arbeit noch dies: Zwischen der 5 und der 8 liegen nur in der Tonika zwei akkordfremde Töne. Je einer der beiden Zwischentöne gehört bei den beiden anderen Funktionen zum Klang, bei der S auch die 6, bei der D auch die 7. Will man alle betonten dreiklangsfremden Töne vermeiden, muß ein T-Durchgang zwischen 5 und 8 sich also besonders beeilen:

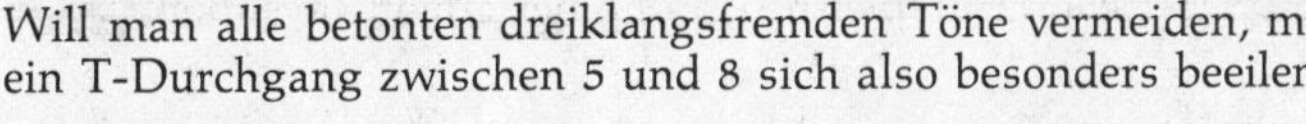

Zweiter Schritt: Angesprungene Nebennoten auf leichter Zeit.
Die folgenden Beispiele entstammen sämtlich der G-dur-Suite für
Cello solo. Man bemerke, daß etliche angesprungene Nebennoten
eigentlich nur oktavversetzte Durchgänge sind:

Es darf bereits jetzt beim Leser ein erstes leises Mißtrauen
hinsichtlich der Eindeutigkeit der funktionsharmonischen Deutung wach werden. – Auch einige Vorausnahmen nehme man zur
Kenntnis. Diese aber bedürfen wohl kaum der satztechnischen
Übung:

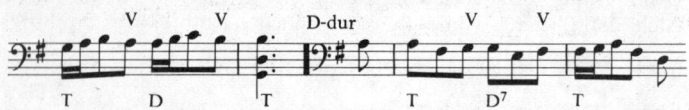

Ich schlage vor, Nebennoten in konzentrierter Übung so oft wie
möglich zu plazieren. Mein Lösungsversuch:

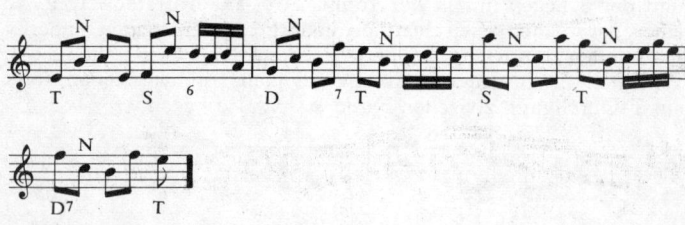

Ich stelle mir den entstehenden Satz zweistimmig vor: Funktions-
töne im Baß (in der Weise, wie Rameau bei Dreiklangsumkehrun-
gen den Funktionsgrundton als Baß mithörte). Bei in Achteln
gedachter Baßstimme, bei schnelleren Funktionswechseln also,
ergäbe sich natürlich ein ganz anderer Sinn, etwa dieser:

Dritter Schritt: Durchgänge auf betonter Zählzeit. (Merke: Das
zweite Achtel ist unbetont bei ♩♪, ist aber betont in ♫♫♫.) Es
handelt sich hier um vorhaltartige Durchgänge, die man genauso
gut auffassen kann als durchgehende Vorhalte. Die Beispiele
entstammen der Orgelmesse (O), den Violin-Solosonaten (V),
Cello-Solosuiten (C) und Inventionen (I). Im vorletzten Beispiel ist
übrigens die tiefe Dominantsept ausnahmsweise nicht stimmig
korrekt aufgelöst. Bei der Invention ist die zweite Takthälfte der
Beweis dafür, daß der Ton *D* schon im Thema als betonter
Durchgang gesetzt ist:

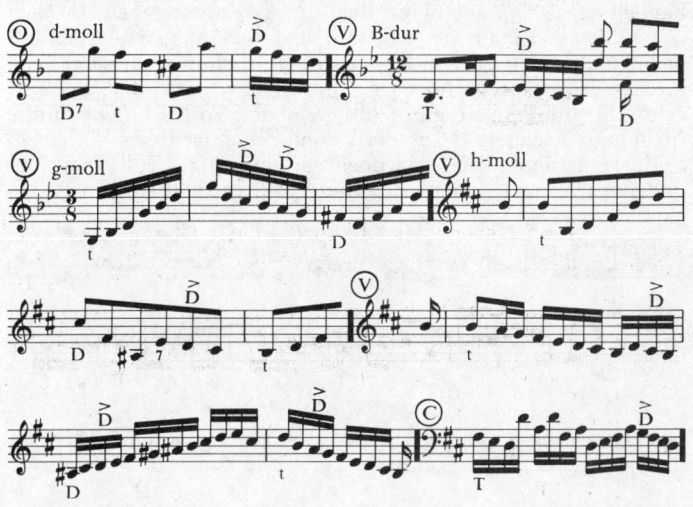

Sechs der gegebenen acht Literaturbeispiele, nämlich alle außer dem ersten und letzten, setzen betonte Durchgänge erst ein, nachdem die betreffende Funktion deutlich erkennbar geworden ist. Dies sollten wir als Leitgedanken für unsere Übungen nehmen. Ich beginne dementsprechend so:

Vierter Schritt: Die in der Musik Bachs außerordentlich wichtigen *Vorhalte* lassen sich in einstimmiger Komposition natürlich schwer darstellen. Im folgenden ersten, zweiten und vierten Beispiel (alle fünf Stellen stammen aus Bachs Cello-Solosuiten) handelt es sich ja auch eigentlich um Zweistimmigkeit. In allen drei Fällen soll man sich die Vorhaltsdissonanz gewiß schon auf der betonten Zeit denken (was man natürlich nur tun kann beim zweiten Hören, wenn man weiß, was folgen wird). Beispiel 3 ist echte Einstimmigkeit mit »vorbereitetem Vorhalt«. Die fünfte Stelle, das Menuett II aus der d-moll-Suite, ist freier Vorhalt in echter Einstimmigkeit, und doch ein eindeutiger Fall. In keiner anderen Harmonie könnte der vierte Takt gedacht werden:

Da einstimmiger Vorhalt so selten auftritt, sollten wir auf eigene Versuche verzichten und es hier bei analytischer Einsicht belassen. Man blättere aber zurück: Einige der Nebennoten-Beispiele lassen sich auch als Vorhalte auffassen. Dies ist dann möglich, wenn man die auf leichter Zeit angesprungene Nebennote sich auch schon auf der schweren Zeit vorstellen kann.

× Dieses *H*, unterer Vorhalt zur Dominantterz, kann zugleich als betonte Wechselnote bezeichnet werden. Betonte Wechselnoten sind also immer zugleich vorhaltartig.

Aufgabe 3: Verminderter Septakkord. Dieser Akkord darf für die Bach-Zeit nicht aufgefaßt werden als Verkürzung (»weggelassener Grundton«) eines Akkords, den erst die Romantik kennt, des Dominantseptnonenakkords D⁹. Ich habe deshalb in meiner Harmonielehre für den verminderten Septakkord der Bach-Zeit das Funktionszeichen $\cancel{D}^{7}_{9}$ verbannen müssen. Der Bachsche Akkord beginnt beim Leitton ohne gedachte Terz darunter. Also ist seine Septime wirklich verminderte Septime und nicht None über nur gedachtem Fundament: Niemand hätte zur Bach-Zeit ein solches Fundament gedacht! Dieser Akkord spielt zunächst in Mollsätzen eine entscheidende Rolle und wird, auch in Durstücken, ein wichtiges Kompositionsmittel, um Modulationsvorgänge eindeutig zu vollziehen. Als Mischung von s und D bezeichnen wir ihn D͎ᵛ. Schon zwei Töne genügen zu seiner unmißverständlichen Darstellung, die aufwärtsstrebende Durdominantterz und die abwärtsstrebende Mollsubdominantterz:

Man beobachte bei den folgenden Violin- und Cello-Solo-Beispielen, in welchem Augenblick die harmonische Situation eindeutig wird; immer erst dann nämlich, wenn der zweite der beiden entscheidenden Töne eintritt. Der Auftakt zum zweiten Beispiel erscheint noch als subdominantisch, da *Fis* noch nicht erklang; im letzten Beispiel wirkt der zweite Takt anfangs rein dominantisch bis zum endlichen *B*. Im vorletzten Beispiel dauert die unklare Situation (s?) am längsten:

(Beispiel 5 ist das Double von Beispiel 4.)

Dies bedenkend werden wir in unseren Arbeiten, sofern uns an funktioneller Klarheit gelegen ist (und dies muß ja nicht immer der Fall sein), die beiden entscheidenden Töne des Akkords an den Anfang seiner Wirkungszeit stellen. Bach setzt diesen wichtigen ausdrucksstarken Akkord sparsam ein. Wir sollten ihn nicht in unseren Übungen strapazieren. Schreiben wir lieber in verschiedenen Molltonarten Ausschnitte, die ihn je einmal einsetzen, Bruchstücke im Format der gegebenen Bach-Beispiele also. (Vergleiche die Themen der zweistimmigen Inventionen in c-moll und d-moll.) Hier meine Lösungsversuche für eine Bourrée und eine französische Ouvertüre:

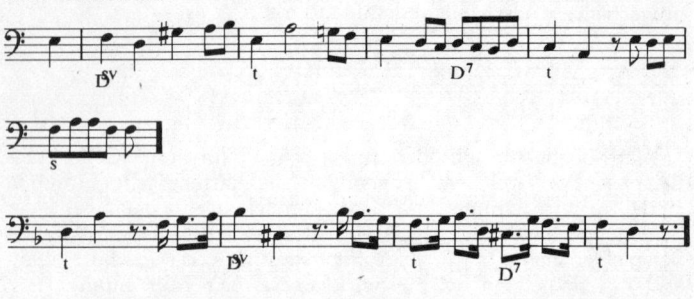

Aufgabe 4: Parallelen. Ich schicke mich an, dem Aufbau der Harmonielehre folgend, Literaturbeispiele für Parallelen in Dur und Moll herauszusuchen, und halte nach vergeblicher Suche, beschämt, wie sich's gehört, inne: Bachische Folgen wie T D Sp Tp S D T oder T S Tp Sp D T usw., aus mehrstimmiger Musik als vertraut im Ohr, sind in einstimmigen Durstücken nicht zu finden. Stets setzt Bach, wenn er in Dur über die drei Hauptstufen hinausgeht, Zwischendominanten ein. Statt T Dp Tp findet man also T (D) Tp, also C-dur, E-*dur*, a-moll usw. Die einzige allerdings äußerst beliebte Ausnahme sind Quintfallsequenzen.

Moll dagegen gleitet gern ab in die parallelen Durstufen. Dies ist nicht unlogisch oder verwunderlich: Die dP ist als Durakkord ja selbst »Zwischendominante« zur tP, die tP ebenso zur sP. Hier zwei Literaturbeispiele:

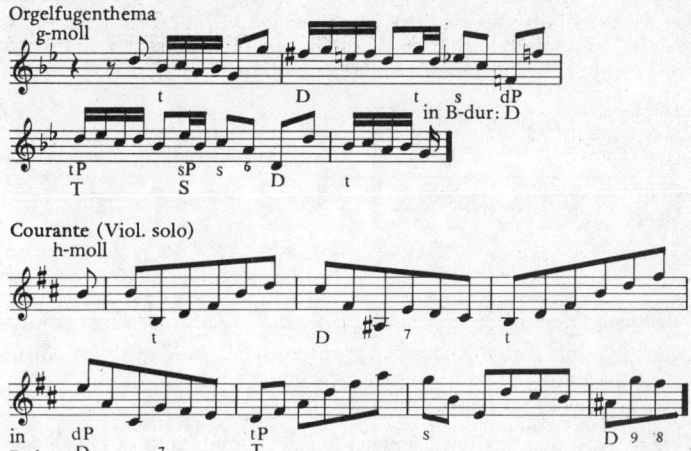

Wer eigene Versuche machen möchte, entwerfe einen harmonischen Plan und überlege, welche melodischen Übergangsmöglichkeiten vom Moll- in den Durbereich und zurück sich daraus ergeben. Mein Lösungsversuch nutzt die Doppeldeutigkeit der s_3 aus, die zugleich S^6 in der Paralleltonart ist (was man in Moll umständlich mit sP^6 bezeichnen muß). Hier folgt also nicht auf einen Akkord der Hauptkadenz ein paralleler Akkord, sondern ein Akkord ist beides zugleich. Das leittönig eingesetzte *Gis* ist ein deutliches Signal zur Rückkehr in die Mollregion:

Aufgabe 5: Sequenzen. (Siehe die ausführliche Darstellung in der Harmonielehre, Seite 112 ff.) Quintfallsequenzen spielen in Bachs Einstimmigkeit eine große Rolle. Dur und paralleles Moll haben dieselben Klangfolgen zur Verfügung, nur werden natürlich

Ein- und vor allem Ausstieg in Dur und Moll an anderer Stelle gewählt: Meist fallen Sequenzen bis zur Dominante, wo die Kadenz wieder Fuß faßt. Hier das Sequenzmodell in Dreiklängen und – sehr beliebt – in Septakkorden. Funktionelles Denken wird während des »freien Falls« in den Hintergrund gedrängt. Auch wird innerhalb von Sequenzen die siebente Durstufe (= zweite Mollstufe) toleriert, die funktionell gar nicht existiert. Deshalb empfiehlt sich in Sequenzen die Stufenbezeichnung:

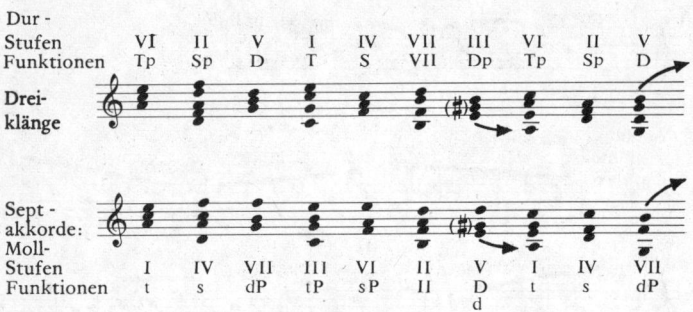

→ = Ausstieg aus der Sequenz bei der Dominante in Dur, ↘ in Moll.

Hier aus Dur- und Mollkompositionen Bachs je drei Sequenzbeispiele. Es handelt sich um Solostücke für Violine und Cello (V, C) und um einstimmige Orgelstellen (O):

234

Vor Erfindung eigener Sequenzgänge führe man die folgenden Anfänge modellgemäß weiter, um sich dabei dies bewußt zu machen: Die motivische Einheit einer Sequenz umfaßt entweder nur eine harmonische Stufe, sie wiederholt sich dann auf jeder Stufe, oder die Motiveinheit umfaßt bereits einen Quintfall, also zwei Stufen. In diesem Falle setzt das nächste Modell einen Ton tiefer an (= zwei Quinten). Bei der Mollsequenz über die Dur-Dominante *E Gis H* aussteigen:

Aufgabe 6: Zwischendominanten / Modulation. Zwischendominanten können einer anderen Stufe als der Tonika momentanes Gewicht verleihen, sind aber auch geeignet, sie für einen gewissen Abschnitt tonikal zu befestigen (Ausweichung) oder überhaupt

ein neues tonales Zentrum zu schaffen (Modulation). Im letzteren Falle wird aus einer »Zwischen«-Dominante die Dominante einer neuen Tonika. Als Signal zu einer solchen Weichenstellung genügt für den Hörer jeweils ein einziger Ton: Der als Leitton aufwärts oder als Dominantsept abwärts führende Ton, der diesen Klang charakteristisch unterscheidet von allen übrigen Klängen des erweiterten tonalen Bereichs. Beispiel: Die Zwischendominante zur Dp in C-dur bringt die neuen Töne *Fis* und *Dis*, Signal ist aber nur *Dis*, denn *Fis* wäre auch tauglich als Signal einer Ausweichung zur Dominante, wäre also nicht eindeutig. Manche Zwischendominanten sind nur mit hinzugefügter Septime, als D⁷ also, eindeutig. Beispiel: Die T wird so lange als T gehört, bis die hinzugefügte Dominantsept (in C-dur *C E G + B*) signalisiert, daß die bisherige T als Dominante zu ihrer eigenen S verstanden werden soll:

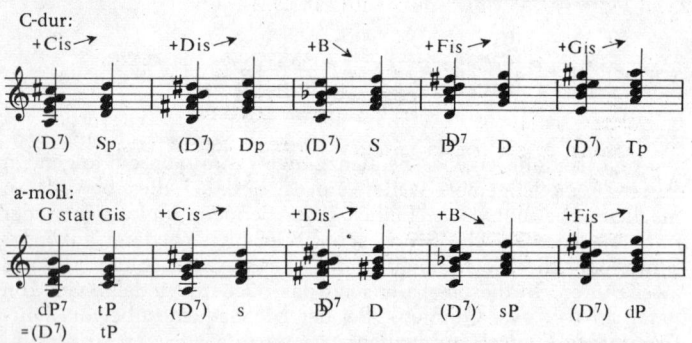

In Moll fehlt der (D) zur tP der charakteristische Ton, denn (in a-moll gedacht) *G* statt *Gis* gibt es durchaus im Tonvorrat von Moll. Hier zeigt sich die Labilität von Moll: Jede Wendung t dP tP wird zugleich gehört als t (D) tP, kann also als Verlassen des tonalen Zentrums aufgefaßt werden.

Wir erhalten jetzt die Erklärung für unser bei Aufgabe 4 geäußertes Erstaunen darüber, daß Parallelen so selten in einstimmiger Musik auftauchen: Sie sind nur bei Auftreten aller drei Dreiklangstöne verständlich; für Zwischendominanten dagegen genügt ein einziger Ton. Beispiel:

eindeutig nur so:

mehrdeutig:

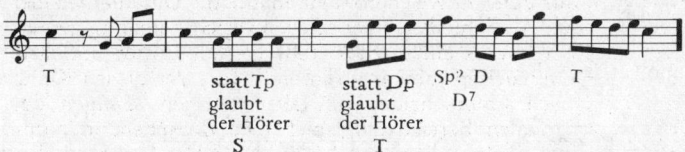

Parallelen sind also nur in vollen gebrochenen Dreiklängen verständlich, anderenfalls glaubt der Hörer, die näherliegenden Hauptfunktionen zu hören. Zwischendominantische Beziehungen entsprechen dem Wesen der Einstimmigkeit also sehr viel besser. Hier etliche Literaturbeispiele mit Kommentar.
Beide Orgelpedalsoli sind mehr gebrochener Klang als Linie. (Typische Erfindung aus den spieltechnischen Möglichkeiten: Zwei Füße spielen mit Spitze und Hacke.)

Im folgenden Orgelfugenthema genügt nun wirklich ein einziger Ton zur Fixierung einer Zwischendominante. Bei der Beantwortung fügt der Kontrapunkt die Ergänzungstöne hinzu und beweist damit, daß wir das Thema nicht überinterpretiert haben. (Romantische Durchgangschromatik ist also etwas grundsätzlich anderes als Bachs harmonisch effektive Chromatik!)

Zwei Stellen aus der Flötensolosonate. Die melodischen Begrenzungstöne des Mollraumes (unten der Leitton, oben die kleine Sexte; siehe etliche Beispiele in der Harmonielehre Seite 78)

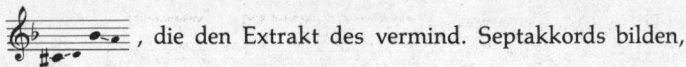 , die den Extrakt des vermind. Septakkords bilden,

bestimmen beide Ausweichungen: *Gis* + *F* signalisiert die Tp a-moll, *Cis* + *B* führt die Sp d-moll ein.

Hier sind *B* und *Fis* die Signaltöne:

In einer Violin-solo-›Gavotte en Rondeau‹ findet sich diese Stelle gesteigerter harmonisch-melodischer Aktivität. *D, Eis, Ais* und wieder *Eis* sind die Signaltöne. Interessant, wie sich hier Hand in Hand mit der Steigerung der Aktivität die Bandbreite der Linie spreizt bis zu fast zwei Oktaven.

Es empfiehlt sich, vor der Ausführung eigener Ausweichungs-übungen die benötigten Signaltöne zu notieren. Beispiel:

Funktionsplan: T (D) S (D) Sp D D (D) Tp   T
Signaltöne: B   Cis   Fis Gis

× Wird im Quintenzirkel wieder gefallen, müssen erreichte Höhen ausgelöscht werden. Es genügt an dieser Stelle nicht, *Gis* nur zu vermeiden: Der Ton bleibt im Ohr und muß durch ein *G* ausgelöscht werden. (So wurde ja auch fallend im ersten Takt *H* ausgelöscht durch *B*!)

Aufgabe 7: Ergänzendes zu Bachs Linienbildung

1. Große Sprünge machen Linien in jedem Stil aufgeregt-exaltiert. Auch in Bachs Einstimmigkeit gibt es dies durchaus. Meist aber haben gehäufte Sprünge in Bachs Linien einen anderen Sinn. Es handelt sich dann darum, daß die Töne von zwei oder drei ruhig verlaufenden Linien nur notgedrungen nacheinander erklingen. Bachs

(Viol.)

hört der Hörer, gleichsam auf Pedal tretend, so:

In solchen Fällen sind alle Sprünge möglich. Wichtiger ist die sorgsame Behandlung der gedachten Linien: Auf den Spitzenton *G* unseres Beispiels sollte *F* folgen. – Bach hält die Stimmenzahl nicht starr fest. Einstimmiges spreizt sich, gedachte Zwei- oder Dreistimmigkeit entsteht, zieht sich wieder zusammen usw. Einige Versuche hierzu sind zu empfehlen. Mein Lösungsversuch:

Stimmenzahl:

239

2. Innerhalb von Klangbrechungen darf von jedem in jeden Ton des Klanges gesprungen werden. (Große Nonen können also bei D^7-Akkorden gesprungen werden, bei verminderten Septakkorden verminderte Septimen usw.)

3. Alle verminderten und übermäßigen Intervalle sind erlaubt, wenn in einen aufwärts- oder abwärtsführenden Leitton gesprungen wird, in einen Ton also, der selbst gleichsam gar nicht gemeint ist:

ü. 5   ü. 4   v. 4   v. 5   ü. 2   v. 7

4. Leittöne dürfen in entgegengesetzter Richtung »verführt« werden, bleiben dabei aber Leittöne nur veränderter Zielrichtung:

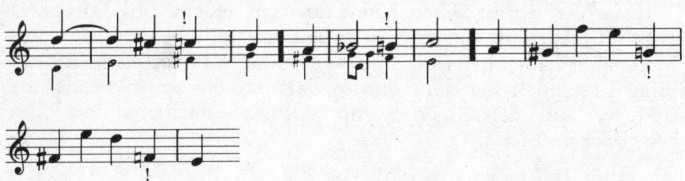

Dazu als Beispiel das königliche Thema zum ›Musikalischen Opfer‹ und ein Fugenthema des ›Wohltemperierten Klaviers‹:

(*Fis* ist in c-moll Leitton zur Dominante, *E* Leitton zur Subdominante.)

(*H* ist in f-moll Leitton zur Dominante, *A* Leitton zur Subdominante.)

Die unter 2, 3 und 4 besprochenen Gesichtspunkte mag man sich in einer eigenen Linienstudie bewußt machen. Am besten numeriert man die jeweils angewandten Lizenzen. Mein Lösungsversuch:

Wer mit dem erworbenen Rüstzeug einstimmige Stücke komponieren möchte, mag folgenden Vorschlag annehmen: Gavotte oder Bourrée für ein Melodieinstrument. (Umfang vorplanen!) Schrittmodell Gavotte: 𝄴 ♩ ♩ | ♩ Schrittmodell Bourrée: 𝄵 ♩ | ♩ oder ♫ | ♩ Tanz in zwei Hauptabschnitten mit nochmaliger Zäsur im meist längeren zweiten Hauptteil. Großharmonischer Verlauf häufig so:

‖ T ⟶ D ‖ D ⟶ Tp,   Tp ⟶ T ‖

Zu Beginn jedes Abschnitts deutliche Schrittmodelle, d. h. deutlich erkennbare Auftakt-Konstruktion. Im weiteren Verlauf jeweils Übergang in fließende Bewegung.

Schlußbemerkung: Unsere Annäherung an Bachs Musiksprache durch den Versuch, seine Linienerfindung aus funktionsharmonischen Gesetzmäßigkeiten heraus zu verstehen, ist nur statthaft, wenn wir uns der *Grenzen dieser Möglichkeiten* bewußt bleiben. Sie liegen, so weit ich sehe, in zwei Richtungen: dort, wo die hochbarocke Linienkunst zu kompliziert ist, und dort, wo intervallenge Melodie, dem Geist alter Vokalpolyphonie nahe, zu »einfach« ist. Im Thema der Fuge in h-moll aus dem ersten Band des ›Wohltemperierten Klaviers‹ ist in den ständigen Klein-Sekund-Schritt-Zweitongruppen entweder der erste Ton Vorhalt oder es gehören beide Töne verschiedenen Funktionen zu. Genausogut können aber auch die beiden Töne, die im zweiten Takt verminderte Septimen bilden, zu einer Harmonie gehören. Harmonisch eindeutig ist nichts in derart emanzipierter Chromatik. – Und am entgegengesetzten Ende der kompositorischen Möglichkeiten Bachs: Wer wagt es, das schlichte Thema, das die Orgelcanzone eröffnet, mit harmonischen Gewichten zu belasten? Engen wir deshalb Bachs Sprache nicht ein durch den unfruchtbaren Versuch, auch dort noch funktionsharmonisch zu hören, wo sich eine solche Interpretation nicht anbietet.

Analyse einer einstimmigen Komposition Bachs

Der zweite Teil dieser Bourrée aus der E-dur-Partita für Violine ist vier Takte länger als der erste, und er enthält weniger Wiederholungen, ist also ereignisreicher. I = 4 + 12 Takte, II = 4 + 8 + 8 Takte. Der erste Teil geht nach vier stabilen Tonikatakten ohne Umwege in die Dominanttonart. Signal *Ais*. Cis-moll in Takt 9, Tp der Haupttonart, ist zugleich Sp der neuen Tonart. Der zweite Hauptteil ist auch harmonisch wesentlich aktiver. Signal *A* (Takt 3) löscht H-dur aus, Signal *His* führt die·Tp der Haupttonart ein, cis-moll. *H* in Takt 5 löscht *His* und damit cis-moll aus, der Ton *D* signalisiert die Subdominanttonart A-dur, *Eis* (Takt 9) führt ganz kurz die Sp fis-moll ein, die sodann durch ausführliche Kadenz bestätigt wird. *E* (Takt 13) löscht *Eis* und damit die Tonart fis-moll aus. Die Tonika wird (Takt 14) durch den Ton *D* dominantisch zur eigenen Subdominante. Es folgt Halbschluß auf der Dominante und stabile Schlußkadenz. Durch Bewegungsstillstand sind im zweiten Teil die Zielpunkte cis-moll (Takt 4), fis-moll (Takt 12) und das dominantische H-dur (Takt 16) bedeutungsmäßig hervorgehoben. Betonter Vorhalt und betonte Wechselnote in Takt 4 beider Teile. Tritonussprung in einen Leitton in Takt 14 des ersten Teils. Am weitesten gespreizte Linie am Ende des ersten Teils. Mehrfach Zweistimmigkeit. Es fällt auf, daß sie vor allen Kadenzschlüssen eingesetzt ist: Am Ende des ersten Teils und im zweiten vor Takt 4, vor Takt 12 und vor Takt 20.

Ein auftaktiger Tanzrhythmus hindert die Harmonik nicht am ganztaktigen Schritt. Seltener als üblich wird in dieser Bourrée der Tanzrhythmus vom Komponisten benutzt, nämlich nur an sämtlichen Anfängen (Takt 1 und 4 im ersten Teil, Takt 1, 4, 12 und 16 im zweiten Teil). Daß ein Schrittmodell durch fließende Bewegung neutralisiert wird, ist typisch für Bachs Suitensätze. »Sündhaft« aber (also eine seltene Ausnahme in Bachs Technik) ist der verwirrende, geradezu gegen eine Bourrée protestierende ganztaktige Gegenrhythmus schon im zweiten Takt:

ZWEISTIMMIGKEIT

Harmonische Zweistimmigkeit ist zunächst leichter als Einstimmigkeit, da die Aufgabe, die jeweilige harmonische Situation deutlich zu machen, auf zwei Personen verteilt werden kann. Man hat also nicht mehr »zu wenig Töne«. Schwierig wird die Sache erst, wenn die Stimmen gegeneinander arbeiten, wenn eine die andere durch betonte akkordfremde Töne in Frage stellt. Wir gehen wieder schrittweise vor, brauchen aber nicht alle Lernschritte der Einstimmigkeit zu wiederholen.

Aufgabe 1: Nur akkordeigene Töne. (In der S sind 5 und 6, bei der D ist die 7 akkordeigen.) Nur Hauptfunktionen. In der Zweistimmigkeit gibt es wieder eine getragene und eine tragende Stimme. Wir haben also wieder das Quartsextakkordproblem der

Harmonielehre, das in der Einstimmigkeit aufgehoben war. Also empfiehlt sich wieder eine genaue Beachtung der Umkehrungen. Man erinnere sich, daß Bach Klänge nur in Ausnahmefällen durch 1 und 5 darstellt.

Hier als Beispiel die Anfänge Bachscher Menuette:

Mein Lösungsversuch:

× Quinten im Baß sind natürlich unbedenklich, wenn die Oberstimme den Dreiklanggrundton meidet, durch den die Quartdissonanz entstünde.

Man führe die hier gegebenen Anfänge weiter oder erfinde sich eigene Sätze:

244

Aufgabe 2: Akkordfremde Töne in einer Stimme bei funktioneller Stabilität der anderen Stimme. In den folgenden vier Ausschnitten finden sich leichte und betonte Durchgänge, Vorhalte und Wechselnoten:

Menuett

Menuett

Duetto III

245

Wir lernen die gegebenen Möglichkeiten gewiß besser kennen, wenn wir sie einzeln in den Griff bekommen.

Man führe die gegebenen Anfänge weiter. Beim ersten geht es um leichte, beim zweiten um betonte Durchgänge, beim dritten um Vorhalte (angesprungene Vorhalte sind im zweistimmigen Satz nicht selten), beim letzten um Wechselnoten und anspringende Nebennoten:

Vielleicht gab es bei der Vorhaltaufgabe einige *Verwirrung*, und wenn nicht, müssen wir diese jetzt unbedingt herbeiführen. Beim Josquin-Kontrapunkt (siehe Seite 83) bezeichneten wir die effektiven Dissonanzen in der Oberstimme mit 7 6 oder 4 3, in der Unterstimme mit 2 3. Das ist jetzt nicht mehr der Fall: Unsere Harmonielehre-Bezeichnung benennt die Intervalle zum Funktionsgrundton. Spielen wir an einem Beispiel beide Bezeichnungsweisen durch:

Effektives 2 3 hören wir harmonisch als 4 3 (a), effektives 7 6 als 9 8 (d). Nun aber wird es toll: Die konsonante Quinte (b) fassen wir auf als auflösungsbedürftige Septime, während in anderem Zusammenhang eine Quinte (c) nach unten auflösungsbedürftig ist und sich auflöst in einen – Tritonus! Und auch das Umgekehrte geschieht: Am Schluß unseres Beispiels erklingt eine effektive Quartdissonanz, die uns aber äußerst mild erscheint, aufgefaßt als Sextvorhalt in der Tonika (und die Sexte ist nicht dissonant).

Treiben wir die Verwirrung noch einen Schritt weiter. Zwei Stellen unseres Exempels könnten durch andere Folgetöne einen anderen Sinn erhalten:

Zu (b): Jetzt ist die Quinte *E H* kein Vorhalt mehr, sondern Rahmen der Dp, was man spätestens bei Eintritt der folgenden Tp erkennt. Zu (e): Die Quarte *E A* ist dissonanter Vorhalt 4 vor 3, was man bei Eintritt des Auflösungstones *Gis* begreift.

Klangwert und Spannungsgrad der Intervalle und Klänge war in vorbachscher Musik eindeutig. Musik konnte im Augenblick des Hörens begriffen werden. Mit der Musik Bachs muß sich ein neues Hören entwickeln. Wenn wir im Hören eines Intervalls, einer harmonischen Wendung, erst nachträglich begreifen, was das Vorangegangene bedeutete, was es spannungsmäßig wert war, hören wir nicht mehr nur Ton für Ton am Notentext entlang. Gleichzeitig muß ein verstehendes Hören anders operieren, es muß Gehörtes im Gedächtnis bewahren für einen Augenblick, bis ihm nachträglich Sinn zugesprochen wird. Vom Hörer wird eine Aktivität verlangt (wir leisten sie inzwischen aus Gewohnheit, ohne uns ihrer bewußt zu sein), die in ähnlicher Weise die Musik der Klassik fordert. Erst durch die romantische Musik wird der Hörer aufgefordert sich hinzugeben, von eigener Aktivität abzulassen, eigene Intensität vom Verstehen ins Erleben zu verlagern.

Noch einmal zurück zum Vorhalt: Man erinnert sich aus der Harmonielehre, daß bei 4-3- und 6-5-Vorhalten der Auflösungston nicht bereits in einer anderen Stimme erklingen sollte, wohl jedoch bei Vorhalten vor einem Funktionsgrundton, da im Dreiklang der Grundton zu verdoppeln ist. Ein Vorhalt vor der Oktave (9–8 oder 7–8) ist in der Musik Bachs deshalb nur dort erlaubt, wo es sich um einen Funktionsgrundton handelt. Möglich ist also:

Stilwidrig dagegen ein Vorhalt vor verdoppelter Terz:

Dazu Beispiele Bachs:

Die meisten Vorhalte Bachs aber lösen sich auf in die »wohlklin-
genden« konsonanten Intervalle Terz oder Sexte (also nicht in die
»leeren« Konsonanzen Quinte und Oktave), also in $\frac{3}{1}$ oder $\frac{1}{3}$ sowie,
schon seltener, in $\frac{5}{3}$. Die häufigsten Vorhalt-Intervallkonstellatio-
nen sind also

$$\frac{4}{1}\frac{3}{-}\frac{3}{,}\frac{3-}{2}\frac{2}{1}\frac{3}{,}\frac{9}{1}\frac{8}{-}\frac{7}{,}\frac{8}{3}\frac{5-}{,}\frac{5-}{3}\frac{}{4}\frac{}{3}.$$

Hier ein typisches Beispiel Bachs:

Vorbereiteten Vorhalten dieser Art sollten wir doch noch eine
Übung widmen. Man setze folgenden Anfang fort:

Aufgabe 3: Akkordfremde Töne in beiden Stimmen (Analyse).
Uns in diesem Punkt auf Analyse zu beschränken, schlage ich
deshalb vor, weil es kaum möglich ist, die Grenze eindeutig zu
definieren, die von Bach nicht überschritten wird. »Chaotische«
Stellen werden durch den Zusammenhang verständlich, würden
aber, zur satztechnischen Basis eines ganzen Werkes erklärt,
einen Stil zwischen Max Reger und der Neuen Musik provozieren. Wir
können hier aber nur einzelne Stellen besprechen und nicht ihre
formale Position.

Menuett   Inventio 5

»Allein Gott in der Höh«

Die an- und abspringende Dissonanz E im Menuett ist aufzufassen als harmlose Wechselnote F E F: Die linke Hand springt zwischen zwei Stimmen hin und her. In der Invention Es-dur taucht in der linken Hand eine koloraturartige Verzierung einer schlichten abwärtsführenden Tonleiter auf. (Im Stylus luxurians des Schütz-Kapitels – siehe dort Seite 208 – haben wir ähnliche Linienornamente bereits kennengelernt.) Kein Hörer nimmt wahr, daß in der Subdominantharmonie aus Dissonanz in Dissonanz gesprungen wurde. Im Choralvorspiel springt die linke Hand wieder zwischen zwei Stimmen hin und her. Fis und A sind, je in ihrer Stimme, einfache Wechselnoten.

Nun zwei Stellen aus dem Präludium e-moll des ›Wohltemperierten Klaviers‹ Band I. An der ersten Stelle zwei Durchgangstonleitern in der Subdominantharmonie, an der zweiten Stelle ein Kreisen der Stimmen um die Töne E und G im »verminderten Septakkord zur Dominante« (Ais Cis E G). Die Kreuze geben dissonante Intervalle an. Ihre Vielzahl ergibt sich daraus, daß die akkordeigenen Töne nicht zusammentreffen, um konsonante Ruhepunkte zu schaffen; die eingekreisten Noten sind die akkordfremden Töne:

Wohltemperiertes Klavier I

Im folgenden Fugenausschnitt sind die eingekreisten akkordfremden Töne zweier durchgehender Stimmen wiederum nicht gleichzeitig eingesetzt, so daß Dissonanz auf Dissonanz folgen kann und Konsonanzen auf die leichtesten Zeiten des Taktes verbannt sind. Schwerer wiegende Bedenken möchte man anmelden beim Ausschnitt aus dem Duett der ›Klavierübung III‹ (ab Takt 12). h-moll ist die tonale Situation bei Beginn unseres Ausschnitts. Mit dem letzten Ton des Takts ist die neue Zielrichtung klar: Gis D H sind D⁷₃ zur Tonalität A. Dabei hatte die vorangegangene Wechselnote Cis erkennen lassen, daß nur A-dur in Frage kommt. Nun aber der schockierende Sprung auf C! Es singe wer kann diese Folge D Cis D Gis C! Nach Bach klingt das nicht. Neuer Takt: Der Vorhalt H löst sich erst nach Unterbrechung auf. H und Gis, die Dissonanzen aus beiden Richtungen, kreisen das Ziel ein. Rüpelhaft die vierte Diskantnote im Takt, die den noch liegenden Baßton zur unerwünschten Person erklärt:

Wohltemperiertes Klavier I

D^7 T   D

Duetto I

C ist übrigens eindeutig Terz in a-moll. Eben erst hatten wir Nonenvorhalte vor anderen Tönen als Dreiklangsfundamenten für unbachisch erklärt. Hier haben wir den Gegenbeweis. (Denn natürlich muß der Baßton »weitergedacht« werden, denn das *D* im Diskant will ja als Vorhalt gehört werden in Entsprechung zum Taktbeginn.) *Dis*, der letzte Ton des Takts, bleibt unaufgelöst. Genau einen Takt vorher kann man sich das abspringende *Gis* des Basses wenigstens als im Sopran hilfsweise aufgelöst vorstellen . . .

Aufgabe 4: Zwischendominanten / Modulation. Nach Bewältigung der entsprechenden Aufgabe in der Einstimmigkeit ist die zweistimmige Darstellung ein Kinderspiel. Man setze den gegebenen Anfang fort. Alle Übergänge so sanft, so »glaubwürdig« wie möglich durch chromatische oder diatonisch sekundweise Einführung der Signaltöne. Man wandle eine Zeitlang umher ohne längere Aufenthalte und mache die jeweilige tonale Situation mit möglichst wenigen Tönen klar. Genaue funktionelle Deutung derartiger Vorgänge ist in der Harmonielehre geübt worden. Hier genügt es – und es ist eine gute Arbeitshilfe –, die jeweils angesteuerte Dur- oder Mollstufe einzutragen, wie es in den vorgegebenen Takten expliziert wurde. Daß wir hier keine Vorübungen leisten, sondern mitten in der Bachschen Praxis stehen, belege zuvor der Schluß eines Menuetts aus dem ›Notenbüchlein für Anna Magdalena Bach‹:

Menuett

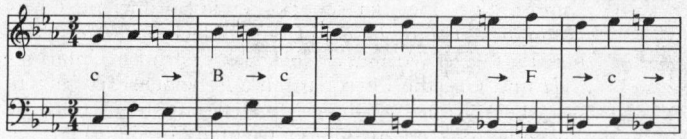

c   →   B → c   → F   → c →

Zwei weitere Bach-Beispiele (im ersten machen die betonten Wechselnoten im Baß die Situation komplizierter) und zwei weitere Übungsaufgaben:

»Christ lag in Todesbanden«

Flötensonate

Drei Bachsche Satztypen

1. Cantus-firmus-Satz. Die wichtigsten Bachschen Satztypen nehmen wir uns zum Vorbild für abschließende Übungen. Zweistimmigkeit ist bei Bachs Choralbearbeitungen für Orgel selten. Da Cantus-firmus-Bearbeitung aber in Bachs Schaffen eine wesentliche Rolle spielt, wollen wir diese wichtige Aufgabe nicht auslassen. Hier zunächst einige Takte aus einem Bach-Satz (S₇ für den Anfang ergibt sich aus der diesem Abschnitt vorausgehenden Situation; *Gis* führt im zweiten Takt die Sp a-moll ein, die sich – schwer zu sagen, wann – in die D⁷ verwandelt):

»Allein Gott in der Höh«

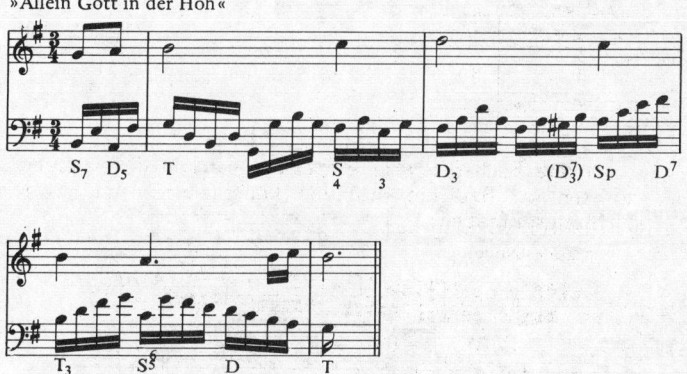

Daß der folgende Bachsche Generalbaßsatz nicht zweistimmig gedacht ist, ergibt sich aus zwei unbachischen betonten leeren Quintklängen (beidemale die S). Aus der von Bach beigegebenen Bezifferung ergibt sich unsere Funktionsbezeichnung. Darunter stehen als Lösungsversuch für die hier gestellte Aufgabe vier weitere Baßstimmen. Betonte leere Quinten (man sehe ✕) wurden weitgehend vermieden. Ich habe mich jeweils um einen anderen harmonischen Gang bemüht. Dabei übertreibe man nicht, wenn man ebenfalls zu einer Melodie mehrere Sätze schreiben möchte: Meist ist doch eine Harmoniefolge die beste! Viele Bewegungsarten aber sind möglich. Bei a und b ergab sich die Bewegung aus der geplanten Harmonik, bei c und d habe ich mir ein bestimmtes Motiv vorgenommen, wie es ähnlich bei Bach in Choralbearbeitungen sehr häufig geschieht. Man mag es »Stileigenheit« oder »begrenzte Phantasie« des Verfassers nennen: ♪♫ spielt in a, b und c eine große Rolle. Vielleicht findet der Leser andere Figuren. Vorzügliche Vorübung für Mutige: Choral am Klavier spielen und Gegenstimme singend improvisieren!

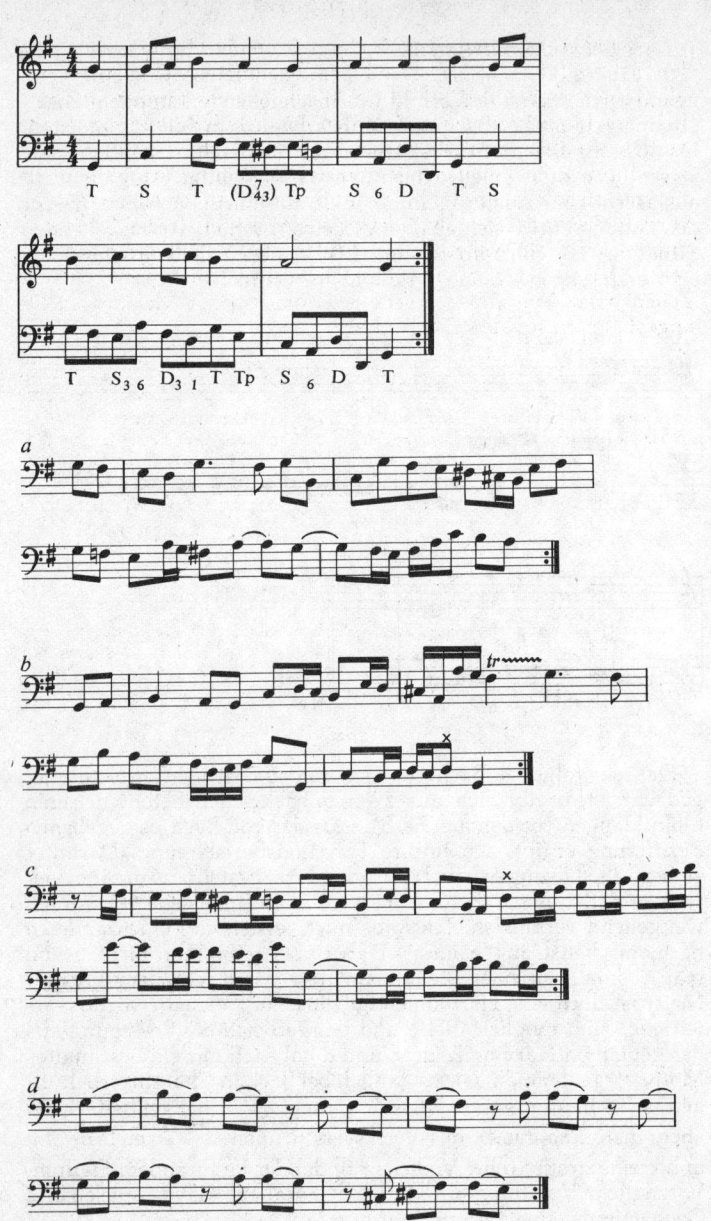

254

Geeignete Choralmelodien findet man in der Harmonielehre auf den Seiten 118–122. Hier sind drei geeignete Melodien notiert. »Geeignet« meint, daß sie in der Bach-Zeit entstanden sind und nicht aus kirchentonaler Welt in den Dur-Moll-Raum umgedeutet werden müssen. Man beachte wohl den Choraltext und versuche, bei Erfindung der Harmonik und der Bewegungsart der Gegenstimme (fröhlich hüpfend, viele Sprünge – schleichend, viele Vorhaltsdissonanzen usw.) dem Ausdrucksgehalt des Textes zu entsprechen. Die Melodien wurden in den Notenwerten verdoppelt. Man beachte auch die Atemzeichen: Sie markieren die Zeilenenden. Aus ihnen ersehe man die von der Melodie jeweils angesteuerten tonalen Zielpunkte:

Sie-ges- für-ste Eh-ren-kö- nig, höchst ver-klär-te Ma-je-stät,
al-le Himmel sind zu we-nig, du bist drü-ber hoch er-höht;

soll ich nicht zu Fuß dir fal-len und mein Herz vor Freu-de wal-len,

wenn mein Glaubens-aug be-tracht' dei-ne Glo-rie, dei-ne Macht?

Je-su, mei-nes Le-bens Le-ben, Je-su, mei-nes To-des Tod,
der du dich für mich ge-ge-ben in die tief-ste See-len-not;

in das äu-ßer-ste Ver-der-ben, nur daß ich nicht möchte ster-ben,

tau-send-, tau-send-mal sei dir, liebster Je-su, Dank da-für!

Je-su, mei-ne Freu-de, mei-nes Herzens Wei-de,
ach wie lang, ach lan-ge ist dem Her-zen ban-ge

Je-su, mei-ne Zier, _____ Got-tes Lamm, mein Bräu-ti-gam,
und ver-langt nach dir! _____

außer dir soll mir auf Er-den nichts sonst Liebers wer-den.

255

2. *Führende und begleitende Stimme.* Vielfältig sind die Möglichkeiten dieses Satztyps. Die Aktivität des Basses entspricht dem jeweiligen harmonischen Aktionstempo. Im ersten Beispiel ist dieses am langsamsten: halbtaktig. Im zweiten Ausschnitt bringt jede Achtel eine neue harmonische Situation. Dementsprechend wird die Melodiestimme musiziert: Im ersten Ausschnitt fließend über die Sechzehntel hinweg (im ersten Takt gibt es sogar nur einen einzigen Schwerpunkt, denn die zweite Hälfte erweist sich als Durchgang beider Stimmen in der Tonikaharmonie, wie sich aus dem liegenden *G* der Melodiestimme ergibt), während im zweiten Beispiel jeder Achtelschritt Bedeutung hat.

»Allein Gott in der Höh« (Orgelmesse)

Allegro (Flötensonate)

Hier hat Bach seine ruhige Sarabandenmelodie ausgeziert, deren ruhigen Achtelfluß der Hörer durch die verzierte Fassung hindurchhört: Die Sarabande wurde ja zuvor gespielt.

»Les agréments de la Sarabande« (Englische Suite II)

Hier einige Angebote zur Fortsetzung. Man kann natürlich auch eigene Sätze entwickeln. Formale Idee zu *Aufgabe 1*: Der Baß füllt bei Melodiezäsuren aus; vermutlich ebenso in Takt 4, dann folgt vielleicht eine längere melodische Entwicklung der Oberstimme, und der Baß wird erst wieder in Takt 8 aktiv ... *Aufgabe 2*: Mich lüstet's, in Takt 5 ein *Es* zu setzen und einige Ausweichungen folgen zu lassen. Man bemerke (D_5 in Takt 3, ebenso der vierte Akkord in Aufgabe 1), daß Quinten im Baß unbedenklich sind, wenn die Oberstimme den Dreiklangsgrundton meidet, die Quartdissonanz also nicht erklingt, die den Quartsextakkord zum Harmonielehreproblem macht. *Aufgabe 3*: Langsames Tempo. Ich stelle mir eine Violine vor. Mit dem dritten Takt beginnend könnte eine Sequenz durch einige Quinten fallen ...

Aufgabe 1

Aufgabe 2

T   D$_5^7$ T$_3$ S^6 D$_5$ $_3$ $_1$ T   D ^{7} T$_3$

Aufgabe 3

t   D$_7^{65}$ t$_3$ $_2$ $_1$ D$_3^7$ t^{43} D^{tv} D^{43} $_7$ —(D$_3^7$)

3. *Imitatorische Gleichberechtigung.* Es gibt von Bach sehr
wenige zweistimmige Fugen, aber zahlreiche zweistimmige Sätze
imitatorisch gleichberechtigter Stimmen wie die Inventionen, die
vier Duette, einige der kleinen Präludien, etliche Suitensätze
(Präludien, Giguen). Und in derselben Weise sind in vielen
dreistimmigen Choralbearbeitungen die beiden Stimmen behandelt, die zum Choral hinzutreten und meist ausgedehnte Vor-
und Zwischenspiele allein bestreiten. Diese imitatorische Zweistimmigkeit ist frei vom strengen Reglement der Fuge, und die oben
genannten Sätze sind so verschiedenartig ausgeführt, daß man
sich davor hüten sollte, eine der Kompositionen zum Modell zu
erheben und damit gleichsam Bachs Phantasie zu tadeln, durch die
beispielsweise jede der Inventionen eine andere Gestalt erhielt. Als
gemeinsame Kennzeichen lassen sich nur diese drei nennen: a)
Imitatorischer Beginn (Oktav- oder Quintbeantwortung); b) im
weiteren Verlauf weitgehende Bezugnahme auf das motivische
Material der ersten Takte; c) mindestens noch einmal im Stück,
oft auch mehrmals, tauchen die Anfangstakte auf derselben oder
einer anderen Stufe auf, original oder variiert, aber deutlich als
»Reprise« erkennbar.

Hier der Anfang des Schüblerschen Chorals »Auf meinen lieben
Gott«. Unser Ausschnitt endet beim Einsatz der ersten Choralzeile
im Pedal. Das Thema wird in der Oktave imitiert und sogleich von
beiden Stimmen in der Umkehrung gebracht. Dann wird ein
Quintfallsequenzmaterial aus dem Thema hergestellt dadurch,
daß das zweite Teilmotiv gegenüber dem ersten versetzt wurde.
(Die Viertongruppe *C D E C* könnte natürlich auch als Stufe *C*
eingesetzt werden, wird hier aber durch die Unterstimme zur Stufe
A erklärt.) Am Ende unseres Ausschnitts könnte der zweite Teil
einer Invention in der tP G-dur beginnen.

[Notenbeispiel mit Sequenz-Beschriftung: e a D G c fis H]

× Das *Fis* der Oberstimme wird hilfsweise vom folgenden *E* der Unterstimme aufgelöst.

Die Entscheidung über den Dissonanzgrad des Satzes fällt schon mit der Erfindung des Themas. In unserem Falle setzen die ersten Töne des Themas *Fis* als betonte Durchgangsdissonanz. Um sie zu umgehen, müßte man schon, was selten geschieht, gegen das Metrum harmonisieren (a), oder die zweite Stimme umgeht die Dissonanz sorgsam, indem sie selbst auch durchgeht (b):

Man spiele das an selbsterfundenen Themen durch. Beispiel: Zwei rein konsonante und ein außerordentlich dissonanzfreudiges Thema. (K = Konsonanz, D = Dissonanz, auf allen Achtelzeiten vermerkt.)

259

Natürlich kann man dann immer noch schärfen (indem die Gegenstimme Betonungsdissonanzen hinzufügt) oder mildern (indem die Gegenstimme ebenfalls durchgeht dort, wo das Thema betonte Durchgänge setzt ↓). Hier das sanfte Thema 2 in geschärfter, das dissonante Thema 3 in gemilderter Zweistimmigkeit:

Man vergesse bei der melodischen Erfindung nicht das Quartsextakkordproblem. Liegen Dreiklangsgrundton oder -terz in der Unterstimme, kann jeder Dreiklangston in der Oberstimme erscheinen, liegt aber die Quinte in der Unterstimme, ist der Dreiklangsgrundton in der Oberstimme dissonant, und auch wenn er fehlt, bleibt immer eine gewisse Quartsextakkordwirkung:

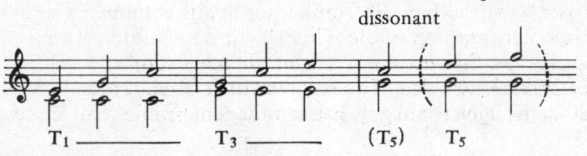

Im Vorteil gegenüber der T sind aufgrund ihrer charakteristischen Dissonanzen S und D, denn S_5^6 und D_3^7 sind stabile Klänge, sind im zweistimmigen Satz darstellbar und funktionell verständlich:

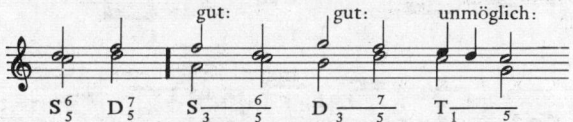

Auch vor einem großen Komponisten macht das Problem nicht halt. Das Thema der ersten Invention steht in der T, endet aber mit betonter Quinte. Das gäbe beim Baßeinsatz eine betonte T_5, die natürlich in der Rolle eines D^{43}-Vorhalts möglich wäre, aber diese Fortschreitung war nicht intendiert. Also muß die Tonikaquinte im Baß als Dominantharmonie komponiert werden. Konsequenz: Das in der Oberstimme in einer Harmonie ruhende Thema braucht, in die Unterstimme gesetzt, einen Funktionsschritt:

Hier – als abschreckendes Beispiel – ein Thema, mit dem man sich die Arbeit unnötig erschweren würde wegen seiner übertriebenen Quintenfreudigkeit:

Gehen wir also noch einmal daran, Themen zu erfinden, und vermeiden wir es vor allem, die Tonikaquinte auf betonte Zählzeiten zu setzen. Ich empfehle, die Themen in der tieferen Stimme beginnen zu lassen. So wird man darauf hingewiesen, von Anfang an die »Baßfähigkeit« des Themas zu bedenken. Hier meine Lösungsversuche, gleich ausgeführt mit Gegenstimme zum zweiten Einsatz:

$T \quad D_{4\,3} \quad 1 \quad T_3 \quad 1 \quad D_7$

$T_3 \quad D_5^4 \ ^3 \ _3 \quad T_1 \quad _3 \quad D_5^7 \quad _1 \quad T$

$T \quad S \quad T \quad D_5^7 \quad T_3 \, _1 \quad S \quad T \quad S \ D \quad T$

Man versuche, beide Anfänge mit vertauschten Stimmlagen zu spielen, den ersten Einsatz also in die Oberstimme zu legen: Beide Sätze bleiben satztechnisch in Ordnung. Sie sind – wie man das nennt – »im doppelten Kontrapunkt« komponiert. Eine als Konsonanz behandelte Quinte würde beim Stimmentausch zur dissonanten Quarte, das ist das ganze Problem:

nicht im doppelten Kontrapunkt komponiert

denn beim Stimmentausch ergäbe sich

Vertauschbare Stimmen erhält man dadurch, daß man leere Quinten möglichst vermeidet (was ja ohnehin unsere Absicht ist) oder sie so behandelt, als ob sie eine Dissonanz wären: im

Durchgang. Diese zwei Takte setzen Quinten nur im Durchgang ein. Also stehen auch sie »im doppelten Kontrapunkt«:

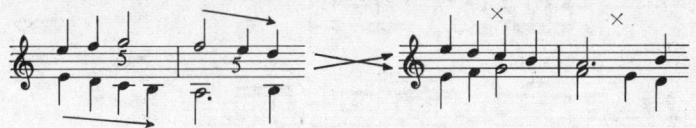

× Quarten als betonte Durchgänge legitimiert.

Meine beiden Anfänge ließen sich auf dieses Problem gar nicht ein, sie setzten auf alle schweren Zeiten Terzen und Sexten. (Beim Stimmentausch wird aus der Terz eine Sexte, aus der Sexte eine Terz.) Beide Stücke könnten deshalb so weitergeführt werden, daß nach einiger Zeit derselbe Tonsatz mit vertauschten Stimmen auftaucht, wie es in Bachs Inventionen häufig geschieht.

Beide Anfänge sind fast, aber nicht ganz in »*komplementärer Bewegung*« geschrieben: Die eine Stimme läuft immer dann, wenn die andere schreitet; eine für Bach typische Technik. In beiden Sätzen gibt es je nur einen gemeinsamen Ruhepunkt für beide Stimmen. (So unterbricht z. B. auch die zweistimmige Invention F-dur gelegentlich die komplementäre Bewegung, die man also nicht sklavisch einhalten muß.)

Sequenztechnik. Sequenzen spielen für die entwickelnden Abschnitte Bachscher Polyphonie eine entscheidende Rolle. Um die Fülle der Möglichkeiten kennenzulernen, die im Bach-Stil bereitsteht (ein unauffälliges Mittel stilistischer Vielfalt, denn welcher Hörer bemerkt schon die Unterschiede von Sequenz zu Sequenz?), sollten wir etwas genauer hinsehen, als in der Einstimmigkeit geschehen. *Vier Verknüpfungstechniken* stehen im Mittelpunkt: Quintschritt fallend, Quintschritt steigend, Sekundschritt fallend, Sekundschritt steigend. Verfahren: Man versetzt eine Figur im gewünschten Intervall und stellt dann, falls erforderlich, eine gute melodische Verbindung zwischen den Elementen her. Aus dem Schübler-Choral ergeben sich beispielsweise folgende Sekundschritt-Möglichkeiten (die Klammern geben das aus der Vorlage entnommene Material an, alles übrige wurde frei hinzuerfunden):

steigend:

Für fallenden Sekundschritt mag ein Beispiel genügen. Aus der Vorlage entnommen wurde:

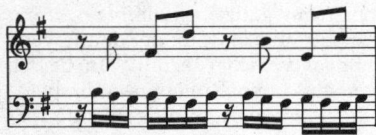

Daraus ergeben sich durch verbindende Zusatztöne beispielsweise folgende Sequenzmodelle:

Sequenzen können sich mit den Tönen einer Tonart begnügen, aber auch modulieren. Nehmen wir eine der eben aus der Bach-Vorlage entwickelten Sequenzen und führen wir sie zu verschiedenen tonalen Zielen:

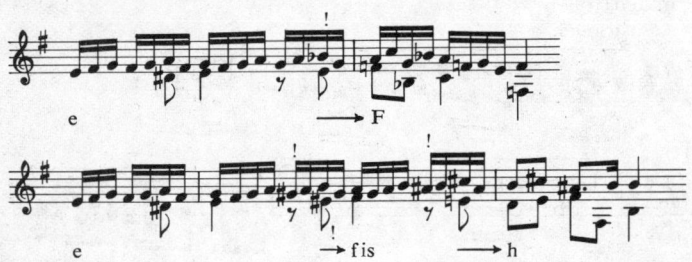

Die »Signaltöne«, die die jeweilige Zieltonart einleiten, sind in den Beispielen markiert. (Man hüte sich vor falschem Ehrgeiz: Eine oder zwei Stufen im Quintenzirkel zu modulieren genügt.)

Anders gehen wir vor, wenn wir geeignetes Material für Quintfallsequenzen suchen. Quintfall sind in der Kadenz die Folgen D T sowie T S. Suchen wir aus den auf Seite 262 vorgeschlagenen Inventionsanfängen melodische Gänge heraus, die diese Akkordfolgen auf engem Raum darstellen. In Anfang I findet sich:

und in Anfang II:

Hier drei dieser Modelle, in fallenden Quinten angeordnet. Natürlich kann dies noch keine endgültige Lösung sein:

Die Elemente bedürfen der Verbindung nicht nur melodisch, sondern auch bewegungsmäßig. Entweder erreicht man eine durchlaufende komplementäre Bewegung (siehe Beispiel 2 und 3), oder man verbindet, wie es bei Bach häufig geschieht, nur je zwei Sequenzelemente (siehe Beispiel 1):

Gewöhnlich springen Sequenzen, um in der Mittellage des Instruments zu bleiben, bei Quintfallsequenzen abwechselnd eine Quinte herunter und eine Quarte herauf. Dabei ergeben sich häufig in der »Laufstimme« unsangliche Sprünge (siehe in Beispiel 3: None und Dezime), die aber jedem Bach-Hörer vertraut sind.

Sequenzen steigender Quinten bereiten uns nun keine Probleme mehr: Wir suchen im vorhandenen Material nach steigenden Quintschritten (S→T oder T→D; T→D^7 scheidet aus, weil in diesem Falle die D^7 ja wieder zur Tonika zurück möchte!) und finden im Inventionsanfang von Seite 262:

Daraus bauen wir eine Sequenz mit Stimmentausch, ein bei Bach sehr beliebtes Verfahren. Die eingekreisten Töne stellen die melodische Verbindung zwischen den Elementen her. Quintanstieg ist übrigens schwerer glaubhaft zu machen als Quintfall, der stets von allein überzeugt. Hier haben wir durch eingebaute Leittöne versucht, die erreichten Stufen glaubwürdig zu machen:

Hier noch eine der weniger häufigen Terzfallsequenzen aus der ersten Invention:

Man setze bei eigenen Arbeiten nie zu oft dasselbe Sequenzmodell ein. In der c-moll-Fuge des ›Wohltemperierten Klaviers‹ Band I folgen aufeinander Sekundanstieg, Quintfall, Quintanstieg, Sekundanstieg, Quintfall . . .

Studieren wir die folgenden Anfänge Bachscher Oktavimitationssätze aus den Französischen und Englischen Suiten. Nur an den zwei mit × markierten Stellen stehen betonte Quinten. Alles übrige ist also im doppelten Kontrapunkt komponiert, so daß die hier wiedergegebenen Anfänge im Laufe der Stücke, eventuell auf anderen Stufen, mit vertauschten Stimmen auftauchen können:

Gique

Bourrée

Wer sich an eine ganze Invention machen möchte, stelle sich diese *Aufgabe*: Imitatorischer Beginn, wenn möglich im doppelten Kontrapunkt. Mehrere Einsätze des Themas. Entwicklung durch Sequenzen verschiedener Bauart, deren Material aber aus den ersten Takten der Invention stammen sollte. Modulation zur Dominante, Kadenz, Doppelstrich. Neubeginn in der Dominante, ähnlich dem Anfang. (Dabei vielleicht die Stimmen vertauschen.) Wieder Entfaltung unter Einbeziehung von Sequenzen. Eine kürzere Form würde jetzt wieder die Tonika ansteuern, sonst kann als Zwischenkadenz erst noch die Tp oder Sp angesteuert werden.

Dies ist nun keineswegs ein geeignetes Modell für Sätze, die wir selbst schreiben wollen. (Das finden wir in den Inventionen, die aber zu bekannt sind, um sie hier abzudrucken.) In der Gavotte ist das *zentrale Motiv* allgegenwärtig. Es ist allerdings mit seinen Sprüngen auch auffälliger als manches mehr auf Sekundgang aufbauende Inventionsthema, aus dem sich dann Entwicklungsabschnitte ergeben können, die zwar aus dem Thema entwickelt sind, ihre Herkunft aber weniger deutlich zur Schau tragen. In den sieben letzten Takten tritt das Thema mehrfach variiert in der Umkehrung auf.

Mit dem Signalton *A* moduliert der zweite Viertakter zur Dominante B-dur. Einen Takt nach dem Doppelstrich (Signalton wieder *As* statt *A*) sind wir wieder in Es-dur und im nächsten Takt – Signal *H* – bereits in c-moll, der Tonart der späteren Zwischenkadenz. Hier zeigt sich: Nicht das Modulieren ist das Problem, im Gegenteil; es moduliert sich so schnell, daß die Aufgabe heißt, 22 Takte interessant zu halten, obwohl der harmonische Gang nur heißt T – D – Tp – T. Takt 12: Halbschluß auf der Dominante von c-moll. Dann wendet sich c-moll kurz zu seiner Subdominante f-moll hin (*E–Des* als Signal des verminderten Septakkords) und könnte seine Zwischenkadenz in Takt 16 haben. Aber es kommt nicht mehr zum Stillstand, nach geordneten 8 + 8 Takten geraten die Taktgruppen durcheinander: Den Schlußtakt 16 empfindet man (Phrasenverschränkung) zugleich als »Takt eins« eines unsymmetrischen Schlußabschnitts von sieben Takten. Hier liegt die größte Bewegungssteigerung: Beide Stimmen gehen zwei Takte lang in Achteln, während sonst in ununterbrochener komplementärer Bewegung immer nur eine Stimme Achtel hat. Die Ausweichung zur Subdominante As-dur drei Takte vor Schluß empfindet man fast als etwas leichtsinnig; kaum läßt sich die abschließende Tonika noch befestigen.

Der Satz ist außerordentlich dissonant. Besser formuliert: Die Dissonanzen in diesem Satz fallen sehr auf, sie sind nicht in Durchgänge versteckt: Im Hauptmotiv selbst stechen immer wieder angesprungene Nebennoten hervor. T S hört man bei den ersten vier Tönen. Auch der Baßeinsatz will sich zur S wenden, muß aber das liegende *G* der Oberstimme als Vorhalt nach oben zur Auflösung hinaufschieben. Dann ruht der Baß im *G*, das man als T_3 auffaßt, während das zweite Motiv der Oberstimme die Harmoniefolge D T durchsetzen möchte, was nicht gelingt. Also hängt das *F* der Oberstimme dissonant in der Luft. Bachs Streben nach halbtaktig fortschreitender Harmonik ist im ganzen Stück deutlich. Um so merkwürdiger, daß ein Motiv gewählt wurde, das harmonisch in Vierteln schreiten will und nun also – vom einstimmigen Auftakt abgesehen – ständig aneckt! Ein Beispiel dafür, daß man sich sehr irren kann, wenn man Bachs Kompositionen als Belege für eingehaltene Tonsatzregeln vorzeigen möchte...

8. HAYDN UND BEETHOVEN: MOTIVISCHE ARBEIT (1780/1825)

30 Jahre lang komponierte Joseph Haydn (1732–1809) als Angestellter des Fürsten Eszterházy Tanz- und Unterhaltungsmusik, nächtliche Freiluftmusik, Divertimenti, Huldigungskantaten, Kammermusik, Messen und Sinfonien: Alles, was gebraucht wurde (»Mein Fürst war mit allen meinen Arbeiten zufrieden«). 1790 aber gelang es dem Manager Salomon, Haydn für gutes Geld als Komponist und Dirigent für seine Londoner Abonnementskonzerte zu verpflichten; ein durchschlagender Erfolg für Veranstalter und Komponist. Haydn, bis dahin nie über Österreich hinausgekommen und bislang nur »bekannt«, wurde berühmt durch den Erfolg beim bürgerlichen Weltstadtpublikum und bei der Presse: Der Sprung in eine neue Zeit bedurfte nicht des Generationswechsels, sondern wurde vom 60jährigen Haydn bewältigt.

Und noch ein anderer Sprung glückte ihm, dem wohl unauffälligsten Revolutionär der Musikgeschichte. Seit etwa 1740 war der strenge altmodische kontrapunktische Stil abgelöst worden durch eine gefälligere, leichtere homophone Musiksprache. Was der Leipziger Thomaskantor Bach noch bis 1750 schrieb, spielte für die Musikentwicklung vorerst keine Rolle mehr. Nur als »Kirchenstil« wurde Kontrapunkt weiter komponiert und als »strenger Satz« (z.B. im Lehrbuch von Cherubini 1835) gelehrt. Haydn gelang es, in der von ihm erfundenen *motivisch-thematischen Arbeit* (etwa 1770–1780) *eine neue Polyphonie* zu entwickeln, die nicht wie der schwerfällige Kirchenstil an alte Musik erinnerte (was bei diesem ja durchaus beabsichtigt war), sondern aus der neuen Sprache der Sinfonie und des Streichquartetts herauswuchs. Gerade bei Haydn aber, dessen »immense Popularität bei den Zeitgenossen nicht zuletzt auf seine Aufgeschlossenheit gegenüber dem Bedürfnis breiter Liebhaberkreise zurückzuführen ist« und dessen Musik »dem Laien ebenso unmittelbar zugänglich ist wie dem Kenner höchsten Ranges« (Larsen/Landon in MGG), gerade bei Haydn muß der Ausdruck thematische »Arbeit« überraschen, der heute allgemein gebräuchlich ist und den man bis auf H.Chr.Kochs ›Musikalisches Lexicon‹ von 1802 zurückverfolgen kann; gerade bei Haydn ist doch das Gearbeitete versteckt in die Mühelosigkeit des Spiels. Schauen wir uns das an im Finale, Allegro con spirito, der in London 1795 uraufgeführten Sinfonie Es-dur Nr.103. Vier Taktmotive stecken im achttaktigen Thema, das eher nach Divertimento als nach Arbeit klingt:

Unmittelbar an das Thema schließt sich dieses Spiel mit seinen Elementen an; kein Hörer gewinnt hier den Eindruck, es wären zuvor zu harter »Arbeit« die Ärmel aufgekrempelt worden. (4) übernimmt nur den Rhythmus des vierten Taktmotivs; eine aus dem zweiten Motiv entwickelte und zu eigenem motivischen Rang erhobene Taktgestalt bezeichnen wir mit 2a:

Im weiteren Verlauf werden abgespaltene Taktmotive zu selbständig durchgeführten Elementen. Motiv 2a erscheint auch in Umkehrung:

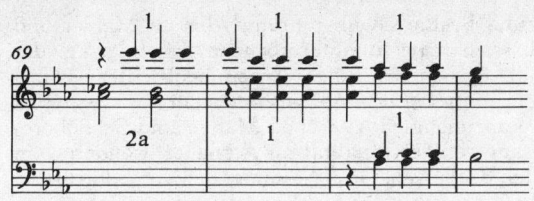

Und hier zwei Kulminationspunkte des Motivspiels. Die Motive 2 und 3 werden auch auf den Kopf gestellt und Varianten von 2 und 3 eingesetzt. Was in beiden Ausschnitten die Unterstimmen an »Stimmführung« bieten, ist natürlich vom Standpunkt eines sogenannten strengen Satzes aus gesehen eine Unverschämtheit:

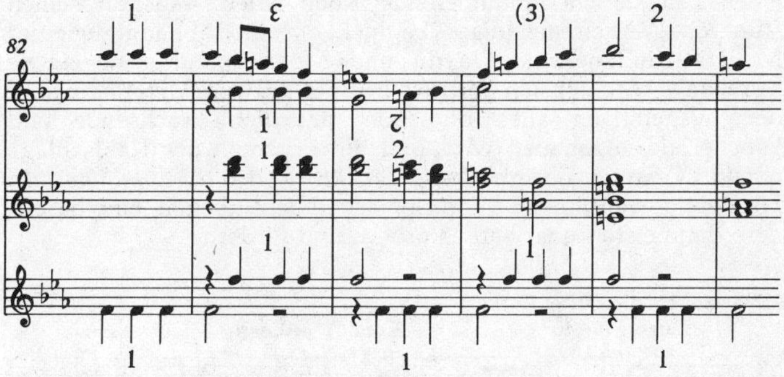

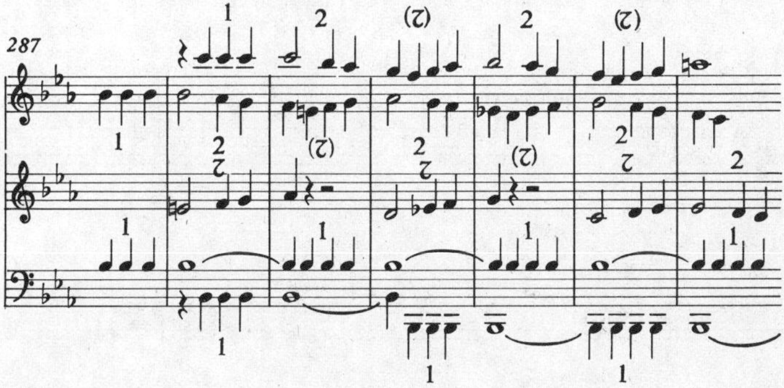

Als ergiebig für eigene Studien an anderen Werken Haydns empfehle ich folgende Sätze: Sinfonie G-dur Nr. 100, Finale. Sinfonie B-dur Nr. 102, erster Satz. Streichquartett op. 76/2, erster Satz. Streichquartett op. 76/3, erster Satz.

Von Mozart und Beethoven über Brahms bis zu Mahler und Schönberg läßt sich eine ununterbrochene Fortführung der Haydnschen motivisch-thematischen Arbeit beobachten. Dabei vollzieht sich *der größte Entwicklungssprung* nicht etwa, wie man gern bereit wäre anzunehmen, zwischen Mahler und Schönberg, also beim Übergang von der Tonalität zur Atonalität, sondern vom frühen zum späten Beethoven. Groß ist immer der Komponist (und Kunstschaffende allgemein), der nicht nur aus seiner Begabung, sondern auch aus seiner mangelnden Begabung das Beste zu machen weiß. Bach, an Vitalität einem Vivaldi, an Leichtfüßigkeit des Satzes einem Telemann, an Aktualität einem Pergolesi unterlegen, gewinnt aus seiner Starrköpfigkeit die Kunst der Fuge. Und Beethovens Größe erwächst in seinem Fertigwerden mit einer Begabungssituation, in der die melodische Erfindung nicht die in jener Zeit übliche dominierende Rolle spielt. Was an seinen früheren Werken melodisch beglückt, verrät Abhängigkeit der Melodieerfindung von Haydn und Mozart, und seine eigene Sprache entwickelt sich dort, wo in einer Art von *Materialanalyse* dem Vegetativen alles Blühende, natürlich Wachsende und Wuchernde abgehauen wird und als Ergebnis des Kahlschlags nackte Gerippe übrigbleiben, *Strukturelemente, Baumaterale.* Hier einige von ihnen, die, melodische Nichtigkeiten, eine besondere Baumeisterkunst herausfordern und fördern:

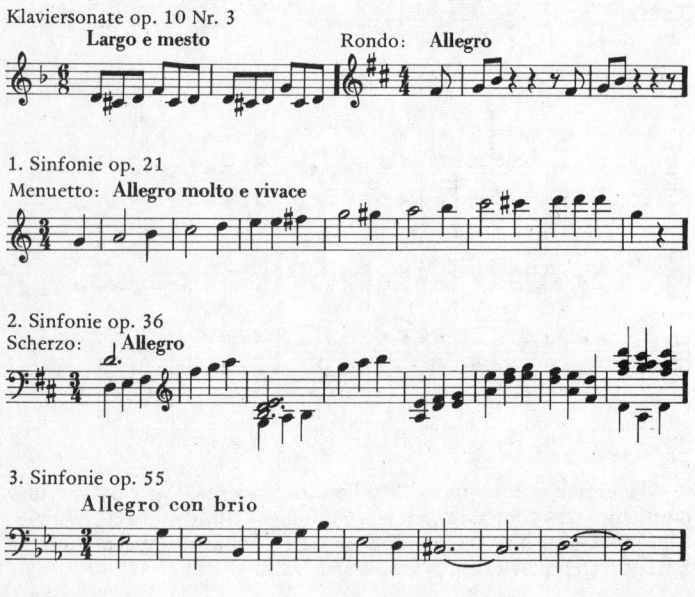

Klaviersonate op. 10 Nr. 3
Largo e mesto   Rondo: Allegro

1. Sinfonie op. 21
Menuetto: Allegro molto e vivace

2. Sinfonie op. 36
Scherzo: Allegro

3. Sinfonie op. 55
Allegro con brio

9. Sinfonie op. 125

Molto vivace

Die polyphone Satzstruktur, die nun aus solchen Materialien keineswegs »erwächst«, sondern gebaut wird, unterscheidet sich in einem wesentlichen Punkt von *Haydns durchführendem Motivspiel*. Bei Haydn ereignete sich die motivische Durchführung wie etwas Zusätzliches, auf das man sein fachmännisches Augenmerk richten konnte, aber nicht mußte. Dem Hörer, der es sich leichter machen wollte, wurde immer noch eine hörenswerte »Hauptstimme« geboten, die sich mitsingen ließ. Alle Motive blieben Melodieteile. Melodie hüpft von Stimme zu Stimme, erscheint, versteckt sich, überrascht an unerwarteter Stelle ... Beim *späten Beethoven* dagegen ereignet sich nichts anderes als der *Bau aus Motivelementen*. Jeder Hörer wird gezwungen, dieses Bauen zu hören, die Musik hat nicht noch zusätzlich einen angenehmen, wohlgefälligen Vordergrund wie bei Haydn. Der Hörer schaut einem Monteur bei der Arbeit zu. Oder einem Seziermesser. Die beiden folgenden Stellen aus dem Scherzo-Presto des Streichquartetts cis-moll op. 131 sezieren jedenfalls. Aus einem Dreiklangsthema wird die Terz herausgeschnitten, diese in verschiedenen Notenwerten gleichzeitig eingesetzt (in Halben in der Umkehrung, also als Sext) und sogar aus ihr noch der Einzelton herausgeschnitten:

276

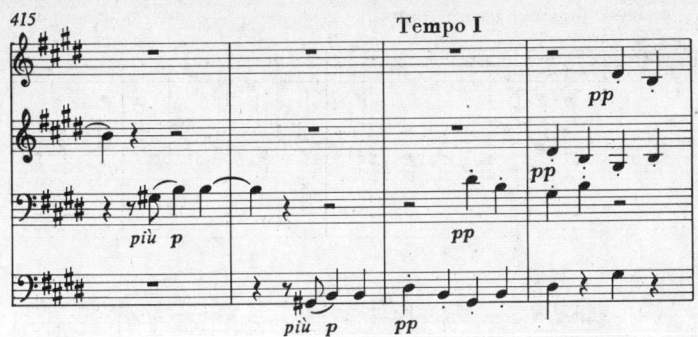

Das Allegro ma non tanto, zweiter Satz des Streichquartetts a-moll op. 132, zeigt mit seinem A B A, was man »*Scherzoform*« nennt. Der Satz gehört, obwohl hier nicht so bezeichnet, deutlich zu den Beethovenschen Scherzi, und es mag den Leser verwundern, daß in diesem Kapitel nicht zunächst von Beethovens Fugen oder doch wenigstens von der polyphonen motivischen Arbeit seiner Sonatensatz-Durchführungen die Rede ist. Der größte Entwicklungssprung aber, von dem wir sprachen, wird gerade von den Scherzi Beethovens bewältigt. Schwer zu sagen, ob sich hier der neue Ton Beethovens am unüberhörbarsten verwirklicht oder ob hier der typische Beethoven-Stil bereits verlassen, ob hier bereits in rigorosem Vorgriff mit noch klassischem Tonmaterial eine Tonsatzpraxis des 20. Jahrhunderts erprobt wird. Immerhin ist es doch erstaunlich, daß in den ersten 17 Takten des Scherzo aus op. 132 nicht ein einziger Ton außerhalb der drei Taktmotive steht:

Viermal hört man Motiv 1 im unisono, sodann sechsmal die Zweitaktgruppe $\frac{2}{1}\frac{3}{1}$, nur einmal unterbrochen durch zwei Eintakter $\frac{3}{1}\frac{3}{1}$. In den sechs Zweitaktern hören wir – wenn wir den längsten Ton verfolgen – einen planmäßigen Anstieg: *Cis, D, E, Gis, A.* Struktur, die offenliegt; Mauerwerk ohne Verputz. Zum Mitsingen fordert überhaupt nichts heraus, denn es gibt keine (und das ist ja stets Voraussetzung der entstehenden Lust mitzusingen) übergeordnete und melodisch lohnende Hauptstimme.

Auf alle Möglichkeiten hin wird das Material erforscht. Im nächsten Beispiel steht im doppelten Terzensatz Motiv 2 über 1 sowie Motiv 3 über 2 und Motiv 2 über 3. Hinzu kommt noch im übernächsten Beispiel die Koppelung von Motiv 2, seiner Umkehrung und Motiv 3. Vier weitere Plazierungen fallen dem dritten Beispiel ein:

$\frac{\text{Ƨ}}{2}$, $\frac{\text{ƹ}}{3}\frac{\text{Ƨ}}{2}$ und $\frac{3}{\text{ƹ}}$

(Ƨ heißt Hälfte von Motiv 2 in der Umkehrung).

278

Der folgende größere Ausschnitt zwingt uns vollends in die Sprache der Zwölftonanalyse hinein, denn [Notenbeispiel] kann man nicht anders denn als Krebs der Umkehrung von Motiv 1 bezeichnen:

Motiv 1: [Notenbeispiel]

Motiv 1 im Krebs (= mit dem letzten Ton beginnend): [Notenbeispiel]

Motiv 1 in der Umkehrung des Krebses (nun wird auch noch die Richtung der Intervalle umgekehrt): [Notenbeispiel]

Ich glaube nicht, daß wir überinterpretieren. Erstens ist hier ja fast jede Note motivisch legitimiert. Und zweitens sehe man nur einmal, wie in der Cellostimme die Krebsumkehrung ins Gespräch gebracht wird; die Cellostimme erklärt regelrecht die Ableitung der neuen Motivgestalt:

280

Noch eine Materialerprobung aus dem *Rondo*-Finale desselben Quartetts op. 132. Hier zunächst das Thema, dessen beide Teile wiederholt werden:

Unmittelbar daran angeschlossen werden die letzten beiden Takte dreimal erinnert:

scheinen dann aber vergessen, bis die erste Geige und das Cello sie unversehens in den Blickpunkt des Geschehens rücken. Eine aus dem Zweitakter herausgeschnittene Dreitonfigur wird wichtig:

Nach weiteren hundert Takten bringt die erste Geige diese Dreitonfigur in Vierteln und führt dabei auch die Umkehrung dieses Strukturelements mit ein:

Auf diese Idee der ersten Geige folgt ein Abschnitt äußerster Verdichtung. Wieder sehe ich mich gezwungen, das analytische Instrumentarium des 20. Jahrhunderts zu Hilfe zu rufen. Es tauchen nämlich alle vier Motivgestalten auf:

Ursprüngliches   Seine   Krebsgestalt   Umkehrung
Motiv   Umkehrung   des Motivs   des Krebses

Nicht nur die Verwendung aller vier Gestalten eines melodischen Materials weist an solchen Stellen des späten Beethoven auf Techniken des 20. Jahrhunderts voraus. Hinzu kommt noch dies: Polyphonie hieß bis zu Bach »Stimme plus Stimme«. Von Stimmen aber kann hier keine Rede mehr sein. Man singe nur einmal diese

Streicherparts durch, die Bratschenstimme beispielsweise. Das Ganze ist alles, sie selbst ist nichts, sie »hat keinen Sinn«. Das Ganze ist hier also nicht mehr ein Zusammenfinden von Stimmen als in sich sinnvollen Einzelwesen, sondern *eine Struktur aus kleinsten Elementen*, wobei die Montagestellen hörbar bleiben und deutlich machen, daß sinnträchtig nur die Struktur als Ganzes ist. Zum mitsingenden Hören, zum Erlebnis der Einzelstimme wird hier nicht mehr aufgefordert. Es ist nicht mehr weit bis zu einer Tonsatzpraxis von 1950, wo Töne verschiedener Instrumente miteinander mehr zu tun haben als Tonfolgen innerhalb eines Instruments.

HAYDNS UND BEETHOVENS FUGEN

Bedenkt man dies, dann wird deutlich, daß *klassische Fugen* (und aus diesem Grunde ist erst jetzt von ihnen die Rede) mehr der Vergangenheit als der Zukunft zugewandt sein müssen, denn ihre auch in der Klassik nicht aufgegebene Idee ist nun einmal das *Zusammentreten selbständiger Stimmen*. Lassen wir den ohnehin der Barockmusik stärker verbundenen geistlichen Bereich außer acht, und schauen wir zunächst Haydns Eroberung der Fuge in seinen Streichquartetten op. 20 an.

Fugen sind die Finalsätze von op. 20 Nr. 2, 5 und 6. Aufschlußreich in allen drei Sätzen ist die Scheu des Klassikers vor der Anfangseinstimmigkeit: Ein Kontrapunkt wird schon zur Vorstellung des ersten Themas zu Hilfe gerufen, um der Peinlichkeit ein Ende zu machen. Der übliche Fugenaufbau hat den Sinn, daß sich von Einsatz zu Einsatz die Zahl der musizierenden Stimmen vergrößert. Hier das Einsatzmodell einer Bach-Fuge mit zwei beibehaltenen Kontrapunkten.

Stimmenzahl: 1	2	3	4
Thema	Kontrapunkt 1	Kontrapunkt 2	freie Stimme
	Thema	Kontrapunkt 1	Kontrapunkt 2
		Thema	Kontrapunkt 1
			Thema . . . .

Bei Haydn muß dagegen die Besetzung beim dritten Einsatz unverändert bleiben.

Stimmenzahl: 2	3	3!	4
Thema	Kontrapunkt 1	Kontrapunkt 2	freie Stimme
	Thema	Kontrapunkt 1	Kontrapunkt 2
Kontrapunkt 1	Kontrapunkt 2	Thema	Kontrapunkt 1
			Thema . . . .

Eine normale Barockfuge entstünde also, wenn die in eckiger Klammer stehenden Töne wegfielen:

op. 20 Nr. 2

Vermutlich hätte Bach gerügt, daß zu Beginn des dritten Taktes die Sekunddissonanz aufwärts in den Einklang geführt wird. Im übrigen steht der Tonsatz der Bachschen Praxis recht nahe (wenn man damit vergleicht, wie weit sich Haydns Sprache sonst von der

Bachschen entfernt hat). Noch bachischer tritt die Fuge aus op. 20 Nr. 5 auf. Das Thema würde prächtig diejenigen Bachs ergänzen, die ich auf Seite 78 meiner Harmonielehre gegeben habe als Beleg für die stereotype barocke Moll-Themenerfindung. Bach hätte nur die Wendung vom dritten zum vierten Takt an so exponierter Stelle nicht durchgelassen. Zwangsläufig ergeben sich bei Stimmentausch die ungern gesehenen Quinten verdeckt – rein. Die komplementäre Bewegung von Thema und Kontrapunkt ist dagegen wieder sehr bachisch geraten:

Auch das Thema der Fuge in op. 20 Nr. 6 (schon im ersten Takt tritt der Kontrapunkt hinzu!) ist im Tonfall Bachs erfunden; typisch die fallenden Sequenzen im Thema. Zum Vergleich geben wir das Thema der g-moll-Orgelfuge Bachs:

Auch die Fugen des späten Beethoven sind Musik für Stimmen; sie sind damit nicht frei von Erinnerungen an Bachsche Polyphonie (denn andere, also frühere Polyphonie, etwa die Josquins, spielte im Bewußtsein der Klassiker keine Rolle). Daß diese Fugen dennoch mit Bachs Musik kaum etwas zu tun haben, daß auch die Entfernung von der Fugenkunst Haydns groß ist, liegt an der *formalen Gestaltung* dieser Sätze. Der Fuge Bachs (und auch noch der Haydns) bleibt das Thema als Ordnungsfaktor bis zum Schlußtakt erhalten. In jedem der häufigen Auftritte des Themas wird bestätigt, was in der Exposition vorgestellt wurde. Zwischen den Themeneinsätzen wird – häufig bei reduzierter Stimmenzahl, also in weniger gewichtigem Satz – das motivische Material des Themas und der Kontrapunkte in Zwischenspielen ausgewertet. Der Ausdruck »Zwischenspiel« ist treffend. Diese Abschnitte werden nie zur Hauptsache, sie bleiben immer Spiel, stehen zwischen dem, was Gewicht hat. Sequenzen als Inbegriff einer »Musik im Freilauf« spielen die entscheidende Rolle, und in vielen Bach-Fugen spielen mehrere Zwischenspiele genau dasselbe Spiel. Und ebendies trifft auf die Fugen Beethovens nicht mehr zu. Beethoven läßt den angenehmen entspannten Zwischenspiel-Plauderton nicht mehr zu. Seine Fugen sind in jedem Takt ernsthaft, angestrengt, konzentriert, sind stets auf neue Information aus, die vom Hörer nicht überhört werden darf. Das frühere »dazwischen« erhält denselben Rang wie die frühere Hauptsache, die Vorführung des Themas. Wenn aber wichtig wird, was mit den Bestandteilen des Themas in zielgerichteter Entwicklung geschieht in den Abschnitten, in denen das Thema nicht vollständig erklingt, muß das seine formalen Konsequenzen haben. Das Thema kann nun nicht mehr immer wieder vorgeführt werden, als sei dazwischen nichts geschehen. Die logische Konsequenz davon ist, daß die Zahl der vollständigen Auftritte des Themas außerordentlich klein ist und daß diese Auftritte im Verlauf der Stücke immer seltener werden. Auch enden Beethovens Fugen nicht mit die Anfangssituation reprisenhaft wiederholenden, die unangefochtene Herrschaft bestätigenden letzten Auftritten des Themas: vielmehr wurde dieses längst von der Entwicklung des Materials überholt, ja wurde – vergessen. Beethovens Fugen gehen nicht mehr im Kreis um einen einzigen Gedanken herum, sie sind Denkwege, ereignis- und entscheidungsreiche Wege zu einem neuen Ziel hin. Man möchte deshalb auch den Sonaten-Terminus »Durchführung« nicht heranziehen für Beethovens Fugendenkwege, da der Sonatendurchführung eine Reprise folgt, Beethovens Fugen aber reprisenfeindlich sind. Sie beginnen mit einem Thema und führen von ihm weg, zielen auf die endliche Liquidierung des Themas hin. *Musik der entwickelnden Auflösung.* In diesem Sinne möchte man diese Musik als vorweggenommene Musik des 20. Jahrhunderts bezeichnen.

Der erste Satz des Streichquartetts cis-moll op. 131 steht, urteilt man nach den ersten 16 Takten, in der Nachfolge der Bach-Fuge. Viertaktiges Thema, Einsatz folgt auf Einsatz ohne Rückmodulationstakte. Ungewöhnlich nur die Harmoniefolge t s t s. Ende der Exposition mit Takt 16. In den weiteren 105 Takten des Satzes aber finden sich nur noch vier weitere Einsätze: 1. Geige Takte 63–67 sowie Bratsche, 1. Geige und Cello zwischen Takt 93 und Takt 107. Kein Takt des Satzes aber, in dem nicht motivische Zellen des Themas weiterentwickelt würden. Dabei spielt das markante Motiv der Töne 1–3 nur eine Nebenrolle, die Terz (Töne 6–7) eine mittlere Rolle. Zum zentralen Material wird der fallende Sekundgang der Töne 7–10, das anonymste Element des Themas also, das am wenigsten deutlich auf seine Herkunft hinweist, zumal wenn es ab Takt 55 auch in Achtelbewegung auftaucht.

Die Fuge der Hammerklaviersonate op. 106 springt von Anfang an aus der Bach-Tradition heraus. Nach einem wiederholten D – T-kadenzierenden Zweitakter schweigt die rechte Hand. Muß man nicht annehmen, daß erst jetzt in der Einstimmigkeit der linken Hand ein Fugenthema beginnt? Wie sehr man sich aber geirrt hat, wenn man die Sache so versteht, zeigt die Fortsetzung, denn der zweite kadenzierende Zweitakter entpuppt sich als Themenkopf! Ebenso unklar wie der Anfang des Themas ist sein Ende, denn wie lang ist das Thema? Nach zehn Takten folgt der zweite Einsatz und ein Grundgesetz der Fuge Bachs besagt, daß ein Fugenthema endet, wenn der zweite Einsatz eintritt.

Schlußkadenz des
Largo - Allegro - Largo

Wiederholte
Schlußkadenz

17 Anfang des Fugenthemas?

In dieser Fuge werden aber nie alle zehn, sehr selten sieben, meist nur sechs Takte des Themas beibehalten, oft auch nur fünf oder gar nur 3¹/₂ Takte. Dabei wird das Thema (in sechstaktiger Verkürzung) auch in Umkehrung, ja sogar krebsgängig (= mit der letzten Note beginnend, also rückwärts, und zwar ab Takt 152, linke Hand) eingesetzt, ab Takt 294 auch Umkehrung (fünftaktig) und Thema (sechstaktig) in Engführung zusammengebracht, an kontrapunktischer Kunst also alles aufgeboten. Gerade ein derart sich in konturlosem Laufwerk verlierendes Thema, dessen Takte 8–10 sich kein Hörer merken kann, erweist sich als ideale Basis für Beethovens Kompositionsplan. Wird ein Thema nicht zu Beginn als heile Gestalt präsentiert, sondern als *fließend entfalteter Materialvorrat*, so wird spätere Entnahme von Teilmaterial nicht als Themenzerstörung empfunden. Bei einem Thema, das keines mehr ist, brauchen wir nicht mehr wie noch soeben bei op. 131 von »Auflösung« zu sprechen. Hier wird nichts zerstört, nur noch gebaut, und das Hören kann sich auf die imposante Fülle der von Abschnitt zu Abschnitt neuartigen Ergebnisse des Bauens konzentrieren.

Wir begreifen, was eigentlich vorliegt, erst dann, wenn wir bedenken, was diesen »Fugenthemen« Beethovens vorausgeht. Das läßt sich wohl am deutlichsten erkennen in der Klaviersonate A-dur op. 101. Nur der zweite Satz, Vivace alla Marcia, entspricht mit seiner Scherzo-Trio-Scherzo-Bauweise üblicher Musikgestalt, die einen Anfang, eine Mitte und ein Ende hören läßt. Der erste Satz, ein »mit der innigsten Empfindung« zu spielendes Allegretto, beginnt nicht, sondern will mit seinen ersten Takten eine vorherige aber unhörbare Musik zum Ende führen (diese muß man sich als in A-dur beginnend vorstellen). Hörbar wird mit der Dominante in Takt 1 erst ein späteres Entwicklungsstadium. Eine erinnernde Melodie löst sich auf und kommt nach vielen ausweitenden, Umwege einleitenden Halb- und Trugschlüssen zur Ruhe in E-dur. Daß dieses E-dur Dominante, nicht tonales Zentrum ist, begreift man erst am Satzschluß, der endlich A-dur bestätigt. Erst recht versagen bekannte Formmodelle beim dritten, dem 361taktigen Hauptsatz der Sonate. Adagio-Einleitung, erinnerndes Zitat vom ersten Satz, Allegro und Fuge wäre die provisorische, alsbald zu verwerfende Benennung der vier Abschnitte. Denn auch dieses dominantisch beginnende Adagio verschweigt seinen Anfang, läßt nur einen auflösenden Abgesang hören, der die Tonart a-moll nicht einmal auf schwere Zeit stellt, bald in die Paralleltonart C-dur führt und am Ende im figurierten E-dur-Dreiklang offenbleibt, so daß das folgende Zitat des ersten Satzes, acht Takte dominantisch über *E* schwebend, wie eine natürliche Fortsetzung, gar nicht als eingefügtes Zitat aus einem anderen Satz wirkt; so ähnlich sind sich die beiden Abschiedsmusiken im Gestus. Offener Übergang in ein Allegro, dessen Anfang man nur mit Verwunderung hören kann, um nicht zu sagen mit Protest. Von einem das Zuhören lohnenden gewichtigen, ja überhaupt ausformulierten Hauptgedanken keine Spur. Es ist offenbar ein ganzer schneller Satz übersprungen worden, und man hört sogleich die Stretta, die in stufenweise fallender sequenzierender Engführung erinnernd abgespaltenes Motivmaterial eines Themas, das dem Hörer nicht zu Ohren kam, verwendet:

Wenige Takte später bewährt sich das Sequenzmodell mit vertauschten Stimmen im doppelten Kontrapunkt. Dann wird, typisch für eine Stretta, der fallende Stufengang noch weiter reduziert auf seine Gerüsttöne:

Dichte Verarbeitung von Auftaktmotiv und Sechzehntel-Sekundgang folgt. Dann ein zweiter Gedanke, kurz gestreift und nach acht Takten vergessen:

Im abschließenden Teil wiederum eine allerdings nur andeutungsweise vollzogene Engführung des Strettagedankens, diesmal in ganztaktigem Abstand:

Wieder wird die angesteuerte Tonika nicht gefunden, der kadenzierende Quartsextakkord verirrt sich nach a-moll, offenes Ende mit unisono vorgetragenem Terzfall. Und nun scheint mit denselben Tönen eine Fuge zu beginnen, deren Thema wir zu kennen glauben, obwohl wir es noch nie ganz gehört haben:

Die vier Einsätze der Exposition mit der tonal ungewöhnlich weit öffnenden Einsatzfolge t→tP, tP→s, s→t, t→tP (jeder Themeneinsatz moduliert zur nächsten Station) stellen jedoch die einzigen vollständigen Themengestalten dar. Schon nach vier Takten weicht der nächstfolgende Einsatz ab, und alle weiteren Einsätze bleiben nur zwei, höchstens drei Takte themengetreu, sie sind also nicht Thema, sondern Teilmotiv, wie Fugen es in Zwischenspielen verwenden. Die freie, nicht an ein Fugenreglement gebundene, aber dichte Motivverarbeitung des vorangehenden Allegro setzt sich fort, und es wird auch der zweite Gedanke des Allegro aufgenommen.

Die dichte Verbindung, das Aufeinander-Angewiesensein aller Sätze der Sonate wird deutlich und vor allem dies: Als »Anfang einer Fuge« wäre die Einstimmigkeit von Takt 123 mißverstanden: keine Fuge – und vor allem kein Anfang! Auf Denkwegen, die motivisch bereits eingeführt waren, wird einmal für kurze Zeit hingefunden zu einem ausformulierten Gedanken, schnell aber begibt sich das Stück zurück zur Offenheit des entwickelnden Denkens. Was man sonst Exposition nennt, ist hier nicht Ausgangspunkt, sondern Zwischenstation eines *offenen und weiterführenden Gedankengangs*.

Aufgabe: Wer eigene Studien unternehmen möchte zur offenen polyphonen Form Beethovens, studiere den letzten Satz der Cellosonate D-dur op. 102 Nr. 2. Folgenden Fragen wäre nachzugehen: 1. Ist hier das Fugenthema der Anfang? 2. Die Exposition hat bereits den Erregungszustand einer Engführung. Wie kommt dieser Eindruck zustande, und was ergibt sich daraus für den ganzen Satz? 3. Meiner Meinung nach sind mehrere Antworten möglich auf die Frage: Wo endet das Thema? 4. Sind wenigstens die vier Einsätze der Exposition themengetreu? 5. Wo taucht im weiteren Verlauf das Thema ganz, wo nur bruchstückhaft auf? 6. Was bedeutet das für die formale Disposition des Satzes? 7. Ist das Thema auch als Umkehrung eingesetzt? 8. Welche Teilmotive tauchen im Verlauf der außerordentlich dichten motivischen Arbeit des Satzes auf, teils auch in Umkehrung, teils auch metrisch verschoben? Das führt zu der Frage: 9. Gibt es Takte, die frei sind von motivischem Bezug zum exponierten Material?

9. SCHUMANN – BRAHMS – WAGNER:
»INNERE STIMME« (1830–1880)

ROMANTISCHE FUGE?

Beethoven hatte sich in seinen späten Fugen schon so weit vom Typus der Bach-Fuge entfernt, daß man, was in Fortsetzung des Beethovenschen Weges von einem Romantiker hätte komponiert werden können, kaum noch als Auseinandersetzung mit dem Erbe Bachs verstanden hätte. Wo diese Auseinandersetzung im Werk eines Romantikers noch intendiert ist, treten Fugen durchaus wieder näher an Bach heran. Beispielsweise gibt es von Schumann 1845 komponierte vier Fugen für Klavier op. 72, die kaum nach Schumann und deutlich nach Bach klingen, ja man möchte sagen bachischer als Bach. Der um »strengen Satz« bemühte Komponist erlaubt sich nicht, was sich bei Bach etwa im zweiten Teil des ›Wohltemperierten Klaviers‹ oder in etlichen großen Orgelfugen ereignet (gelegentliche Homophonisierung des Satzes, Einführung neuer Ideen). Bachs Gesichtszüge dürften sich bei der Komposition einer Fuge oder der Niederschrift einer musikantischen und dabei so erstaunlich durchorganisierten Musik wie dem ersten Satz des ›Zweiten Brandenburgischen Konzerts‹ kaum verändert haben; einem Schumann dagegen hätte man wohl ansehen können, ob er gerade die ›Kinderszenen‹ erfindet oder in seiner ersten Fuge aus op. 72 gerade an Takt 51 »arbeitet«, nämlich an der Engführung des Themas mit seiner Vergrößerung. Zu weit liegen die Stilbereiche auseinander, und wenn nicht wie hier »Stilübung« gemeint ist, sondern kompositorische Einbeziehung tradierter polyphoner Satztechnik, bleibt es stets beim kurzen Fugato, das sich nach wenigen Einsätzen, auf beliebigen Stufen plaziert, auflöst: So im Mephisto-Satz (»Allegro vivace, ironico«!) der ›Faust-Sinfonie‹ von Liszt (Seite 192 der Eulenburg-Partitur), wo »der Geist, der stets verneint«, feixend spottet über Fausts Thema (Takte 3–5 des Faust-Satzes), das auch Margaretens Gedanken bewegt hatte (Seite 135 der Partitur im Gretchen-Satz). Einsätze auf D, D, A, F und nochmals D mit anschließender Auflösung von Thema und Fugato-Polyphonie. Groteske Gegentaktakzente verstärken den Bach-fernen Eindruck; immerhin bleibt ein gewisses intellektuelles Gebaren erhalten, das aber einem Mephisto durchaus angemessen erscheint. Dagegen wirkt das Fugato in Berlioz' ›Phantastischer Sinfonie‹ im Hexen-Rundtanz (Ronde du Sabbat, Eulenburg-Partitur Seite 190) schon ein wenig merkwürdig. Man spiele sich den ordentlichen Kontrapunktsatz dieser Stelle einmal in gemäßigtem Tempo durch: Schwerlich wird man den Eindruck los, daß sich hier mit Prädikat promovierte hochgebildete Hexendamen vergnügen ...

In Schumanns Klavierliedern geschehen merkwürdige Dinge, die aus der herkömmlichen Satztechnik nicht erklärbar sind und unentschuldbare Verstöße gegen ihre Tonsatzregeln darstellen. Im Unerlaubten aber steckt der Keim zu einer sehr viel später planvoll eingesetzten kompositorischen Praxis. Hier Gesangs- und Klavieroberstimme von vier Stellen aus der ›Dichterliebe‹ und vom Sängereinsatz eines weiteren Heine-Liedes. Beim 1., 2., 3. und 5. Beispiel beschränken sich die Abweichungen der Linienführung auf ein »zu früh« oder »zu spät« der Klavierstimme. Aber formulieren wir nicht unbedacht? Wer weiß denn, welcher Rang bei den Klavierliedern des Pianisten-Komponisten Schumann dem »Gesang« der Klavieroberstimme zukommt? Sprechen wir lieber ohne zu werten von einem *ungenauen Unisono*, einer Technik, der in der Musik um 1970 große Bedeutung zukommen wird. Natürlich entstehen in den Abweichungsmomenten Dissonanzen, die jedoch nicht als solche wahrgenommen werden. Als Spannungswert sind sie auch nicht intendiert. Der Hörer hört dieselbe Linie gleichsam stereophon in zwei Fassungen. Ein gewisser Pedaleffekt verschleiert ihre rhythmische Struktur, macht sie mehrdeutig. Beim 4. Beispiel allerdings beschränkt sich die Abweichung nicht auf zu früh oder zu spät. Die Linie tritt hier in der Singstimme als Terzenfolge auf, im Klavier dagegen als Skalenmelodie. Erst die Gleichzeitigkeit und Gleichwertigkeit beider Gestalten erschafft im Ohr des beide zusammenfassenden Hörers, was vom Komponisten gemeint ist.

Nr. 1

Nr. 10

vor wil - dem Schmer - zen - drang.

Nr. 6

die Au - gen, die Lip - pen, die Lip - pen, die Wänglein,

Berg' und Bur - gen schau'n her - un - ter

Unmittelbar nach dem folgenden Ausschnitt des Liedes ›Muttertraum‹ heißt der Text des Andersen-Gedichts »es schweift in der Zukunft ihr Hoffungstraum«. Hier werden sich Singstimme und Klavierbaß nicht einig über die Fixierung der Momente der Harmoniefortschreitungen. *Träumerische Verschleierung der harmonischen Aktionen*:

Sie küßt ihn und herzt ihn, sie hält sich kaum. Ver-

ges - sen der ir - di - schen Schmer - zen,

Ähnlich den Klavierlied-Verschleierungen ist auch die *lineare Mehrdeutigkeit* der folgenden Stelle aus Schumanns ›Allegro für Klavier‹ op. 8. Wer die Vernebelung als eine für die Essenz des Komponierten unwesentliche Zutat ansehen möchte, spiele die Takte nur einmal »eindeutig«, also in Oktaven im Rhythmus der Unterstimme der rechten Hand: Vom außerordentlichen Reiz der Stelle bleibt nichts, und auch »von Schumann« wäre die Stelle nicht mehr! Man beachte ferner die zweistimmige Notierung der linken Hand. Da halbtaktige Pedalisierung verlangt ist, können diese Stimmverläufe gar nicht präzis dargestellt werden. Was heißt hier also »Stimme«? Denken wir nicht in Schumann unangemessenen, von der Musikentwicklung überholten Kategorien?

INSTRUMENTALE STRUKTUR OHNE »STIMMFÜHRUNG«

Homophon und *polyphon* war bislang eine Alternative, die alles erfassen konnte. *Klänge oder Stimmen.* Nicht, daß Musik bisher immer nur eindeutig aus Klangfolgen oder aus Zusammenschluß mehrerer Stimmen entstanden wäre; es ließen sich aber auch Gebilde im Zwischenbereich ausreichend definieren, indem man ihre homophonen und polyphonen Elemente benannte. Wenn nun aber Klavier und Orchester ins Zentrum rücken und früher herrschende Besetzungen wie Chor und Streichquartett verdrängen, bildet sich mit ihnen *eine neue Tonsatztechnik* heraus, die man vielleicht leichter erkennen könnte, wäre nicht unsere Noten-

schrift als Stimmenschrift erfunden und entwickelt worden. So
schreiben auch Schumann und Brahms noch Stimmen, wo sie
längst anders denken. (Ja vielleicht denken nicht einmal die
Komponisten selbst anders, ihre Musik aber denkt anders.)
Nacheinander anzuschlagende Klaviertöne werden nun einmal an
einen Balken gehängt, womit die Notenschrift immer noch an
einen Sänger denkt, der seine Singstimme von einem Ton zum
anderen führt. Schauen wir uns aber Tonsatzstrukturen von
Schumann und Brahms an, bei denen der Sänger ratlos wäre,
welche Tonfolgen er herausgreifen sollte. Im zweiten ›Intermezzo‹
aus op. 4 von Schumann, Presto a capriccio, steht diese Stelle:

Wie verläuft denn die Stimme des Baß-Sängers? Doch nicht so wie
von Schumann notiert. Vielleicht so wie im folgenden Notenbeispiel dargestellt? Ich meine jedoch, daß man die Musik zerstört,
wenn man sich in dieser Frage zu einer eindeutigen Meinung über
den »Stimmenverlauf« durchringt:

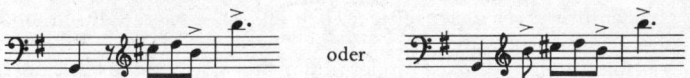

oder

    Hier der Anfang des Mittelteils vom fünften ›Intermezzo‹ aus
op. 4 (Allegro moderato):

Ich sehe vier Möglichkeiten für einen singenden Pianisten und
halte sie sämtlich für falsch, weil zu deutlich trennend zwischen
Melodie und Begleitung. Die verschleiernde Verwebung als das
Wichtigere ginge verloren, würde im Sinne eines meiner Vorschläge »Melodie herausgearbeitet«:

Brahms notiert den Anfang seines ›Capriccio‹ op. 76 Nr. 8 für die rechte Hand in zwei Stimmen (allerdings ohne die Pausen, die wir hinzugefügt haben), aber es ist gar keine Frage, daß es sich beim Anstieg *f'' fis'' g'' gis'' a''* um *einen* Vorgang handelt, der nur gelegentlich zwei gleichzeitige Töne zuläßt. Unsere Pausen sind also sinnwidrig, und kein Pianist wird im dritten Takt die Viertonfigur *d'' c'' a'' a'* anders nuancieren, wo sie als Alt nach unten, wo sie als Sopran nach oben gestielt ist:

Wäre also eine der folgenden Notierungen gleichwertig?

Wohl nicht. Die Turbulenz, daß die Vier-Achtel-Gruppe im dritten Takt als Unter-, Ober- und wieder Unterstimme zu lesen ist, stimuliert als lesbares (nicht hörbares!) Stimmengewirr den Pianisten zur *Intensivierung*. So bringt er das Crescendo besser heraus. Die Diskrepanz von Lesbarem und Hörbarem hat also auch ihren Sinn. Sie inspiriert den guten Pianisten, dessen Darstellung sich hier auf schwer zu erfassende Weise vom genau Gelesenen, das dem Hörer als solches verborgen bleibt, herleitet. Irgendetwas davon aber teilt sich dem Hörer mit: Natürlich nicht der Stimmentausch als solcher, wohl aber vielleicht die Intensität der Stelle. Daß Brahms in Takt 7 selber umnotiert (nun kein Stimmengewirr mehr), wird unser guter Pianist (der denkende Musiker also) registrieren und für diese Stelle einen niedrigeren Erregungsgrad der Darstellung finden:

Das ›Intermezzo‹ op. 76 Nr. 4 notiert Brahms dreistimmig; hier der Anfang des Stücks. Dasselbe Geschehen ließe sich aber auch zweistimmig darstellen (wir notieren die Unterstimme), und ebensogut kann man aus der Struktur Fünfstimmigkeit heraushören:

Auch die Tieftöne der linken Hand als Stimme zu denken, legt
Brahms selbst nahe, da er sie ab Takt 4, wo es spieltechnisch
möglich wird, ausgehalten notiert und mit Legato-Bögen zusam-
menschließt. Vermutlich würde unsere zweistimmige Darstellung
das Spiel zu leichtfüßig machen, die fünfstimmige (wir notierten
sie nur im akkordischen Extrakt) zu »klebrig«, während die
dreistimmige Notation von Brahms suggeriert: Bewegung oben
und unten um eine ruhende Mitte. Fünfstimmige Notation hätte
Brahms wohl auch deshalb verworfen, weil beim Übergang zum
4. Takt unschöne Quint- und Oktavparallelen sichtbar geworden
wären. Vermutlich wird der gute Pianist gleichzeitig drei-, zwei-
und fünfstimmig spielen, die Tonkette also jeweils sorgsam von
oben nach unten führen und dabei doch die stimmliche Kontinuität
der auf gleicher Höhe liegenden Töne bedenken . . .

»INNERE STIMME«

Den Gedanken dieses Romantik-Kapitels hat Robert Schumann
die Spur gewiesen durch eine Stelle aus seiner ›Humoreske‹ op. 20.
Den »Hastig« bezeichneten Abschnitt notiert er für 24 Takte auf
drei Systemen und gibt dem mittleren System den Vermerk
»(Innere Stimme)«:

Emil von Sauer als Herausgeber der Schumann-Klavierwerke setzt
dazu die Fußnote: »Mit der ›inneren Stimme‹ wollte Schumann
wohl nur die im oberen System verborgene Stimme deutlicher
veranschaulichen; sie sollte daher nicht gespielt werden.«

Lesen wir sie genau: Die Töne der inneren Stimme leben in der
Vorstellung des Pianisten stets schon eine Sechzehntel früher als
sie angeschlagen werden. Also sollte der Pianist so spielen, daß
auch der Hörer schon voraus weiß. Die nach oben gestielten Noten
der rechten Hand müssen also einerseits so deutlich kommen, daß
man sie als Melodietöne heraushört. Und andererseits muß ihr
Eintritt so behutsam erfolgen, daß deutlich wird, daß sie nur
bereits Klingendes bestätigen. Das heißt also, daß die linke Hand
auf den Zählzeiten die Melodietöne erschaffen muß! – Der dritte
Ton der inneren Stimme, das wiederholte *C*, ist angebunden,
obwohl sich in der Spielstimme der rechten Hand kein Hinweis auf
unterschiedliche Nuancierung der Melodietöne findet. Hier suggeriert die innere Stimme also, daß der Melodiebogen weitgespannt
gedacht werden soll und nicht von Takt zu Takt. – In Takt 5 folgt
die rechte Hand genau dem Figurationsmodell von Takt 1, auch ist

hier wie dort nur die erste Note nach oben gestielt; und doch nimmt die innere Stimme hier auch den letzten Ton des Takts in sich auf. Sie wird also aktiver. Das geht konform mit der Bezeichnung crescendo. – Es folgt dreimalig nach oben gestieltes *d''*. Das erste denkt die innere Stimme als Phrasenende, das zweite als neuen Phrasenbeginn, das dritte als übergebundene Note. – Der ganze Takt nach dem Doppelstrich soll nach dem Willen der inneren Stimme, die erst in der Taktmitte den Ton notiert, der diesen Takt regiert, als Auftakt aufgefaßt werden. – Nach dem Mittelteil beginnt in Takt 17 die im Klaviersatz identische Wiederkehr des ersten Achttakters. Hier läßt die innere Stimme aber den ganzen ersten Takt aus und setzt erst mit dem langgehaltenen *C* ein. Sie braucht einen Takt zum Atmen. Der Pianist könnte versuchen, dem gerecht zu werden, indem er den ersten Takt auftaktig auffaßt. Und das Merkwürdigste: Schumann notiert die innere Stimme eine Oktave zu tief, notiert, was er als Komponist männlichen Geschlechts singt, nämlich Bariton und nicht Sopran, notiert Cello, das in der romantischen Instrumentation oftmals die als Melodieklangfarbe durch die Musik der Klassik abgenutzte Violine ersetzt.

Welche innere Stimme ist im ›Intermezzo‹ op. 76 Nr. 6 von Brahms verborgen, dessen erste vier Takte Brahms so notiert:

Natürlich ist die von Brahms notierte Folge langer Töne (1) keine singbare Melodie. Eher könnte die innere Stimme so (2) lauten, doch kommen mir beim Durchhören der Komposition auch die Möglichkeiten (3) und (4) in den Sinn, letztere deshalb, weil das Stück doch vom Wechsel und der Gleichzeitigkeit der Triolen und Duolen lebt; gehen die Duolen in die Melodie wie in Takt 6 (6), übernimmt die linke Hand die Triolen. Warum also sollte die innere Stimme nicht zwischen beiden Bewegungsarten vermitteln dürfen? Und schließlich möchte man, belehrt durch das zuvor gegebene Schumann-Beispiel und die Auftaktigkeit seiner inneren Stimme in Takt 9, auch diese innere Brahms-Stimme (5) für möglich halten:

Schumanns eigens notierte innere Stimme dient der verstehenden Interpretation. Was man durch sie verstehen lernt, ist – die *Mehrdeutigkeit* einer Musik, die nicht nur ausspricht, sondern auch verschweigt. Möglich also, daß Schumann die innere Stimme nach Niederschrift des Stücks hinzugefügt hat. Aber auch das Gegenteil ist denkbar. Vielleicht ist sie die Niederschrift einer kompositorischen Idee, deren Ausarbeitung sich sodann als ihre kunstvolle Verschleierung darstellt. Wichtig ist jedenfalls, daß in dieser Musik dem inneren und dem äußeren Ohr nicht dasselbe zu Gehör kommt. Das Erklingende weist durch seine kunstvoll verschleiernde Struktur den Hörer auf etwas anderes, das sich durch die Töne hindurchzieht, das nur dem inneren Ohr anfängt zu singen.

Einer der Sprüche Eichendorffs lautet:

> Schläft ein Lied in allen Dingen,
> Die da träumen fort und fort,
> Und die Welt hebt an zu singen,
> Triffst du nur das Zauberwort.

Und seiner C-dur-Phantasie op. 17 stellte Schumann diese vier Zeilen Friedrich Schlegels als Motto voran:

> Durch alle Töne tönet
> Im bunten Erdentraum
> Ein leiser Ton gezogen
> Für den, der heimlich lauschet.

und war doch so neu,   wie

Vo - gel-sang im sü - ßen Mai!   Wer ihn

Richard Wagner, ›Die Meistersinger von Nürnberg‹, zweiter Akt, dritte Szene. Acht Partiturseiten nach dem Beginn des Hans-Sachs-Monologs »Was duftet doch der Flieder«. *Eine verwirrend dichte Polyphonie.* Jeder melodisch selbständige Vorgang ist in unserer Darstellung auf einem eigenen System notiert. Elfstimmiger Satz? Die Stimmenzahl reduziert sich in einer sehr merkwürdigen Weise. Ständig gehen mehrere Stimmen einen oder mehrere Schritte gemeinsam, trennen sich, um sich mit anderen Stimmen kurzzeitig zum Unisono zu verbinden. Alle Gemeinsamkeiten sind mit Klammern bezeichnet. Man mache sich die Mühe, nehme Buntstifte und markiere, was identisch ist, mit derselben Farbe. Man benötigt an keiner Stelle mehr als drei Farben und gewinnt schnell Einblick in die Wagnersche Kompositionswerkstatt.

Siehe hier Seite 304 und 305.

Offensichtlich liegt seinen Partituren ein wenigstimmiges Konzept zugrunde, das dann in der Ausarbeitung zu einem Netz wird, bei dem jeder Faden mit jedem verknotet ist. Nehmen wir beispielsweise die Bratsche, Stimme Nr. 8. Sie ist nacheinander verknüpft mit Stimme 7, 6, 3, 1, 5 + 7, Singstimme 10, 3, 7, 3. Ohne diese Verknüpfungen im einzelnen registrieren zu können, empfindet der Hörer doch den Unterschied zur alten Polyphonie realer Stimmen. Überlagert wird Wagners Netztechnik noch durch Verschleierungen des Stimmverlaufs, wie wir sie eben bei Schumann und Brahms beobachtet haben: Die 2. und 3. Stimme rhythmisieren am Ende des 2. Takts die Folge *Cis–Dis* unterschiedlich; die Stimmen 2 + 3 führen im 3. Takt den Abgang *Fis–E–Cis–A* anders als das Horn (6. Stimme); Sachs singt im ersten Takt eine Variante der 3. Stimme usw.

Hier können wir nicht untersuchen (aber es leuchtet unmittelbar ein), daß Wagner an Stellen entschiedener Aktionen und auch in Monologen dort, wo klare Entscheidungen getroffen werden, Mehrdeutigkeit und wuchernde Stimmenvielfalt zurücknimmt und wenige klare Stimmen setzt.

›Lohengrin‹-Vorspiel. Die Violinen sind von Anfang an in vier Gruppen geteilt. In Takt 20 setzt zum vierstimmigen Geigengewebe ein dreistimmiger Holzbläsersatz ein. Erste Flöte, Oboe und Klarinette spielen zusammen die Melodie.

Hier einige Takte des Holzbläsersatzes und drei Stimmen des Geigengewebes (die vierte Geigenstimme schließt sich im wesentlichen an die untere Holzbläserstimme an). Später treten noch tiefe Holzbläser hinzu.

In den Geigenstimmen ist mit Klammern angegeben, wo sie mit der Melodiestimme identisch sind. Wichtig ist zu sehen, daß man sich nicht nur in gemeinsamen Tönen trifft, was bei kontrapunktischer Musik ja nichts Ungewöhnliches wäre, sondern daß gemeinsame Schritte ausgeführt werden, was als »Einklangsparallelen« aller kontrapunktischen Musik ein Greuel war. Man erkennt das Bemühen, alle drei Geigenstimmen in gleichem Maße in die Melodie hineinzunehmen. So wird nicht Bläsermelodie begleitet durch »Gegenstimmen«: Bläsermelodie wird vervielfacht, sie selbst blüht auch vielfältig leuchtend in den Geigen, sie wird zum betörenden Allüberall.

10. NEUE MUSIK: KONSTRUKTION
UND EXPRESSION (1910–1970)

Nur wenige finden es grotesk, daß wir 1980, 70 Jahre nach ihrer
Entstehung, Schönbergs ›5 Orchesterstücke‹ op. 16, seine ›Erwartung‹ und die George-Lieder nach dem ›Buch der hängenden
Gärten‹ als Neue Musik bezeichnen. Jeder dagegen fände es
unvorstellbar, man hätte dem zehnjährigen Schüler Ludwig van
Beethoven, um ihn mit neuer Musik bekanntzumachen, ein vor 70
Jahren entstandenes Jugendwerk Bachs präsentiert! Man sollte
sich hüten, weiterhin von unserer schnellebigen Zeit zu sprechen,
den sehnsuchtsvollen Blick zurückgewandt in Zeiten angeblich
langsameren, »organischen« Wachstums. Der Weg, der mit
Haydns Erfindung der motivisch-thematischen Arbeit begonnen
und mit Beethovens letzten Quartetten beendet wurde, die große
Zeit der Erfüllung klassischer Musik, mißt nicht mehr als 60 Jahre.

Mit Neuer Musik meinen wir heute bereits *ein riesiges Sammel-
becken für höchst gegensätzliche Musiksprachen,* die nur miteinander gemein haben, daß ihre Klänge nicht funktionsharmonisch
bestimmbar sind. Wir sollten für dieses Kapitel wieder die
Bleistifte auspacken, wollen uns aber stilistisch nicht festlegen.
»Wer kann sagen, wo Vorwärts liegt?«, hat Hans Werner Henze
einmal gefragt, und der weise Leopold Mozart hat seinen Sohn mit
allen Stilrichtungen der Zeit bekannt gemacht. Nur so läßt sich die
Einseitigkeit vermeiden, die in den 50er Jahren, als die meisten
jungen Komponisten, in Marschkolonne gleichsam, in einer Richtung in die Zukunft marschierten, zu einem spannungslosen
Einerlei führte. Verzichten wir also darauf, erneut eine Marschkolonne in eine Richtung zu schicken, verzichten wir auf einen
stilistisch begrenzten, systematisch aufgebauten Lehrgang »Tonsatz nach Webern«, »Tonsatz nach Hindemith«, »Tonsatz nach
Messiaen« oder . . . Lehrbücher dieser Art liegen zur Genüge vor.

Angeboten wird hier statt dessen der Einblick in eine *Vielzahl
von kompositorischen Praktiken,* dargestellt in analysierten Beispielen, aus denen sich Aufgaben für eigene Arbeiten extrahieren
lassen. Keine Aufgabe baut dabei auf der vorher gegebenen auf.
Jeder Benutzer des Buches mag auswählen, was er bearbeiten
möchte, mag die Reihenfolge verändern, die Akzente anders
setzen. Jeder bestimme also selbst, durch welche Musiksprache er
sich in welchem Maße beeinflussen lassen möchte, welche er durch
eigene praktische Betätigung in ihren Ausdrucksmöglichkeiten
besser kennenlernen möchte. Sollten angehende Komponisten
durch die hier gebotenen Studien in unterschiedliche Richtungen
»verführt« werden, dürften wir, was doch zu begrüßen wäre,
Konzerten junger Komponisten entgegensehen, bei denen der
Hörer nicht im voraus weiß, was er hören wird . . .

Igor Strawinsky gelang es in etlichen Werken seiner klassischen Schaffensperiode, der abgenutzten *Durtonalität* neue Kräfte zu entlocken. Mehrere gleichzeitige Vorgänge stellen sich gegenseitig in Frage, »heizen sich auf«. Was man insgesamt hört, ist nicht mit einem Wort als konsonant oder dissonant zu bezeichnen. Effektive Dissonanz ergibt sich nämlich aus zwei in sich konsonanten, funktionsharmonisch bestimmbaren Schichten. So nimmt das Ohr sowohl die dissonanten Reibungen wahr als auch, stereophon gleichsam, die einzelnen an die Sprache Haydns erinnernden Abläufe. Man hört keine Funktionslosigkeit, sondern verschiedene harmonische Funktionen gleichzeitig. Der Anfang des Balletts ›Jeu de cartes‹ von 1936 kann, aber muß nicht im Sinne der gegebenen Funktionsbezeichnungen gehört werden. Die Funktionsbezeichnung der folgenden Stelle aus seiner Klaviersonate von 1924 mag der Leser fortsetzen:

Eigene Versuche dieser Art können dem Leser bewußt machen, was hier vorliegt: Man schreibe eine tonale Melodie, empfinde ihre Abgenutztheit und verleihe ihr frische Kraft durch die Entgegensetzung eines widersprechenden Ablaufs.

Wegweiser zu einer außerordentlich anregenden einstimmigen Erfindungsübung erhalten wir aus Strawinskys Sonate für zwei Klaviere von 1943/44. ›Theme with Variations‹ heißt der zweite Satz. Eine fünftaktige G-dur-Melodie mit 29 Tönen wird im 16taktigen Thema dreimal vorgetragen (beim zweitenmal ist der Anfang rhythmisch verändert, und an den dritten Durchgang schließt sich ein Codatakt an), wobei der polyphone Satz sich von anfänglicher Drei- bis zur Fünfstimmigkeit verdichtet. (Alles bleibt in G-dur, nur im letzten Takt erklingt zweimal *F* statt *Fis*.) Die linke Hand des ersten Pianisten spielt eine freie Umkehrung der Melodie:

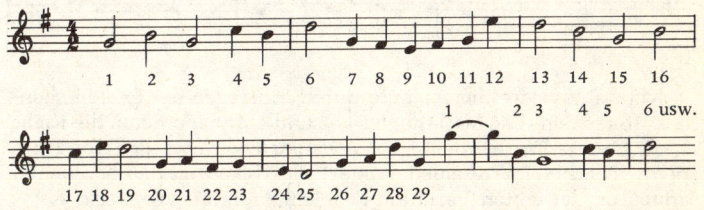

Nun die verblüffend einfache *Variationsidee* des Komponisten: Die Variationen bringen die 29 Töne der Melodie – von wenigen Eingriffen abgesehen – unverändert in der Tonfolge und beschränken sich auf rhythmische Neugestaltung. Eine geniale Idee, typisch für einen Grundzug der Musik des 20. Jahrhunderts: Die Verlagerung des Einfalls, der Originalität der Erfindung, vom Melodischen in den strukturellen Bereich. Strawinsky geht hier, und das ist das Einmalige, mit einer G-dur-Melodie so um wie ein Zwölftonkomponist mit einer Zwölftonreihe, die immer wieder rhythmisch anders abläuft. Hier die Anfänge der Hauptstimme der vier Variationen:

Man analysiere die Abläufe durch Eintragen der entsprechenden Tonzahlen. Die Variationen 1, 2 und 4 transponieren die Reihe nach D-dur. Wo werden Töne verdoppelt? Wo werden Tongruppen wiederholt? Wo fehlen einige Töne? Bösartig, daß bereits der erste Ton der ersten Variation Probleme aufgibt. Wo steckt er?

Kaum ein Hörer ist ohne vorbereitende Lenkung seines Ohres in der Lage zu erkennen, was die Variationen denn überhaupt mit dem Thema verbindet. Sie machen den *Eindruck unabhängiger Erfindung*. Wir sind überrascht durch die Erfahrung, in welch hohem Maße die rhythmische Gestalt einer Melodie unseren Gesamteindruck bestimmt, möchten wir doch die Folge der Töne für das wichtigste Kennzeichen einer Melodie halten. Also machen wir ein Experiment, das sich als amüsantes Gesellschaftsspiel unter Musikern fortsetzen läßt. Hier sind Variationen bekannter

Volkslieder; bei der ersten ist nur der Rhythmus, bei der zweiten nur die Tonfolge original. Ich bin sicher, daß das Volkslied der ersten Variation schneller erkannt wird:

Durch Eintragung der Tonzahlen in Strawinskys Variationen wird uns das Geschick des Komponisten deutlich, in jeder Variation andere Töne wichtig zu machen. So kommen *immer neue melodische Ausdrucksmöglichkeiten des Materials* ins Licht. Dem dienen auch zahlreiche Oktavversetzungen. Durch sie kann sekundschrittbetonte Melodie zur weiträumig gespannten Kantilene werden und umgekehrt. Man bemerke auch den Gesamtplan der Variationsfolge: Die vierte nähert sich deutlich wieder dem Thema. Dies entspricht ihrem Untertitel: conclusion.

All dies werde zum Leitfaden unserer eigenen *Versuche*. Hier als Material eine rhythmisch ungeformte G-dur-Melodie:

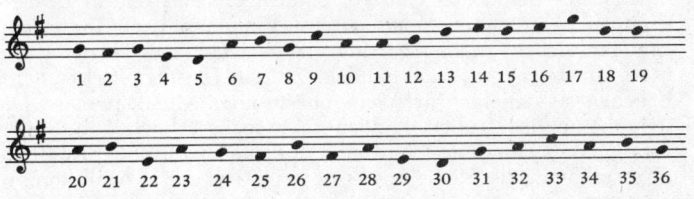

Jede unserer Variationen soll nun eine andere Gestaltungsidee deutlich machen. Mögliche Ideen wären beispielsweise: 1. Alle Phrasenenden auf fallenden Sekundschritt setzen. 2. Melodisches Kreisen um den Ton *G*, der als Zentrum herausgearbeitet wird. 3. Zum zentralen Motiv wird die Wechselnote sowie wechselnotenartige Figuren:

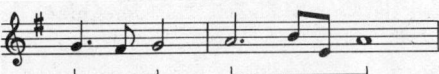

4. Sexten als Ausdrucksintervall besonders herausstellen. 5. Durch Tonwiederholungen kann ein Dreitonmotiv herausgearbeitet werden:

Man mag die hier gestellten *Aufgaben* lösen, wichtiger aber: Man lasse sich beim Durchlesen der Melodie aus dem, was sie als Material enthält, eigene Gestaltungsprinzipien einfallen. Ohne es vielleicht selbst zu merken – denn es klingt ja alles noch so traditionell –, verhält man sich bei dieser Arbeit bereits wie ein Komponist des 20. Jahrhunderts, der Gegebenes als *Tonmaterial* behandelt und eigenen konstruktiven Ideen unterwirft.

Nur äußerlich ähnlich ist die Situation in einem der letzten Werke von *Dmitri Schostakowitsch* (1906–1975), seinem letzten, dem 15. Streichquartett von 1974. Äußerst ungewöhnliche Wahl der Tempi: Sechs ineinander übergehende Adagiosätze. Nur der fünfte Satz, Trauermarsch, nimmt das im übrigen durch alle Abschnitte gehende Zeitmaß ♩ = 80 weiter zurück (♩ = 60), und auch der letzte Abschnitt, frühere Sätze zitierend, greift an den Stellen, wo er den fünften Abschnitt zitiert, dessen Tempo auf. Elegie heißt der erste, Epilog der letzte Abschnitt dieser Musik des Abschieds. Dieses Spätwerk eines Komponisten, der einst alle Register pathetischer Expression und dramatischer Spannung beherrschte, ergreift durch seine äußerste Zurücknahme, es berührt, indem es verschweigt. *Reduktion der Mittel in allen Dimensionen*. Nur an wenigen Stellen geht der erste Satz, die Elegie, über ein äußerst begrenztes rhythmisches Vokabular hinaus, bestehend aus Ganzen, Halben und Vierteln in Zweiergruppen. Ähnliche Sparsamkeit im Tonmaterial. 48 Takte lang genügen sieben Töne. Aber ich glaube nicht, daß es sich dabei noch um das alte es-moll handelt. Zitierte Tonsatzmittel früherer Epochen assoziieren stets eine bestimmte Musiksprache. Die Polyphonie des frühen Hindemith assoziiert Bach und Reger, Strawinskys Durzitate meinen die Sprache Haydns oder Rossinis. Schostakowitschs Elegie aber ruft keine frühere in Moll komponierte Musik herbei; dieses Siebentonmaterial, klanggleich mit es-moll, bringt eine neue assoziationsfreie Musik hervor. Es gibt mehrere Gründe dafür: es-moll-Musik stellte den Dreiklang ins Zentrum, hier überwiegt die leere Quinte *Es–B* sowie dissonanter Klang, es-moll-Musik brauchte B-dur oder b-moll als zweitwichtigsten Klang, hier fehlt die Dominant-Tonika-Bindung. Erstarrung im rhythmischen Modell kannte wohl das Organum Perotins, nicht aber die Musik der Dur-Moll-Zeit. Hier der Anfang des ersten Abschnitts, Elegie:

Mit sieben Tönen, die wir aus Kenntnis der Musikgeschichte es-moll nennen, bringt hier ein Komponist, der von der Welt Abschied nimmt, der alles Raffinement, der Brillanz und Effekt hinter sich gelassen hat, eine neue Musik hervor, deren Einfachheit uns bestürzt; das Ego des Komponisten ist aus dieser Musik bereits herausgetreten. Selbstverständlich verbieten sich hier eigene Tonsatzversuche.

»TONALITÄT« DER SINGSTIMME
(HINDEMITH, SCHÖNBERG)

Fassen wir Tonalität auf als *erkennbare Ordnung des Tonmaterials*, wie ich vorschlagen möchte, dann ist Dur-Moll eine, aber nicht die Tonalität. Tonal ist dann auch die Materialordnung eines dorischen gregorianischen Chorals und einer Zwölftonkomposition. Da wir in diesem Kapitel zu *eigenen Tonsatzarbeiten* ermuntern wollen, wird der Leser um Verständnis gebeten dafür, daß wir uns auf Musik beschränken, deren Materialordnung erkennbar und definierbar ist, so daß sich Tonsatzregeln mit nicht allzu großer Toleranzbreite ableiten lassen. Nichts wäre der Neuen Musik abträglicher als die irrige Meinung, jederzeit sei alles möglich. Die technischen Möglichkeiten einer Singstimme sind begrenzter als die eines Klavierparts. Ziehen wir für unsere einstimmigen Übungen nur Singstimmen als Wegweiser heran, treten die jeweiligen Materialordnungen deutlicher zutage. Jede der folgenden Materialanalysen führt zu Tonsatzaufgaben. Die Reihenfolge entspricht nicht der musikgeschichtlichen Folge (wie sollte man auch bei Hindemith und Schönberg über ein Vorher und Nachher entscheiden), sondern einer Folge von leichter zu schwerer. Damit ist allerdings nicht eine satztechnische, sondern die gehörmäßige Schwierigkeit gemeint. Auch bei einstimmigen Übungen in der Sprache der Neuen Musik sollte man hören, was man zu schreiben beabsichtigt. Folgt man dem hier vorgeschlagenen Gang, absolviert man damit zugleich einen Gehörbildungskurs. (Das Gehör bildet sich durch die Aufgabe, sich immer kompliziertere Tonfolgen vorstellen zu müssen.) Natürlich steht es dem Gehörgenie frei zu überspringen, denn jede Aufgabe erhält ihr eigenes Reglement. Mir persönlich sind allerdings Komponisten immer verdächtig vorgekommen, die vom Brahms-Stil übergangslos zur Zwölftonreihe übergesprungen sind: Ich glaube ihnen nicht!

Drei Stellen aus *Paul Hindemiths* erster Fassung des ›Marienlebens‹ nach Gedichten von Rainer Maria Rilke (1922/23) nehmen wir zum Vorbild unserer ersten Melodieübungen. Wir beobachten *langsam vollzogene Tonraumwechsel*. Sie lassen sich am leichtesten darstellen als das, was sie natürlich nicht mehr sind: Übergänge von einem Durtonraum zum anderen. Natürlich denkt der Hindemith von 1923 nicht so; wohl aber hätte er, wäre er in einem Durbereich zu lange geblieben, empfunden: »Dies ist kraftlos, eine abgenutzte Melodik.« Und deshalb hätte er verändert, hätte den Tonraum früher verlassen. Die Bereichswechsel werden also gerade so vollzogen, daß sich kein Dur-Eindruck festigen kann. Wenn wir in der Melodieanalyse Tonartbereiche notieren, tun wir dies also mit umgekehrter Tendenz: um zu erkennen, daß sich ein gesichertes Tonartgefühl gerade nicht ergibt. Mit ‾‾‾‾‾‾ sind doppeldeutige Übergangszonen bezeichnet, deren Töne noch dem alten, aber auch bereits dem neuen Raum angehören.

S. 36

Che - ru - bim, wenn sie ge - ruh - ten, ne - ben eu-

- rer Her - de ein - her - zu - schrei - ten,

S. 23

Noch er - ging sie's leicht im An - be - gin - ne,

doch im Stei - gen manch - mal ward sie schon ih - res wun - der-

ba - ren Lei - bes in - ne, und dann stand sie,

at - mend, auf den hohn Ju - den - ber - gen.

S. 19

Nicht daß ein En - gel ein - trat, (das er - kenn), er-

schreck - te sie. So we - nig and - re;

wenn ein Son - nen - strahl o - der der Mond bei Nacht

317

Hindemith vollzieht diese Übergänge sehr behutsam. Nur der zweite Übergang des ersten Beispiels umfaßt lediglich einen Ton, ein langes *d''*, sonst bilden stets mehrere Töne den Übergang. (Die Bezeichnung mit Durbereichen scheint mir methodisch sinnvoller, auch wenn es hier und da nach Mollregion klingen mag. Bereich 2 im dritten Beispiel könnte nämlich auch als h-moll aufgefaßt werden und als solcher dann schon früher einsetzen. Zu h-moll aber gehören die Töne *Fis G Gis A Ais H*, und kein Hörer würde h-moll assoziieren bei Tonfolgen wie

 .)

Beobachten wir, mit welch behutsamen Schritten neue Tonbereiche eingeführt werden, der Singstimme gleichsam helfend, sich im unbekannten Land zurechtzufinden. Bereich D wird im ersten Beispiel mit der kleinen Sekunde *D Cis* etabliert, Bereich C mit dem Schritt *H C*. Auch dienen Richtungswechsel dazu, alte Bereiche unauffällig in Vergessenheit geraten zu lassen. Hindemith schreibt also nicht

 (Anfang des 1. Beispiels)

und auch nicht:

 (3. Beispiel).

Chromatische Schritte wie *F Fis* treten vorerst nicht auf, also nur diatonische Schritte.

Als *Aufgabe* formuliert ergibt sich: Langsame Wechsel von Durbereichen. Keine chromatischen Schritte. Jeweils mehrere Töne bilden zu beiden Bereichen zurechenbare Übergangszonen. Bei relativ schnellem Übergang den alten Bereich durch Richtungswechsel vergessen machen. Sekunden, Terzen und Quarten sind die dominierenden Intervalle. *Cis* nach *C*, *G* nach *Ges* usw. besonders gut »verstecken«:

(Hier wurde *C* durch Richtungswechsel »vergessen« und das neue *Cis* behutsam sekundweise eingeführt.)

Man bevorzuge einfache rhythmische Verhältnisse, um auch hier auf Überraschungen zu verzichten. Zwar sollten die Stimmen singend erfunden werden, dennoch schlage ich vor, ohne Text zu arbeiten. Wer den Sprung ins Wasser scheut, mag einen der folgenden Anfänge weiterführen:

Nächste Stufe: Es wird schwerer für den Sänger. Die Tonraumwechsel beschleunigen sich. Dementsprechend verkürzen sich die Übergangszonen. Bisweilen fehlen sie ganz. In dem Falle tritt stets die dichteste melodische Verbindung an ihre Stelle: der chromatische Schritt der übermäßigen Prime, bezeichnet mit ‖. Hier tritt der neue Tonbereich ohne Vorbereitung ein, der Sänger hat es schwerer, sich sogleich in ihm zurechtzufinden. Typisch für Hindemiths Musiksprache, in dem Falle den neuen Tonbereich mit einem möglichst starken konstruktiven Intervall, das Sicherheit herzustellen vermag, auszubauen. In den meisten Fällen ist es die Quarte wie in unseren Beispielen dreimal:

(Das zweite Beispiel stammt aus der Neufassung des ›Marienlebens‹ von 1948.)

Die Melodie mit Text:

- men der vie - - le Him - - mel un -voll-stän - - - - dig war? Der Auf - - er-stand - ne hat - te Platz der sich ver - wöhnt ver- schob: So sehr war al - les, was die Menschen bau - en, schon ü - ber- wo -gen von dem Lob in ih -rem Her - zen. Von der Lust, sich hin-zu- ge - ben an die in - nern Zei - chen: · Die El - tern

Aufgabe: Die Durbereiche entfalten sich nicht mehr in solcher Breite wie in der vorangegangenen Aufgabe. Die Wechsel werden häufiger und die Übergangszonen kürzer. Mehrfach direkter chromatischer Übergang in einen neuen Tonbereich, der in solchem Falle durch das melodisch sinnfälligste Intervall der Sekunde oder das konstruktivste der Quarte (oder Quinte) ausgebaut wird. Möglicher Aufbau: Ruhiger Beginn im Sinne von Aufgabe 1, allmähliche Steigerung des Aktionstempos; Höhepunkt, Beruhigung, stabilisierter Schluß. Hier mein Lösungsversuch für eine bis zum spannungsmäßigen Höhepunkt (zugleich geplant als höchster Ton) geführte Melodie:

Man bezeichne die Tonräume dieses Bruchstücks, führe es fort bis zu einem glaubhaften Abschluß und schreibe ähnlich verlaufende Melodiebögen. (In meinem Konzept des gegebenen Melodiebogens sind die Tonräume verzeichnet G, F, Des, Es, C, H, C, B, H. Zwei Bereichswechsel ohne Übergangszone.) Übrigens empfiehlt es sich, dynamische Bezeichnungen einzutragen, da dies dazu anregt, an Musik und nicht nur an »Tonsatzaufgabe« zu denken.

Literaturhinweise für Analysen ähnlich gestalteter Melodiebögen: Motetten von Pepping und Reda, die Shakespeare-Songs von Fortner.

Ein zweites Ordnungsprinzip Hindemithscher Melodik ist *die Legitimation durch direkte oder übergeordnete*, d.h. nach Unterbrechung fortsetzende *Halbtonschritte*. Es gibt ja zwei Arten von Nähe. Das eine ist die in den bisherigen Aufgaben erprobte Nähe aller Töne, die zu einem Durbereich gehören. Die Töne

sind Nachbarn im Durtonraum C. Eine anders legitimierte Nähe beruht auf der Ähnlichkeit der Tonhöhe. Durch sie ist eine Tonfolge wie *D Cis C H B* ein Gang von Nachbar zu Nachbar:

Hier ist es gleichgültig, ob der klingende Halbtonschritt als übermäßige Prime oder als kleine Sekunde notiert ist. Als Einzelfall kannten wir in der letzten Aufgabe schon den »direkten chromatischen Übergang in einen neuen Bereich«. Nunmehr erhalten ganze melodische Entwicklungen ausschließlich aus dieser Tonhöhennachbarschaft ihre Überzeugungskraft, ihren »Sinn«.

Hier zwei Abschnitte aus dem ersten Satz der Sonate für Cello und Klavier op. 11 Nr. 3 von 1919, die nach 60 Jahren noch so hinreißend und frisch ist wie am ersten Tag:

Man trage alle Halbton-Nachbarschaften in die Noten ein, nicht nur die unmittelbaren, sondern auch die nach Unterbrechung fortsetzenden. Dem Hörer können nämlich längere Unterbrechungen durchaus zugemutet werden; sein Ohr »konserviert« Töne ähnlicher Höhe und registriert den Anschluß über die Unterbrechung hinweg.
Kurze Unterbrechung:

längere Unterbrechung:

Daß es dabei auch zu einer Art zweistimmiger Einstimmigkeit kommen kann, weiß jeder Bach-Kenner, der bei Bach dergleichen kennengelernt hat:

Sonata C-dur für Viol. solo

Im instrumentalen Bereich findet man derartige Tonhöhennachbarschaften häufiger, auch wird dieses *Bindemittel für Zusammenhang* hier entschiedener eingesetzt. Die chromatische Tonleiter selbst ist ja nichts, was man kompositorisch vorzeigen könnte. Die Unterbrechungen aber, durch die eine Quasi-Zweistimmigkeit entsteht, bringen eine Fülle von Sprüngen mit sich, wie sie eher für instrumentale Stimmen typisch sind. Hier immerhin ein auf Sprünge verzichtender chromatischer Aufstieg (»und wurdest groß«!) aus dem ›Marienleben‹, eine Stelle äußerster Expression, an die wir unsere Übungen nicht anhängen sollten:

I, 57

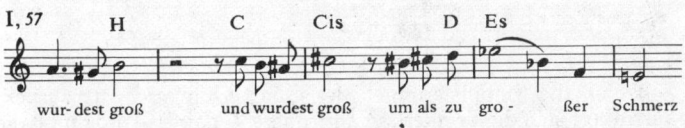

Ich gestehe, daß ich bei meinen folgenden Anfängen doch an Flöte oder Violine gedacht habe und mir ein langsames Tempo vorstelle. Wer will, mag sie fortsetzen oder selbst Ähnliches erfinden. Auch bietet sich natürlich an, diesen Melodietypus mit dem bisher erprobten zu verbinden, in eine melodische Entwicklung bisheriger Gestaltungsweise also gelegentlich Stellen chromatischer Verbindung einzusetzen.

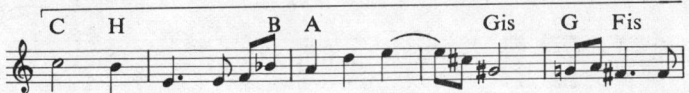

Der Schritt ist klein von Hindemiths Halbton-Nachbarschaft zur Melodik von *Arnold Schönbergs* 15 Gedichten aus ›Das Buch der hängenden Gärten‹ von Stefan George (1908/09), kleiner als manche Snobs ihn wahrhaben möchten, die sich sogleich unauffällig-auffällig entfernen, wenn man in ihrer Gegenwart den Namen Hindemith erwähnt. Fast läßt er sich reduzieren auf dies: Weniger Quarten, mehr Halbtonschritte. Aber sehen wir genauer. Schon bei der Cellostimme aus Hindemiths Cellosonate op. 11 Nr. 3 würde der Versuch, Durbereiche zu bezeichnen, zu einem kümmerlichen Ergebnis führen. Die häufige Quarte allerdings mit ihrer Kadenzschritt-Autorität schien immer noch blitzlichthaft durtonale Kleinstfelder anzuzeigen:

Treten die Stabilisierungen der Quart-Quint-Schritte zurück, verringert sich die Erinnerung an frühere Tonalität. Und durch die verstärkte Einbeziehung von Halbtonschritten breiten sich Zonen aus, die sich jeder Durraum-Einordnung entziehen:

Also sucht das Ohr (also sucht der Komponist!) nach *neuen Ordnungsprinzipien*.

Auffällig ist in Schönbergs »erstem Werk in freier Atonalität« (Adorno), zu dessen Uraufführung der Komponist schrieb: »Mit den Liedern nach George ist es mir zum ersten Mal gelungen, einem Ausdrucks- und Form-Ideal nahezukommen, das mir seit Jahren vorschwebt«, das Streben nach frischen, unabgenutzten Tönen. Nicht die durtonalen Räume allein nutzen sich ab, sondern die einzelnen Töne selbst. Erklang *C*, werden als Töne ähnlicher Höhenlage *H* und *Cis* einer Wiederkehr von *C* vorgezogen. Sehen wir dazu im folgenden Ausschnitt aus dem ersten Lied des Zyklus den mehrfachen Austausch von *Fis* und *F*, sodann das wiederholte Auswechseln von *E* und *Es*:

Der folgende Abschnitt scheint bereits einer *Zwölftonkomposition* entnommen zu sein: Zwischen *A* und *Des* fehlt keine Tonhöhe, jede aber tritt auch nur einmal auf, von unmittelbaren Wiederholungen abgesehen:

Die drei ersten Takte der folgenden Stelle zeigen gleichfalls eine vollständige chromatische Raumausfüllung des Bereichs von *A* abwärts bis *Cis*. In den Folgetakten werden 12 Töne gesungen im Quartbereich *H–E*, der nur sieben Tonhöhen anbieten kann; so

wechselt *Dis* zu *D* und zurück nach *Dis*, ebenso pendelt *Cis–C–*
–Cis. Schulmäßige Zwölftonmusik liegt also noch nicht vor, denn
die Tonhöhen *F Fis G Gis A B* bleiben ausgespart:

Im nächsten Ausschnitt werden in der oberen Stimmlage zehn
verschiedene Töne gebracht, nur *B* und *F* fehlen. Beachten wir
aber, daß im mittleren Teil des Ausschnitts der Ton *A* mehrfach
wiederkehren darf. Die öde Langeweile zahlloser strenger Zwölf-
tonwerke ist noch fern; es gibt Ruhezonen und »ambulante«
Abschnitte:

Wir sollten deshalb nicht ständig den Rucksack auf dem
Rücken tragen, sondern unser Gehör verfeinern für den *Wechsel
von Ruhe und Verwandlung des Tonraumes*. Ruhe meint hier nicht
mehr »Durbereich«, sondern Wiederkehr irgendeiner Gruppe von
Tönen oder auch nur eines mehrfach auftretenden und gewichtig
plazierten Tones. Markieren wir Töne, die durch Wiederkehr Ruhe
vermitteln, mit └────┘ und Umgehung »abgenutzter« Töne durch
∿∿∿, und versuchen wir uns in dieser Sprache. Hier mein
Versuch mit Selbstanalyse:

Nicht alles soll bezeichnet werden; man lasse sich nicht dazu verleiten, nur zwischen Extremen hin und her zu pendeln. Nur wenn *derselbe* Tonraum durch andere Töne besetzt wird, ist das Zeichen ∿∿∿ angebracht. An einer Stelle sehe ich mich zu doppelter Bezeichnung veranlaßt, weil einerseits das wiederkehrende *F* Ruhe vermittelt, andererseits mit *Ges As G* der Tonraum in Bewegung ist.

Man versuche sich in ähnlicher Weise. Natürlich ist es nützlich, vorher einige der George-Lieder durchzusingen (oder wenigstens zu spielen) und nach Ruhe und Bewegung zu analysieren.

SINGSTIMME IN DER OPER (BERG, HENZE)

Aus den bisherigen satztechnisch akzentuierten Untersuchungen ist der Bereich des *musikalischen Ausdrucks* in unzulässiger Weise ausgeklammert worden. Um wenigstens anzudeuten, wie viel uns fehlt, was alles noch dazukommen muß, damit aus geordneten Tönen Musik wird, seien seine zwei unterschiedliche Dimensionen musikalischen Ausdrucks an je einem Opernwerk vor Augen geführt. (Opernsingstimmen nehmen wir uns vor, da in ihnen das Moment der Expression deutlicher wird als in zur Diskretion neigender Kammermusik.)

Für zwei *kontrastierende Liniengestalten* lassen sich in *Alban Bergs* Oper ›Wozzeck‹ nach Georg Büchner (1914–1921) zahllose Belege finden. Hier die erste Melodiegestalt: Großer Sprung aufwärts zum Spitzenton, von ihm aus absinkend zunächst kleinste, dann etwas größere Intervalle:

Ausdrucksbereich: »und weinte«, »mit Tränen«, »erbarme dich«, »ein armes Weibsbild«, »den armen Wurm«, »unselig in dieser Welt«: Klage, miserere nobis. (Bei Josquin, einem in gleicher Weise expressiven Komponisten, konnte diese Melodiegestalt mit derselben Ausdruckszuordnung erstmals nachgewiesen werden, siehe Seite 126.) Hier zwei Stellen der Marie, zwei des Wozzeck:

(Notenbeispiel: Melodiezeilen mit unterlegtem Text)

und weinte und küß- te sei- ne Fü- ße   und netzte sie mit Trä - nen und

salb- te sie mit Sal- ben…"   Hei - land!   ich möchte Dir die Fü- ße

sal- ben —   Hei -   land, Du hast Dich ih - rer erbarmt,   er-

bar- me Dich auch meiner!…   a - ber ich bin nur ein   ar- mes Weibs- bild

der lie - be Gott ___ wird den armen Wurm nicht drum ansehn,   ob das

Amen dar- ü - ber   Un -   ser- eins ist doch ein- mal un- se- lig

in die - ser   und der an -   dern Welt!

Nun der andere Melodietyp, belegt mit Stellen des Haupt-
manns, des Doctors und zweimal des Tambourmajors: Zickzack
auf und ab. Der Spitzenton, wie ein Nadelstich spitz, wird im
Sprung erreicht und verlassen; er bleibt allein, wird nicht durch
Tonnachbarschaften in die Linie einbezogen. Ausdrucksbereich:
Spott, Zorn, »betrunken«, »auffahrend«, »lärmend«:

(lacht noch lärmender)

Oh, er ist dumm, ganz ab-scheu - - lich dumm!

ärgerlich:

Ich kann mei-ne Zeit nicht steh-len.   der Mann muß

auffahrend

sau - fen!   Kerl,_____   soll ich Dir die Zung aus dem Hals zieh'n

Natürlich ist der Opernkomponist angesichts der Probleme der Textverständlichkeit in besonderem Maße aufgerufen zu solcher Deutlichkeit des Affekts. Wer diesen tränengleich strömenden Gesang der Marie, diese herzlosen, stechenden Tonpunkte des Doctors hört, versteht genug.

Hans Werner Henze findet in seiner Oper ›Der Prinz von Homburg‹ (1960) nach dem Schauspiel von Heinrich von Kleist, für Musik eingerichtet von Ingeborg Bachmann, *einen anderen Weg der Differenzierung,* der allerdings geschulter Ohren bedarf. Nicht daß die eingesetzten Mittel vom Hörer Spitzenleistungen in Gehörbildung verlangten: Sie sind so eingesetzt, daß jeder sie wahrnehmen könnte. Nur weiß der in der Sprache der Neuen Musik ungeschulte Hörer nicht, in welche Richtung er sein Ohr einstellen soll. Daß er für das Verständnis einer Oper seine Aufmerksamkeit auf unterschiedliche Intervallwerte richten sollte, käme ihm nie in den Sinn. Homburg-Natalie und der Kurfürst, das sind die beiden Welten dieses Dramas, oder: Liebe und Traum einerseits, die Welt des Krieges und das »ich will, daß dem Gesetz gehorchet werde« andererseits. Dem Prinzen und dem Traum des Prinzen und in diesem Traum der »schönen Traumgestalt« Natalie ist die kleine Sexte zugeordnet:

Hohenzollern: Homburg:

Der Prinz _____ von Hom - burg.   Na - ta -

lie!   Mein Mäd - - chen!

Also erhält Natalie auch ihren Handschuh (»der meine, welchen ich vermißt«) aus der Hand des Prinzen so zurück:

Die Gegenwelt wird von der Quarte beherrscht:

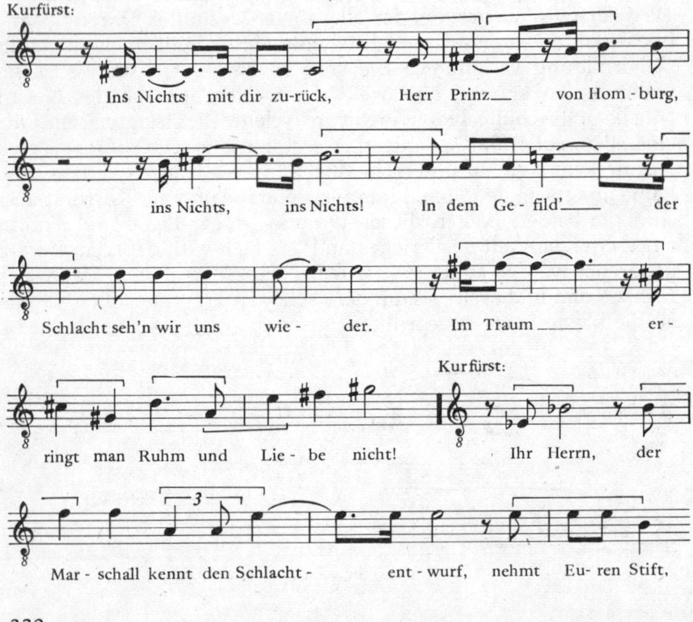

Kurfürst:

Ins Nichts mit dir zu-rück, Herr Prinz von Hom-burg, ins Nichts, ins Nichts! In dem Ge-fild' der Schlacht seh'n wir uns wie - der. Im Traum er-ringt man Ruhm und Lie - be nicht!

Kurfürst:

Ihr Herrn, der Mar - schall kennt den Schlacht - ent - wurf, nehmt Eu- ren Stift,

Also gibt Homburg seinen voreiligen Befehl zum Angriff gleichfalls »in diesem Tone« und legt im Tonfall des Kurfürsten die
erbeuteten Fahnen vor ihm nieder:

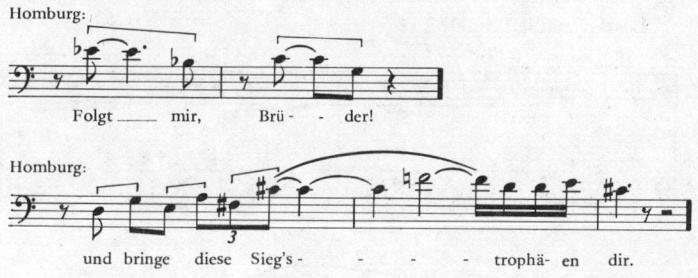

Homburg:

Folgt ____ mir,   Brü - - der!

Homburg:

und bringe   diese Sieg's - - - - trophä- en   dir.

Von *Leitmotiven* sollten wir nicht sprechen. Henzes Intervalle
beeinflussen den melodischen Farbwert einer Gesangslinie, gehen
aber völlig in ihr auf, während ein Wagnersches Leitmotiv, wenn
es an passender Stelle eingefügt wird, immer es selbst bleibt, ein in
sich sinnvolles und selbständiges Element: Die Klebestellen
bleiben sichtbar. Der Henze-Hörer würde das Erlebnis einer
Gesangslinie zerstören durch analytisches Herausschneiden von
Sexten und Quarten, während eine Wagnersche Gesangsstimme
nicht zerstört wird dadurch, daß ihre Leitmotiv-Bestandteile für
sich wahrgenommen werden. Daß aufgrund des unterschiedlichen
Farbwerts von Sexte und Quarte der Traum Homburgs einer
anderen Welt angehört als der in dieser Welt regierende Kurfürst,
soll und kann mit sensiblem Ohr aber ohne Seziermesser vernommen werden.

HINDEMITHS ZWEISTIMMIGKEIT

Schönbergs Musik vor der Entwicklung der Zwölftontechnik war
so sehr klangbetont, daß sich durch Herausgreifen der wenigen
zweistimmigen Takte, die man gelegentlich finden kann, nur ein
stilistisch verfälschendes Bild angeblicher Schönbergscher Zweistimmigkeit ergeben könnte. Erst in zwölftönigen Werken wie der
Klaviersuite breitet sich ein wenigstimmiges Denken aus, was
ohne weiteres überzeugt; ist es doch das Wesen dieser Technik,
lineare Abläufe weniger Stimmen zu kontrollieren. Sinnvoll ist es
deshalb für den Bereich der nicht-zwölftönigen Musik, sich auf
einen Komponisten zu berufen, in dessen Werk *Zweistimmigkeit*
von Anfang an eine wesentliche Rolle spielte: Paul Hindemith.
Wie verhalten sich hier die Stimmen zu einander?
    Sehen wir den Anfang eines Satzes aus der ›Reihe kleiner
Stücke‹ für Klavier von 1927. *Erste Möglichkeit*: Beide Stimmen

verwenden dieselben Töne, halten sich im selben diatonischen
Bereich auf und »modulieren« gemeinsam wie im dritten Takt aus
der ♯-Region in den ♭-Bereich:

Lustig, mäßig schnell

Das Notenbild des zweiten Takts widerspricht dem nur scheinbar;
klangorientiert hätte Hindemith auch eine dieser Notationen
nehmen können:

Formulieren wir die Situation eindeutiger, um sie für eigene
Tonsatzversuche zu erschließen. Taucht in einer Stimme ein *A* auf,
so keinesfalls gleichzeitig in der anderen Stimme ein *Ais*, während
A und *B* zusammenpassen. Reine, große und kleine Intervalle
werden also bevorzugt vor übermäßigen und verminderten. Dem
entspricht, daß Konsonanzen und milde Dissonanzen (kleine
Septime, große Sekunde, Quarte!) den Vorrang haben vor scharfen Dissonanzen (große Septime, kleine Sekunde). Unser Beispiel
enthält auf keiner Viertelzählzeit eine scharfe Dissonanz. – Im
folgenden Ausschnitt aus demselben Stück steht doch einmal *A*
gegen *Ais*, doch leuchten zwei Legitimationen ein. 1. *Ais* »schreit«

nicht gegen *A*, weil es nur Durchgang ist. 2. Es hätte sich ein störender Einklang ergeben, der aber bis zur Oktave *D* aufgespart werden sollte, denn dieses *D* signalisiert das Ende des Stückes (es eröffnet den Schlußtakt):

Hier mein zweistimmiger Versuch in dieser Sprache, den der Leser fortsetzen mag, falls ihm nicht eine eigene Idee in den Sinn kommt. Ich würde mir vorstellen, daß sich nach dem langsamen Aktionstempo des Anfangs die Wechsel von einem Bereich in den anderen in den nächsten Takten beschleunigen:

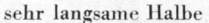

Ein von Anfang an unternehmungslustigeres Stück (gleichfalls zur Weiterführung empfohlen) könnte so einsetzen:

Die zweite Möglichkeit, über die die Handschrift Hindemiths zur selben Zeit verfügt, sei belegt mit einer Stelle aus dem ersten Satz der ›Übung in drei Stücken‹, die mit der ›Reihe kleiner Stücke‹, der das vorige Beispiel entstammte, zur selben Opuszahl 37 gehört. Alles, was wir soeben lernten, wird über den Haufen geworfen:

Man hört Musik für ein knallhartes Instrument, für einen Flügel, den es leider nicht gibt, mit belederten (wie die Klaviere bis ca. 1840), nicht mit dickem Filz bepackten Hämmern. Mit wahrer Lust werden hier nun gerade – wie über den Noten eingetragen – die »Erzfeinde« gegeneinander gehetzt. Auffallend, daß die Einzelstimme, die ja vom Kontrapunkt nicht gestützt, sondern attackiert

334

wird, Standfestigkeit in sich selbst sucht in der Beschränkung auf absolut »sichere« Intervalle wie Sekunde, Quarte und Quinte. (Erinnert sich der Leser an die bei Schönberg gezeigte chromatische Raumausfüllung? Hier geschieht etwas Ähnliches, indem sich zwei Stimmen im Tonvorrat nicht verdoppeln, sondern ergänzen.) Die Spielanweisung »marcatissimo« und »sehr robust« macht deutlich, daß Hindemith zu dieser Zeit keinen Einheitsstil schrieb, sondern für »robust« eine andere Sprache wählte als für »sehr zart und ruhig, ausdrucksvoll« (Spielanweisung eines Satzes aus der ›Reihe kleiner Stücke‹). Aus dem komponierten Kontrast ergibt sich, daß in dieser Schaffensphase Hindemiths an robusten Stellen Dissonanz in aller Schärfe erlebt werden konnte und sollte: So dissonant ist keine spätere Neue Musik mehr, auch die gleichzeitige Schönbergs nicht, eben deshalb, weil dissonant nur erlebt werden kann als Gegenpol von konsonant, also nur erlebt werden kann in der Musik eines Komponisten, der beides zu Gehör bringt. Wir lernen daran also, daß wir bei der Sprache eines Komponisten Neuer Musik nur dann von *Dissonanz* sprechen dürfen, wenn wir in seiner Musik auch *den klanglichen Gegenpol* realisiert sehen. Sonst ist der eine wie der andere Begriff hinfällig.

Wir könnten uns die *Aufgabe* stellen, von der einen in die andere Sprache und zurück zu modulieren in einem sanft beginnenden, »robust« werdenden und sich wieder besänftigenden Stück. Verliefe der Anfang etwa so:

könnte sich im Verlaufe des Stückes unter Beibehaltung der Motive (♩♪ und ♪♪♪) ein Spannungshöhepunkt ergeben wie dieser:

Vielleicht lockt es den Leser, diese Bruchstücke in einen ganzen Satz einzuschmelzen, falls nicht eigene Ideen vorgezogen werden.

Beobachten wollten wir noch, wie sich parallel zur tonräumlichen Entfernung der Stimmen auch *ihr rhythmisches Eigenleben* entfaltet. Derselbe erste Satz aus Hindemiths ›Übung in drei Stücken‹ op. 37,1 ist dafür ein ideales Studienobjekt. Hier wenigstens drei Ausschnitte:

Wer es sich zutraut, könnte natürlich in die zuvor gestellte Aufgabe Anregungen dieser Art einbeziehen für die Stellen, in denen sich die Stimmen gegeneinander spannen.

ZWÖLFTONMUSIK (SCHÖNBERG, WEBERN, FORTNER)

Schon in der Singstimmenführung von Schönbergs George-Liedern befanden wir uns gelegentlich fast in einer Zwölftonkomposition (»chromatische Raumausfüllung«). Gleichfalls ganz in ihre Nähe führte uns die zuletzt untersuchte Technik des zweistimmigen Hindemith-Satzes, jeder Stimme ihren eigenen Tonvorrat zu geben, so daß sich die Stimmen im Tonvorrat nicht verdoppeln, sondern ergänzen. Aus größerem zeitlichen Abstand sieht man nach erfolgten Revolutionen weniger den Einschnitt, wie ihn der Revolutionär selbst empfinden mußte (Schönbergs Schaffenspause vor den ersten Zwölftonwerken dokumentiert ihn), als vielmehr die *Kontinuität*. Wird nicht auch die frühklassische Revolution der »Mannheimer« für unser spätes Ohr zum nahtlosen Anschluß an die Musik des schon 1736 gestorbenen Pergolesi? Zahlreiche theoretische Schriften Schönbergs befassen sich mit Harmonie, Form, Kontrapunkt, Instrumentation und musikalischer Logik. Merkwürdig, daß er seine epochale Erfindung, die *»Methode der Komposition mit zwölf nur auf einander bezogenen Tönen«* nicht auch in einem Lehrbuch ausgebaut hat, wo doch gerade diese rationell durchorganisierte Kompositionstechnik in besonderem Maße zur Darstellung in einem umfassenden Regelsystem zu tendieren scheint. Der Grund liegt vielleicht darin, daß Schönberg das Reglement selbst nicht so streng gefaßt hatte wie sein Schüler Webern und alle Nachfolger, die den Blick wohl mehr auf Webern als auf Schönberg richteten. Finden sich doch im ersten Zwölftonwerk Schönbergs, seiner ›Klaviersuite‹ von 1921, Freiheiten, die ein strenger Zwölftöner nicht zugelassen hätte!

Das Auftreten abgenutzter Töne vermeidet man am konsequentesten dadurch, daß man regelt, daß vor der Wiederkehr eines Tones erst alle übrigen erklingen müssen. *Abnutzung* ist das eine, *Zentrumsbildung* das andere Argument für dieselbe Sache. Macht man von allen Tönen in gleichem Maße Gebrauch, kann keiner mehr den Eindruck eines tonalen Zentrums erwecken. Kein Ton herrscht mehr über andere, wie es die Tonika dereinst konnte und sollte. Trotz der *Gleichberechtigung aller zwölf Töne* können Zwölftonstücke ebenso unterschiedlich klingen, wie früher C-dur-Stücke sich voneinander unterscheiden konnten. Zunächst kann man unterschiedliche Akzente setzen bei Bildung der *Reihe*. Untersuchen wir einige berühmte Beispiele.

Alban Berg, Violinkonzert: Moll- und Durdreiklänge aneinandergesetzt, dann Ganztonleiter: Anfang des Chorals »Es ist genug«. Die Reihe enthält nicht eine kleine Sekunde (1). Anton

Webern, Sinfonie: Die Reihe ist in der Mitte gespiegelt. Sie enthält nicht einen Quint- oder Quartschritt (2). Webern, Klavierstück op. posth.: Sieben kleine Sekunden; keine Quarte/Quinte (3). Schönberg, Klaviersuite: Man empfindet tonale Gruppen dadurch, daß vier »schwarze Tasten« beieinander stehen. Denkt man sich die Reihe mehrfach nacheinander musiziert, ergibt sich mit *D H C A B E F G* eine Art C-dur/F-dur-Bereich von großer Ausdehnung (4).

Die Reihe gibt der Musik, die mit ihr komponiert werden kann, eine gewisse Tendenz, läßt dem Komponisten aber dennoch genügend Freiheit. Sehen wir die ersten drei Reihenabläufe des Klavierstücks von *Anton Webern* (der letzte Ton des dritten Durchgangs fehlt, was gewiß nicht so wäre, hätte Webern die Drucklegung überwacht) und stellen wir eine eigene Fassung dagegen, die sich bemüht, sich innerhalb desselben Menuett-Typs stilistisch so weit wie möglich von Weberns Komposition zu entfernen:

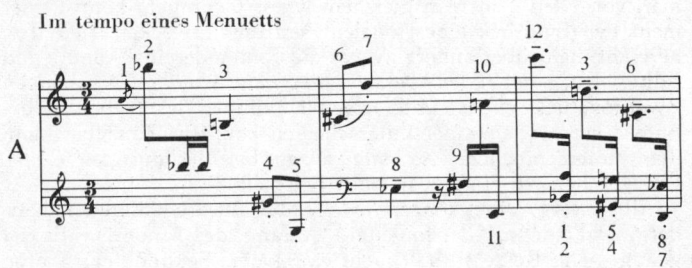

Fassung A (Webern) setzt Punkte, ständig durch die Oktavlagen springend, B betont den Sekundgang. Bei A sind alle Klänge scharfe Dissonanzen (große Sept, kleine None), bei B hört man außer einem milden Tritonus nur Konsonanzen. A hebt im dritten Takt in markierten langen Tönen die nichttonale Gruppe *C H Cis* hervor, B bringt an derselben Stelle mit markiertem *A H G* einen gewissen G-dur-Anklang . . .

Eine Hauptforderung aller Reihenkomposition ist in beiden Fassungen erfüllt: Die ständige Wiederkehr desselben Töneablaufs muß vor dem Hörer versteckt werden. In A sind wichtige melodische Zieltöne in Takt 1 *H*, in Takt 2 *Es*. Beide Töne dürfen beim nächsten Durchgang dieselbe Rolle nicht einnehmen und erhalten andere Bedeutung. Bei B ist *Gis* zunächst auffällig als oberer Ton einer Sexte, beim zweiten Durchgang flüchtiges Sechzehntel, im dritten Ablauf unterer Ton einer Terz.

Das führt zu unserer ersten *Aufgabe*: Ein Stück mit mindestens fünf Reihenabläufen ist zu komponieren in der Weise, daß kein Hörer bemerken kann, daß fünfmal dieselbe Reihe abläuft.

Zunächst keine Zweitonklänge, also *reine Einstimmigkeit.* Kurze Vorschläge sind möglich. Pausen nicht vergessen. (Wird eine Pause zwischen die Töne 5 und 6 gesetzt, sollte dies keinesfalls beim nächsten Durchgang wieder geschehen!) Vor der Komposition sollte man eine Reihe immer befragen auf die Möglichkeiten, die in ihr stecken. Hier als Vorschlag eine Reihe, die nicht einseitig akzentuiert ist, sondern vielerlei enthält: Einmal Quarte (= Quinte), einmal Tritonus, dreimal kleine Terz (= große Sexte), zweimal große Sekunde (= kleine Septime), viermal kleine Sekunde (= große Septime) und einmal große Terz (= kleine Sexte), denn auch das Intervall vom 12. zum 1. Ton wird melodisch wirksam:

Trit.

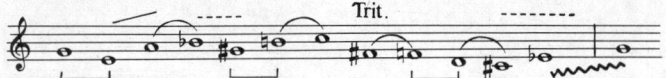

Hier einige Anfänge als Vorstellung unterschiedlicher Musiktypen:

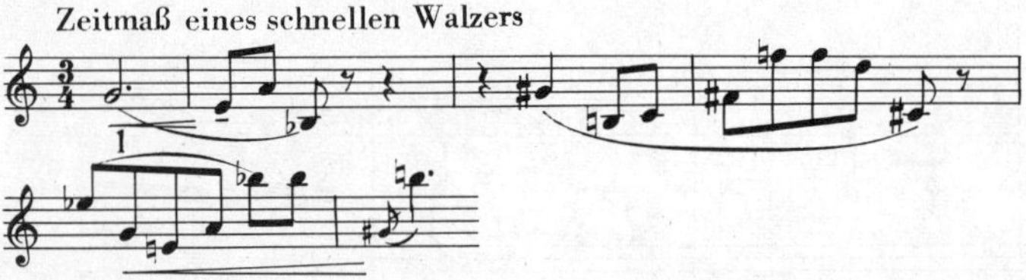
Zeitmaß eines schnellen Walzers
1

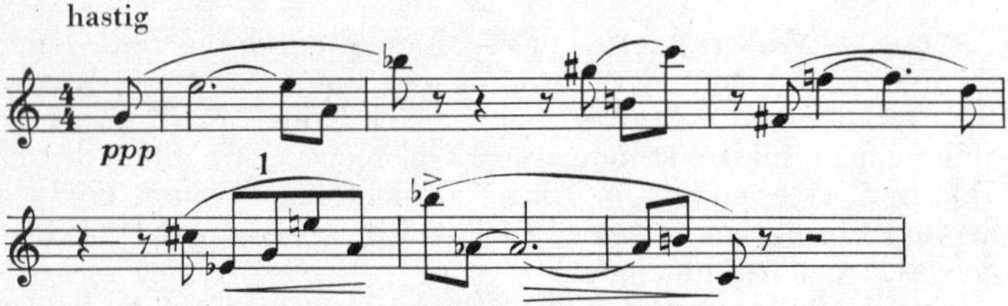
hastig
ppp
1

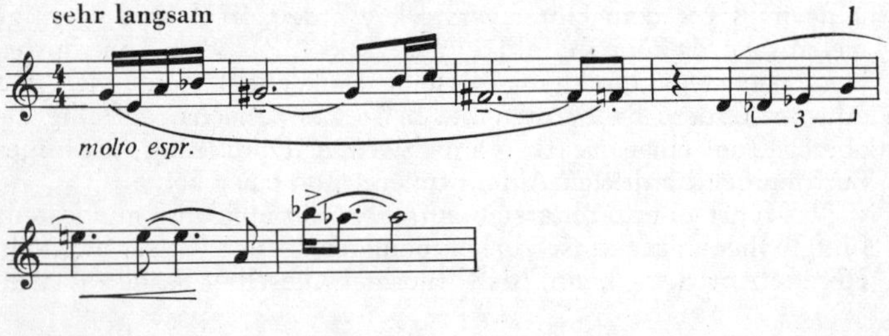
sehr langsam
1
molto espr.
3

Der Leser setze sie nicht fort: Er setze seinen Stolz in eigene Ideen, spiele sie aber einmal durch. Sie sollen ihn nur zu Musik animieren, sollen ihn vom bloßen Töne-Abarbeiten bewahren. Nie waren plötzlich (und ach, nur für kurze Zeit) so viele unmusikalische Komponisten am Schreiben wie nach Bekanntgabe der Zwölftonregeln. Man stelle sich vor dem Schreiben ein Tempo vor, und zwar nicht metronomisch (Viertel = 120), sondern möglichst »menschlich« (hastig, schleppend oder, um Gustav Mahler zu zitieren, »Etwas täppisch und sehr derb« oder »Allegro assai. Sehr trotzig«) und vergesse beim Schreiben die so wichtigen Pausen nicht sowie die möglichen Tonwiederholungen (siehe das Klavierstück Weberns) und füge Phrasierung und dynamische Bezeichnungen hinzu.

Nächste Aufgabe (Übergang zur Mehrstimmigkeit): Man schreibe einen Satz in der Art des Webern-Klavierstücks, wobei gelegentlich zwei Töne gleichzeitig erklingen. Je nachdem, welche Reihentöne man für diese Klänge auswählt, werden diese einheitlich oder kontrastreich, gespannt oder weich . . .

Nächster Schritt: Eine Reihe ist transponierbar und bleibt dabei dieselbe Reihe. Sie kann in vier Gestalten auftreten. Im Krebs K läuft sie rückwärts ab, in der Umkehrung U wird sie waagerecht gespiegelt, d. h. aus steigenden werden fallende Intervalle gleicher Größe. KU ist die Umkehrung der Krebsgestalt (oder, was auf dasselbe hinausläuft, der Krebs der Umkehrung):

Da jede dieser vier Gestalten in jede Tonhöhe transponiert werden kann, stehen mit einer Grundreihe 4 mal 12 = 48 Gestalten zur Verfügung. (Natürlich ergibt sich nur die Hälfte bei einer in der Mitte gespiegelten Reihe wie der von uns untersuchten Webern-Reihe: Sie ist mit ihrer Krebsgestalt identisch.) Man kann sich jetzt die Aufgabe stellen, bei einem Stück mehrere Reihenformen einzusetzen; da das Komponieren so aber eher leichter als schwerer wird, kann man sich diese Stufe auch sparen.

Denkaufgabe: Wolfgang Fortner beginnt den zweiten Satz, Variations, in seinem ›Zyklus‹ für Cello und Klavier von 1964 so:

Was das Klavier spielt, ist nicht schwer zu erkennen. Man bezeichne alle Töne (alle?) mit ihren Zahlen. Was aber, zum Teufel, spielt das Cello nach dem ersten Reihendurchgang? – Man mache sich zuvor klar, welche charakteristischen Merkmale die Reihe enthält. Auffällig mit *F Ges G As* (= 5 6 7 8) ein Stück chromatische Tonleiter und anschließend mit *As H D* (8 9 10) ein verminderter Dreiklang steigend. Wo tauchen beide Merkmale später wieder auf? 15 Minuten Bedenkzeit.

Mehrstimmigkeit

Erste Möglichkeit: Es läuft jeweils nur eine Reihe ab, und ihre Töne werden auf zwei oder mehrere Stimmen verteilt, also z. B. so in einem Duo:

1.　　　　1 2――――――6 8 9――――――
　　　　　　　3 4 5――――――7 10 11 12

In einem Trio etwa so:

2.　　　　　4 5　　　8　　10 1　2　3　4　　9　　　12
　　　1　2　3――――――9――――――5　8　10――――
　　　　　6　　7　　　11　12――――――6 7　　　11

Und so in einem Klavierstück:

3.　　　　1　2/3　4――――――9　10　5
　　　　　　　　　5　　12　4
　　　　　　　　　6　　11 2 3 6/7
　　　　　　　　　7
　　　　　　　　　8　　　1　　8

Das führt bei größeren Besetzungen natürlich zur *Neutralisierung des Reihenablaufs.* Orchesterwerke wie Schönbergs erstes in der Zwölftontechnik, seine ›Orchestervariationen‹ op. 31, kommen bald an die Grenze. Hier laufen beispielsweise in der Zeit von neun Viertelnoten (Introduktion, Takte 21–22) vier Reihen nacheinander ab, obwohl die Instrumente nur je 2 bis 12 Töne spielen. So gehören die 12 Töne der Geige vier verschiedenen Reihen an, und was heißt dann noch Reihe! Damit erreichen wir eigentlich schon die andere Art der Zwölftonmusik, die ohne Festlegung der Reihenfolge nur darauf achtet, daß stets alle 12 Töne präsent sind in aufeinanderfolgenden Gruppen. Hier aus Schönbergs ›Klaviersuite‹ – Anfang der Gavotte – ein zweistimmiger Satz, gebildet aus einer Reihe:

Hier folgt auf eine Reihe, beginnend mit *E*, eine Umkehrung, beginnend mit *B*. Bei der Wahl der Folgereihe ist zu beachten, daß sie nicht mit Tönen beginnt, die eben erst erklangen. Hier sehen wir die dichteste Nachbarschaft beim Ton *A*, der elfter Ton war und als zweiter wieder erscheint. (Andere Oktavlage, andere Stimme!)

Was Schönberg sich hier bei beiden Reihendurchgängen in der Unterstimme erlaubt, könnte mancher strenge Zwölftöner als *stilwidrig* rügen. Man hat doch diese eben erklungenen Töne noch im Ohr, ja Schönberg versteckt ihre Wiederkehr keineswegs; setzt er doch beim Rückwärtsgang die Töne 11 10 9 beidemale wieder in dieselbe Oktavlage, in der man sie gehört hatte. Hier zeigt sich also schon der erste Zwölftonkomponist bemüht, der Uniformität, der Hektik der immer neuen Töne zu entgehen. In dieser Gavotte überzeugt Schönberg auch formal: Es gelingt ihm, einer sich sodann in der Dichte des Tonsatzes steigernden Komposition einen ruhigen Anfang zu geben.

Wir sollten *Versuche* in dieser Technik machen. Zwei Gedanken werden uns dabei immer wieder leiten: a) »Nach Ton 5 möchte ich als nächsten Melodieton 9, also werde ich 6 7 8 in der Begleitung unterbringen.« b) »Bei diesem Reihendurchgang sind 3–4 und 7–9 die scharfen Intervalle, die ich als Klang einsetzen möchte. Also muß die Oberstimme auf sie verzichten.« Beide Gedanken sind derselbe Gedanke; auch der Zwölftonkomponist darf und soll seinen Willen durchsetzen, nur so läßt sich Automatismus vermeiden und Musik machen.

Zweite Möglichkeit einer mehrstimmigen Reihenmusik: Mehrere Reihen laufen gleichzeitig ab. Dieses Verfahren zeigt sich besonders deutlich und wird auch dem Hörer erkennbar im Trio des Menuetts der Schönberg-Suite. Reihe auf *B* und Umkehrung auf *E*, anschließend Umkehrung auf *E* und Reihe auf *B*. Der Stimmverlauf ist in beiden Stimmen rhythmisch identisch. In der Bach-Sprache würde man also sagen Kanon in der Umkehrung:

Reihenkombinationen fordern besondere Aufmerksamkeit, denn ein gleichzeitiges Auftauchen desselben Tones in beiden Stimmen muß unter allen Umständen vermieden werden. In der Reihenmusik gilt *strengstes Oktavverbot*. Man beachte, daß im dritten Takt *D* und *F* in beiden Stimmen unmittelbar aufeinander folgen. So geht es also gerade noch. (Handelte es sich nicht um einen strengen Kanon, würde man in solchem Falle die Unterstimme verlangsamen, um *D* und *F* später plazieren zu können.)

Sehen wir dasselbe Problem in den ersten Takten des Präludiums: Würde die Unterstimme ebenfalls mit Achteln beginnen, wäre *Des* in beiden Stimmen gleichzeitig erklungen. 9 kann hier vor 6, 10 vor 7 erklingen: Die Unterstimme teilt den Schluß der Reihe in zwei Viertongruppen, die gleichzeitig eingesetzt werden:

Schönbergs eigene Handhabung der Methode erlaubt *Wiederholungen von Zweitongruppen* in tremoloartigen Figuren oder Trillern und erlaubt sich sogar das Kunststück einer echten Musette: Der Ton *G* ist während des ganzen Satzes präsent, während im übrigen diverse Reihen ablaufen, in denen *G* jeweils eine andere Tonzahl hat. Elftonmusik mit ostinatem *G*: So frei, so erfinderisch hat sich Schönberg seiner Technik bedient, und daran sollten wir uns ausrichten.

Wir hatten bei Untersuchung des Anfangs eines Klavierstücks von Webern festgestellt, daß *Linie und Zusammenklang* ganz entscheidend von den scharfen Dissonanzen und in früherer Musik als unmelodisch ausgesparten Intervallen große Septime und kleine None bestimmt waren. Bei Schönberg haben wir ähnliche Untersuchungen seiner Zwölftonstücke nicht angestellt aus dem einfachen Grunde, weil hier kein derart eindeutiges Ergebnis zu präsentieren ist. Dem Webern-Klavierstück hatten wir eine eigene Anti-Version gegenübergestellt (um die Variabilität eines Reihenmaterials zu demonstrieren), die in den Klängen Konsonanzen und in der Linie die einfachsten melodischen Schritte, die Sekunden, in den Vordergrund stellte. Eine ähnliche Tendenz sei nun doch durch eine gültige Komposition belegt, durch den Anfang und eine weitere Stelle der ersten der ›Sieben Elegien‹ für Klavier, die Wolfgang Fortner 1951 veröffentlichte. Terzen, Molldreiklang, an beiden Stellen viermalige Wiederholung: deutliche Signale für eine zur Einfachheit und Faßlichkeit tendierende Musiksprache. Zuvor die Reihe, die allen Elegien zugrunde liegt. (Ich notiere gern einzelne Töne – wie hier den fünften – doppelt, wenn dies mir die Singbarkeit der Reihe erleichtert.)

Wie Fortner war vor ihm auch Alban Berg bemüht, das Terzelement, einst Basis aller Akkordbildung, der neuen Musik zu erhalten. (Wir sahen die Reihe seines Violinkonzerts!) Dagegen übernahmen viele Komponisten der Webern-Nachfolge große Sept und kleine None als klangliche Basis einer sich bewußt vom klassisch-romantischen Klang absetzenden neuen Musik. Schönberg stand zwischen beiden Polen, der Süße der Klangwelt Bergs gegenüber skeptisch, im Einsatz seiner Mittel aber viel variabler als die zur Durchorganisation und Systematik tendierende Webern-Schule.

Im Anfang der Gavotte der ›Klaviersuite‹ Schönbergs, den wir auf seine Reihenstruktur hin analysierten, haben also exponierte große Septimen (1) ebenso ihren Platz wie Tongruppen, die sich zu flüchtigen Durelementen zusammenschließen (2) und (3):

Da Ernst Krenek in seinen Zwölfton-Kontrapunkt-Studien (amerikanische Originalausgabe 1940) die gesamte Breite der Zwölftonmusik im Auge hat, darf er von »schärferen Dissonanzen« und »milderen Akkorden« sprechen, ebenso wie wir (S. 335) bei Behandlung der Sprache Hindemiths einen kompositorischen Unterschied zwischen robust und zart fanden und besprachen, »daß dissonant nur erlebt werden kann als Gegenpol von konsonant«. Eine große Septime bei Webern ist klangliche Basis einer Komposition, keine Dissonanz.

Dies mußte in solcher Breite diskutiert werden, weil sich jeder Leser nunmehr selbst die Aufgaben stellen muß, die er lösen will. Schon meine Anti-Version zu Weberns Klavierstück (S. 339) war als Webern-Stil eine katastrophale Fehlleistung, als Zwölftonmusik an sich aber akzeptabel. Der Leser mache sich also vor Arbeitsbeginn klar, welche Sprache er sprechen will. Natürlich wäre es die beste Schulung, es einmal in allen drei Richtungen zu versuchen. Hier ihre unterschiedlichen Wegweiser:

A) Große Septime und kleine None sind das Fundament für Klang und Linie. Ich denke sie nicht als Dissonanz (ich müßte sonst ja die ganze Zeit Konsonanzen vermissen), sondern empfinde mit Genugtuung, wie sie der Komposition Einheit schenken, »Tonalität«, wenn man so sagen will.

B) Im Laufe des Stückes setze ich bewußt schärfere wie weichere Intervallwerte in Klang und Linie ein, die unterschiedliche Wirkung jeweils auskostend. Vorsicht bei Dreiklangselementen: Sie sind nur so flüchtig einsetzbar, daß keine tonalen Assoziationen entstehen, »da die tonalen Folgerungen, die das Ohr aus einem Dreiklang zieht, mit den Grundsätzen der Atonalität nicht vereinbar sind«, wie Krenek in seinem Lehrbuch schreibt.

C) Was kümmern mich Grundsätze der Atonalität! Mozart ist so lange vorbei, daß ein Dreiklang, wenn ich ihn heute als Klangmaterial schätze und ich ihn anders als Mozart zu benutzen weiß, mein Klangmaterial ist und Ausdrucksmittel meiner Musik sein darf! Vor allem die Terz ist doch ein unverzichtbarer Zusammenklang von hohem Reiz. Ich benutze dieses Material ja nur – gerade weil ich Mozart verehre –, weil ich ihn nicht nachahme, sondern es brauche für eine ganz andere Sprache, die anderes ausdrücken will.

Nicht ohne Nervosität lege ich dem Leser meine Versuche in allen drei Richtungen, mit derselben Reihe geschrieben, vor, befürchtend, was nur natürlich wäre, daß mir nicht jede Sprache gleich überzeugend gelingen konnte. Ausgewählt wurde eine möglichst vielseitig verwendbare Reihe, die vier kleine und zwei große Sekunden, drei kleine und zwei große Terzen enthält sowie einen Quartschritt. Verwandt wurden nur die Reihe auf *A*, die Umkehrung auf *Es* sowie die Krebsgestalten beider Versionen. Vor eigenen Arbeiten ist es eine gute Vorübung, diese Anfänge zu analysieren. (Übrigens wurde bei A die Phrasenlänge auch als »Reihe« geordnet, die im weiteren Stück immer wieder verwandt werden könnte. Die Phrasen dauern 3, 4, 2, 6, 5, 1 und 7 Viertel.)

RA

UEs

A äußerst zart

B Nicht zu rasch

C sehr ruhig

Konstruktion als »Invention«
(Debussy, Bartók, Dallapiccola, Messiaen)

Wer hat nicht seine Schweißtropfen vergossen an Etüden, die einem bestimmten *spieltechnischen Problem* gewidmet sind und dieses in allen möglichen Formen durchexerzieren! Diese Etüden sind um so effektiver, je mehr sie sich auf das zu übende Problem konzentrieren, so daß mit jeder gespielten Note an der Sache, um die es geht, gearbeitet wird. Nun sind die Etüdenmacher meistens gleichzeitig Komponisten, die bei möglichst vollständiger Erfassung aller Spielarten des technischen Problems auf einen gewissen kompositorischen Anspruch nicht verzichten wollen. So arbeitet ihre Phantasie zweigleisig: 1. Wieviele Varianten des spieltechnischen Problems gibt es? Sicher sind einige von ihnen leichter spielbar als andere; ich sollte eine vernünftige Anordung finden und mit den leichter spielbaren beginnen. 2. Wie läßt sich und inwieweit darf und soll ich die Übungsaufgabe in Musik verstecken? Und auch wenn ich nichts verstecke: Eine Form soll das Ganze doch bekommen, schon deshalb, um den musikalischen Anspruch des Übenden nicht zu beleidigen.

Kompositorische Selbstbeschränkung auf einen einzigen Aspekt ist jedem bekannt, der größere Variationswerke studiert hat. Je mehr Variationen, desto enger muß sich die einzelne Variation ihren Spielraum begrenzen. (Der Pianist sehe sich Beethovens 32 Variationen in c-moll an, der Geiger Bachs ›Chaconne‹.) Die Phantasie des Komponisten muß sich zügeln und darauf beschränken, aus einer einzigen Sache möglichst viel zu machen. Beschränkungen dieser Art wecken die Phantasie und feuern sie an. Schreib doch mal einen Satz! (Wem fällt schon etwas ein?) Aber: Schreibe einen Satz, bei dem jedes zweite Wort ein o enthält! (Schon rast der Bleistift los: »Die Sonne steht hoch am wolkenlosen . . .«) Oder: Schreibe einen Satz aus einsilbigen Wörtern! (»Daß Du mich magst, das macht das Herz mir froh, denn reich ist . . .«)

Im Komponieren des 20. Jahrhunderts nimmt die Animation derartiger Selbstbeschränkungen großen Raum ein. Bisweilen handelt es sich um eine Art Materialzerreißprobe: »Ich will doch einmal sehen, wieviel dieses Element ganz auf sich allein gestellt hergibt.« Bisweilen geht es dem Komponisten auch darum, einem Stück eine Art magnetischen Nordpol zu setzen, auf den der Zeiger jedes Taktes gerichtet ist. (Wieder könnte man für den betreffenden Satz von seiner »Tonalität« sprechen.) Neugier, Lust zum Experiment und eine gute Portion Spieltrieb (aus jedem Vivaldi-Konzert, jedem Bach-Präludium, jedem Mozart-Divertimento hörbar, verstummt jedoch in romantischer Ausdrucksmusik) locken zur Bewältigung selbstgestellter kompositorischer Probleme, gewähren der Phantasie ein Neuland, in dem keine maßstabsetzenden Lösungen bereits herumstehen, machen musikalische Konstruktion zur freiesten Erfindung.

›Les tierces alternées‹ (*abwechselnde Terzen*) ist der Titel eines Stückes aus dem zweiten Band der ›Préludes‹ von *Claude Debussy* (1913). Von zwei leise getupften Baßtönen abgesehen ausschließlich Terzen bei acht Seiten Klaviermusik! Abwechselndes Spiel der Hände, Terz rechts – Terz links, mit ganz wenigen Ausnahmen (je zwei Terzen in einer Hand). Ein einziger Vierklang: Von beiden Händen gleichzeitig gespielte Terz im drittletzten Takt. Wie unendlich groß aber ist der Freiraum eines so engen Gefängnisses! Gehen wir einzelne Bereiche kompositorischer Phantasie durch.

1. *Bewegungsvorgänge.* a) metrisches Spiel: Spiel in Vierteln, rechts beginnt (1), Spiel in Achteln, rechts beginnt (2), Spiel in Sechzehnteln, rechts beginnt (3), links beginnt (4). b) rhythmisches Spiel: Punktiert, links beginnt (5), Triolen auf zweiter Takthälfte (6), Triolen auf erster Takthälfte (7), »gemogeltes« Nacheinander (8) und (9).

2. *Tonraumausfüllung*: Vier Töne im Bereich einer None (1), acht verschiedene Töne füllen einen Oktavbereich diatonisch voll aus (2), die linke Hand spielt eine Terzenkette im Nonenbereich, die rechte im selben Ambitus mit anderen Tönen eine eigene Terzenkette (3), Dreitonmelodie über drei Oktavlagen (4), quasi Halbtontriller (5), Ganztonleiter (6) . . .

(5)   (6)

3. *Variationsbreite* innerhalb des »Sechzehntelmotors«: Die Hände haben innerhalb eines Taktes unterschiedlich viele Positionen inne:

r. Hd: 1
l. Hd: 2

(Hier sind nur wenige der Spielformen verzeichnet, die Debussy verwendete.)

Dieser Einblick mag genügen, um den Spielraum zu verdeutlichen, in dem *kompositorische Phantasie* im 20. Jahrhundert spielt. Versuchen wir uns an einer ähnlichen *Aufgabe*. Vielleicht reizt es den Leser, folgendes »Gefängnis« lustvoll zu beziehen: Es gibt nur Quarten, simultan oder sukzessiv gespielt. Beim Übergang von einer Quarte zur nächsten dürfen auch andere Intervalle eingesetzt werden. Das bedeutet praktisch, daß als Klang jedes und in der Melodie mindestens jedes zweite Intervall eine Quarte sein muß. Drei Lösungswege: 1. Man schreibt munter los und hofft, daß genügend Ideen unterwegs kommen. 2. Man legt sich erst ein Materialverzeichnis an, indem man, was alles möglich ist, planmäßig durchdenkt. 3. Man füllt zunächst ein Skizzenblatt und notiert was einem einfällt, unsystematisch, mit springender Phantasie, arbeitet aber noch nichts aus. Mir ist der dritte Weg am sympathischsten; ich notiere beispielsweise:

Und was nun? Mir ist die Phantasie zwischen Vivace und Adagio hin- und hergesprungen. Jetzt entscheide ich mich entweder für das Tempo, das mehr verspricht, oder ich mache etwas aus dem Zugefallenen: Ein Stück, das sehr oft zwischen zwei Tempi hin und herspringt, wobei der Anfang auf jeden Fall im Vivace, der Schluß im Adagio stehen würde.

Genauso nützlich wie das Lösen dieser *Aufgabe* wäre es, sich *ein eigenes »Gefängnis«* auszudenken: Es muß so eng formuliert sein (das ist es, worum es geht), daß die Phantasie ständig die Widerstände spürt und von ihnen angestachelt wird, und es muß in der Begrenzung doch Musik möglich machen, für deren Entfaltung ein gewisses Maß an Freiheit unerläßlich ist. (Z.B.: Einstimmige Invention nur aus den Intervallen kleine Sekunde und kleine Terz.)

Mehr als die anderen Klassiker der neuen Musik hat *Béla Bartók* in ähnlichen *Materialerforschungen* die verschiedensten Ausdrucksmittel der neuen Musiksprache isoliert auf die Probe gestellt. Man findet sie vor allem in der umfangreichen Klaviersammlung ›Mikrokosmos‹. Hat Debussys Prélude die Terzen ausgelotet, hatten wir uns für unsere Aufgabe die Quarte vorgenommen, so beschränkt sich Bartók in einer ›Chromatischen Invention‹ auf den Halbtonschritt. Die Oktave, aufgefaßt als Tonwiederholung in anderem Register, wird dabei von Anfang an zugelassen. Das Stück beginnt als strenger Kanon im Tritonus, verläuft dann ab der bezeichneten Stelle frei:

Interessant zu beobachten, wie Bartók die Zügel nach einer Weile locker läßt, das Pferd bald ganz durchgehen möchte und der Komponist – ein genialer Einfall – gerade im Moment der größten Gefahr die Ordnung wiederherstellt, noch ohne daß der Durchschnittshörer dies bemerkt. Erste Intervall-Freiheiten treten auf in den Takten 9–10 (die unerlaubten Schritte sind markiert):

Vorerst halten sich die freien Schritte in Grenzen, bis dann in den Takten 17–18 die Nicht-Halbtonschritte bei weitem überwiegen. Und nun ab Takt 19 die ideenreiche Rettung: Es springt weiterhin, aber jede Stimme fängt den zuletzt erklungenen Ton der anderen Stimme im Halbtonschritt auf. Ab Takt 21 ist die Unterstimme wieder im Lot, während die obere als quasi zweistimmige Stimme zwei Halbtonlinien nach außen führt, bis sich sowohl von C als auch von Ais aus der Zielton H halbtönig erreichen läßt. Die Ordnung ist wiederhergestellt, streng geht das Stück weiter:

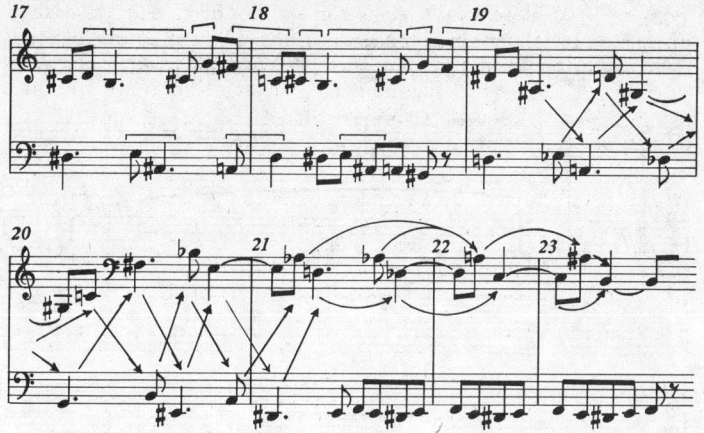

Die Anmerkung »*genialer Einfall*« zu einer solchen Lösung ist als Formulierung wohlüberlegt. Einfall ist im 20. Jahrhundert nicht wie bei Rossini oder Offenbach die zündende Melodie. Häufig zeigen sich heute die Einfälle, deren Musik zu allen Zeiten bedarf und die auch heute gute Stücke aus der Fülle des Komponierten herausheben, in der Originalität der Lösung eines scheinbar technischen Problems. Die Konstruktion bedarf der »*Invention*«, und zwar einer Erfindung nicht außerhalb, sondern innerhalb des Konstruktionsvorganges.

Werfen wir wegen der auch hier reizvollen »Erfindungen unterwegs« noch einen Blick in das Stück ›Moll und Dur‹. Von Anfang bis Ende nichts als links die ersten fünf Töne von a-moll, rechts die ersten fünf Töne von H-dur. *Erstes Stadium*: Exposition der »handelnden Personen«, jede für sich. *Zweites Stadium*: Man verträgt sich in weiser Beschränkung auf die Töne, die zueinander im Terzabstand stehen und sich in Harmonie präsentieren (von der linken Skala die Töne 1, 3, 4, von der rechten die Töne 2, 4, 5). *Drittes Stadium*: Die Unvereinbarkeit wird herausgestellt. *Cis* steht gegen *C, Dis* gegen *D*. Dissonanteste Stelle des Stücks. *Viertes Stadium*: Jede Stimme regiert einen Takt lang und scheint im nächsten höflich in den Herrschaftsbereich der anderen Stimme überzutreten.

(1)

Wer mag, studiere im ›Mikrokosmos‹, Heft 4, noch die Stücke ›Verminderte Quinte‹ und ›Dreiklänge‹, in Heft 6 noch die Stücke ›Kleine Sekunden, große Septimen‹ und ›Spiegelung‹.

Die Aufgabe, ein Stück so zu komponieren, daß auch seine Umkehrung oder Krebsgestalt *sinnvolle Musik* ergibt, hat viele Komponisten der ersten Jahrhunderthälfte gereizt. Durch die Zwölftonmusik war ein Denken in Umkehrung und Krebs ja aktuell, Realisationen finden sich aber auch in Werken anderer Stilrichtungen. So folgt der von uns besprochenen ›Chromatischen Invention‹ Bartóks die genaue Umkehrung, intervallgetreu. Hindemith rahmte 1943 seinen Klavierzyklus ›Ludus Tonalis‹ mit einem Prä- und einem Postludium, das dieselbe Musik als Krebsumkehrung darstellt. Allerdings handelt es sich um eine tonale, keine reale Umkehrung; die Vorzeichensetzung bei der Krebsumkehrung erfolgte frei entsprechend tonalen Erfordernissen. Aus a) machte Hindemith im Postludium b), während eine distanzgenaue Umkehrung c) ergeben hätte:

Luigi Dallapiccola spielt in dem seiner Tochter Annalibera gewidmeten zwölftönigen Klavierwerk ›Quaderno Musicale‹ (1952) manche *Kunststücke* durch, so einen strengen Kanon von Reihen mit ihren Umkehrungsfassungen im Einsatzabstand einer Achtelnote (Nr. 5). Besonders kompliziert ist Nr. 7: Hier werden acht Takte aus Reihe, Krebs, Umkehrung und Krebsumkehrung gebaut; anschließend wird das Ganze wiederholt, während gleichzeitig die ersten acht Takte als Krebs ablaufen, rhythmisch und Ton für Ton exakt. Natürlich kann nur ein recht dünner Klaviersatz gleichzeitig mit seiner Krebsgestalt spieltechnisch bewältigt werden. Veranschaulichen läßt sich die Gesamtform etwa so:

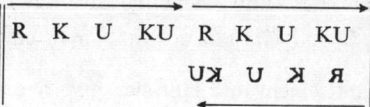

Olivier Messiaen hat schon früh zu *einer unverwechselbaren Musiksprache* gefunden, die er 1944 in der ›Technique de mon langage musical‹ dargestellt hat. Zwischen der Abgenutztheit von Dur und Moll und der Anonymität der Präsenz aller zwölf Töne entschied er sich für, wie er formulierte, »*meine geliebten Modi*«. Dies sind für Klang- und Melodiebildung zuständige Vorräte von fünf bis neun Tönen, die, wenn man sie als Skalen von allen 12 Tönen aus errichtet, nicht in jedem Falle zu unterschiedlichem Tonvorrat führen. Einfacher wird das an einem Beispiel: Die Ganztonleiter *C D E Fis As B C* ist nur einmal transponierbar, nämlich auf *Cis*; von *D* aus erbringt sie wieder nur den Tonvorrat der Grundreihe. Sie ist also für Messiaen ein »Modus«, sein erster, den er allerdings nicht benutzt aus Respekt vor Debussys genialer Handhabung dieses Materials. Dagegen würde eine unregelmäßig gebaute Skala, die z. B. nur eine einzige große Terz enthält wie *C Cis Es G As B C*, elfmal transponiert, stets einen anderen Tonvorrat ergeben; sie ist also kein Modus. Modi entstehen also nur bei *Einteilung der Oktave in gleichstrukturierte Abschnitte.* Für Teilung der Oktave in Abschnitte gleicher Größe gibt es vier Möglichkeiten: Bei Teilung in

a) große Sekunden (6 gleiche Abschnitte):	C	D	E	Fis	As	B	C
b) kleine Terzen (4 gleiche Abschnitte):	C		Es	Fis		A		C
c) große Terzen (3 gleiche Abschnitte):	C			E		As		C
d) Tritoni (2 gleiche Abschnitte):	C				Fis			C

a) ist Modus 1, die Ganztonleiter, die nicht benutzt wird. Aus b) entsteht Modus 2: *C Des Es E Fis G A B C* (Wechsel von großen und kleinen Sekunden). Dieser Modus ergibt nur von *Cis* und *D* aus neue Tonvorräte, während er von *Es, Fis* und *A* aus wieder zum Material der Grundgestalt führt. Aus c) ergibt sich Modus 3:

C D Es E Fis G As B H C (eine große, zwei kleine Sekunden usw.)

Dieser Modus ist nur transponierbar auf *Cis, D* und *Es,* während er von *E* und *As* aus wieder zum Material der Grundgestalt führt. Aus d) ergeben sich die letzten drei möglichen Modi:

Modus 4: C Des D F Fis G As H C

Modus 5: C Des F Fis G H C

Modus 6: C D E F Fis Gis Ais H C.

(Andere Möglichkeiten schließt Messiaen aus, so z.B. die mögliche Skala C Es F Fis A H C, die er als »unvollständigen Modus 2« bezeichnet: Denkt man sich *D* und *Gis* hinzu, erhält man eine Transposition des 2. Modus!)

Messiaen komponiert also mit einem und läßt sich inspirieren von einem *freiwillig begrenzten Tonmaterial.* Animation durch Selbstbeschränkung waren bereits auf andere Weise Debussys Terzen, die Quarten unserer eigenen Aufgabe, Bartóks ›Chromatische Invention‹, sein Stück ›Moll und Dur‹. Wir wollen, Messiaen folgend, die Möglichkeiten begrenzten Tonmaterials auch in *eigenen Übungen* erforschen. Man kann in Messiaens Modi arbeiten. Ich schlage allerdings vor, gerade keine aus regelmäßigen Gruppen bestehenden Tonvorräte zu nehmen. Wie wäre es mit diesem Sechstonmaterial? Man denke etwa an »Miniaturen für Oboe allein«:

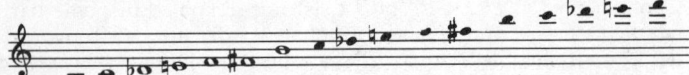

Mir kommt mal wieder nichts als Vivace und Adagio in den Sinn. Man setze diese Anfänge fort oder, besser noch, erfinde eigene Musik:

Oder man arbeite in diesem Siebentonmaterial:

Noch weiter gehende Beschränkung des Tonmaterials fördert und fordert die Phantasie in besonderem Maße. Man versuche es einmal mit fünf Tönen:

Man macht nämlich die Erfahrung – wie ich in dem folgenden schleichenden Anfang, der vorerst nur zwei Töne in den Raum setzt –, daß ein dritter Ton ein außerordentliches Ereignis sein kann, eine atemberaubende Ausweitung des Materials. »Nur fünf Töne« heißt also »nicht ständig alle fünf Töne«!

ruhige Viertel. Absolut gleichmäßiges pp ohne jeden Akzent.

Erfahrungen dieser Art können gerade heute von besonderem Wert sein, wo sich die ständige Präsenz aller zwölf Töne abgenutzt zu haben scheint und Komponisten wieder danach trachten, einzelnen Tönen den (für einige Zeit verlorengegangenen) Rang des Besonderen zu gewähren.

Man kann verstehen, daß etliche Komponisten es unlogisch fanden, daß die *Tonhöhen* in Reihen oder in Materialauswahl anderer Art geordnet wurden, alle anderen Komponenten aber – wie vor allem *Tondauer* und *Lautstärke* – ihre alte Freiheit behielten. Messiaen war der erste, der auf Durchorganisation aller Elemente weisende Ansätze im Werk Weberns weiter verfolgt hat. In seinem (vielbeachteten und wenig gespielten) Klavierstück ›Mode de valeurs et d'intensités‹ von 1949 hat er erstmalig Tonhöhe, Tondauer und Lautstärke als gleichberechtigte Elemente behandelt, allerdings in fester Zuordnung: Jeder Ton war an eine feste individuelle Tondauer und Lautstärke gebunden, trat also stets in derselben Charakteristik auf. Die an diesen Ansatz anknüpfende »serielle Musik« unterwarf sämtliche »Parameter« Reihenordnungen und legte teils sogar durch übergeordnete Reihen fest, welche Reihe nach welcher (es gibt ja z. B. aus einer Tonhöhen-Grundreihe bereits 48 Versionen) zu verwenden war.

Die Möglichkeiten, für jede Komposition *ein individuelles Ordnungssystem* zu erfinden, sind nahezu unbegrenzt. Eine Lehre serieller Technik wäre ein Widerspruch in sich, da die Komponisten der kurzen, aber intensiven seriellen Schule Ehrgeiz und Stolz darein setzten, für jedes Stück neue Modalitäten zu erfinden. So soll nur an drei Beispielen gezeigt werden, in welche Richtung ordnende Phantasie zielen kann. Bleiben wir beim maître, bei Messiaen.

1. Die Oberstimme eines zweistimmigen Abschnitts aus dem Klavierstück ›Ile de Feu 1‹ von 1950 gibt jedem der 12 Töne im Ambitus zweier Oktaven seine feste Position. (In der Harmonielehre, Seite 266–269, zeigten wir, daß Webern schon 1928 die Oktavlagen der Töne strenger Ordnung unterwarf.) Messiaens feste Positionen sind:

Vif. (staccato)

2. Sehr viel weiter geht Messiaen in dem Klavierstück ›can-téyodjayâ‹ von 1953, einem auch für unbefangene Hörer faszinie-renden Werk, das abschnittweise die verschiedensten Ordnungen durchspielt, was ein sehr kontrastreiches farbiges Stück ergibt, während ›Mode de valeurs . . .‹ doch eher eine Kompositionsetüde darstellt, die ihr Ordnungsprinzip unverändert beibehält. Hier der Anfang eines längeren dreistimmigen Abschnitts. Jede Stimme setzt acht Töne ein, die ihre feste individuelle Dauer und feste Oktavlage haben. Oberstimme: 1 – 8 ♪, Mittelstimme: 1 – 8 ♪, Unterstimme: 1 – 8 ♪. Taktstriche kann es für Musik dieser Bauweise natürlich nicht mehr geben. Hier sind die Striche nichts anderes als Hilfsmittel zum Tondauernzählen. Auch die insgesamt nur fünf dynamischen Grade (eine vernünftige Lösung: zwölf Stärkegrade kann niemand spielen und könnte auch kein Hörer unterscheiden) sind bestimmten Tönen fest zugeordnet. Die mitt-leren Lautstärken tauchen nur in der Mittelstimme auf:

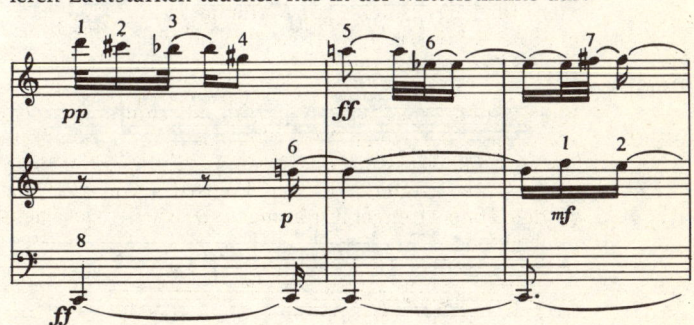

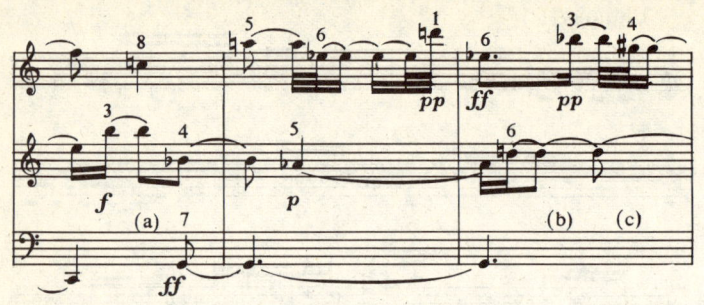

Die Materialordnung sieht so aus:

Dauer in ♪:

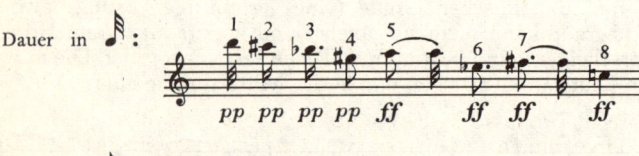

Dauer in ♪:

Dauer in ♪:

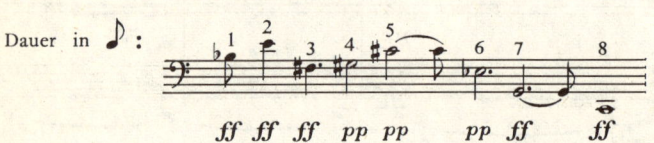

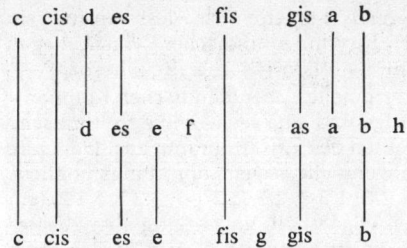

Es, *Gis* und *B* treten in allen drei Stimmen auf, die übrigen Töne nur in einer oder in zwei Stimmen. Alle mehrfach auftretenden Töne sind hinsichtlich der Oktavlage individuell postiert:

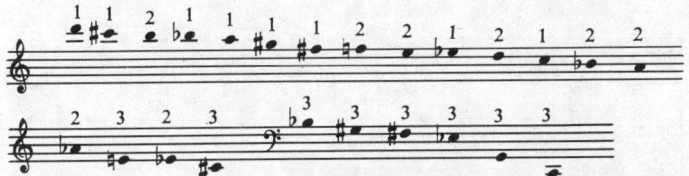

Adorno hat einmal die überraschende, aber sogleich einleuchtende Meinung vertreten, daß die konsequenteste Zwölftonmusik kurz vor der Definierung der Zwölftontechnik komponiert worden sei. Noch habe das kritische Komponistenohr als allein entscheidende Instanz gewirkt, »abgenutzte« Töne vermieden und Ton für Ton für die beste Lösung entschieden, während in einem späteren Stadium, wo Reihenabläufe durch übergeordnete Reihen abgerufen wurden, der kontrollierende Komponist sich um ganz andere Dinge kümmern mußte und wenig Aufmerksamkeit für die Position der Töne selbst übrig blieb. So tritt auch in ›cantéyodjayâ‹ einmal, was man in früherer Zwölftonmusik als Fehler bezeichnet hätte, eine Oktave auf (a), erklingt einmal g-moll (b), gefolgt von einem Dominantseptakkord auf *B* (c): Keine »Fehler« für diese Musik, denn was ein Fehler ist, ergibt sich aus der jeweils gesetzten Ordnung. In diesem Stück dagegen ist fehlerhaft ein Ton der Oberstimme im hier nicht mehr wiedergegebenen 14. Takt unseres Abschnitts. Entweder die Dauer 5 ♪ bleibt, dann bitte den Ton *a''*, woraus sich allerdings ein gebrochener D-dur-Dreiklang ergäbe, oder *c''* bleibt, muß dann aber eine Viertelnote dauern. (Korrektur ohne Änderung der ganzen Stelle scheint kaum möglich.)

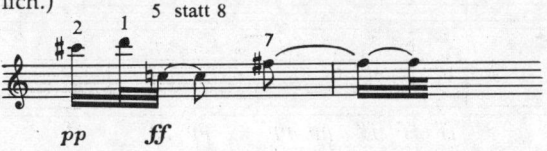

3. Ordnungen ganz anderer Art ersann sich Messiaen für sein ›Livre d'Orgue‹ von 1951. Rhythmen indischer Musik liegen zugrunde, werden aber nicht als folkloristischer Reiz hörbar: Sie sind Bauelemente eines originellen abendländischen Komponisten geworden. Zwei dreitönige und eine sechstönige rhythmische Zelle füllen jeweils in drei Takten den Zwölftonraum aus. Der erste Teil des Stücks ist zu Ende, wenn alle sechs Anordnungsmöglichkeiten durchgespielt sind: 1 2 3, 1 3 2, 2 3 1, 2 1 3, 3 2 1, 3 1 2. (Im folgenden wird der erste Teil wiederholt, gleichzeitig aber zusätzlich im Krebs gespielt: Bei einem Klavierstück von Dallapiccola besprachen wir schon einmal diese Baumöglichkeit.)

1 = pratâpacekhara, 2 = gajajhampa, 3 = sârasa.

Sârasa bleibt rhythmisch unverändert. Alle drei Töne von pratâpacekhara werden bei jedem Auftreten um ein 32stel verlängert, die Töne von gajajhampa um ein 32stel verkürzt. Gezählt in ♪ entwickeln sich die Maße dieser beiden rhythmischen Zellen also wie folgt:

pratâpacekhara:				gajajhampa:			
12	2	3		18	6	6	8
13	3	4		17	5	5	7
14	4	5		16	4	4	6
15	5	6		15	3	3	5
16	6	7		14	2	2	4
17	7	8		13	1	1	3

(Das Ende der Entwicklung ist zwingend, weil gajajhampa im Unsichtbaren verschwinden würde!)

Beide rhythmischen Zellen geraten in einen kontinuierlich wirkenden Zerrspiegel, denn eine Proportion wie 2:3 ist kaum noch erkennbar in 7:8.

Messiaen hat drei sich deutlich von einander abhebende Registrierungen vorgeschrieben. Jeder Hörer ist sogleich in der Lage, das unveränderte sârasa wiederzuerkennen, und wird auch, wenn er nur erst einmal weiß, in welche Richtung der Ereignisse er sein Ohr lenken soll, das accelerando des einen wie das ritardando des anderen Elements verfolgen können: Äußerste rhythmische Kompliziertheit findet ihre Konsequenz in der Einstimmigkeit der Musik. (Die meiste serielle Musik hatte auf derartige Vernunft verzichtet, wodurch sie sich dem mitvollziehenden Hören verschloß.) Übrigens ist die Anordnung der 12 Töne in der ersten Dreitaktgruppe eine sogenannte Allintervallreihe. Denkt man sich die Töne in aufsteigender Folge notiert, treten alle möglichen Intervalle je einmal auf (+ heißt »groß«, − heißt »klein«):

Warum sollen wir nicht *eigene Versuche in serieller Komposition* unternehmen? (Nochmals: seriell nennt man Kompositionen, in denen außer der Tonhöhe auch andere Toneigenschaften strukturiert sind.) Hier als Denkanstoß für eigene Planung oder auch zum Weiterkomponieren zwei Möglichkeiten:

1. Zählen wir die Töne $C = 1$, $Cis = 2$, $D = 3$ usw., so erhalten wir aus einer Zwölftonreihe eine Reihe von 12 Zahlen. Sie soll bei einem Klavierstück mit 12 Reihenabläufen die Dichte regeln: Die Zahlen geben an, nach wievielen Viertelnoten eine Reihe jeweils durchgespielt sein muß:

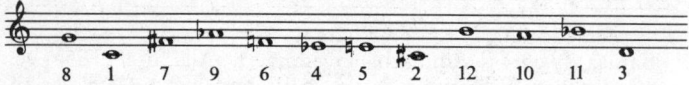

Der erste Durchlauf erhielte also die Zeit von 8 Vierteln, der zweite als der kürzeste nur eine Viertel. Ein möglicher Anfang wäre:

Ein die Phantasie außerordentlich anregendes Verfahren, das Spannung und Entspannung vorprogrammiert. Natürlich wird die hineingesteckte Ordnung selbst nicht hörbar, wohl aber, was sich aus ihr ergibt, nämlich eine Musik unterschiedlicher Satzdichtegrade.

2. Wir nehmen dieselbe Zwölftonreihe und verwenden sie zugleich wieder als Zahlenfolge. Die Zahlen bestimmen diesmal, nach wievielen Tönen des Reihenablaufs sich die Tonsatzstruktur ändern muß. Alles übrige lassen wir frei. (Wer allerdings möchte,

kann natürlich noch weitere Regeln erfinden.) Es muß sich also nach acht Tönen, dann nach einem Ton, dann nach sieben Tönen usw. Wesentliches ändern. Ein möglicher Anfang wäre etwa:

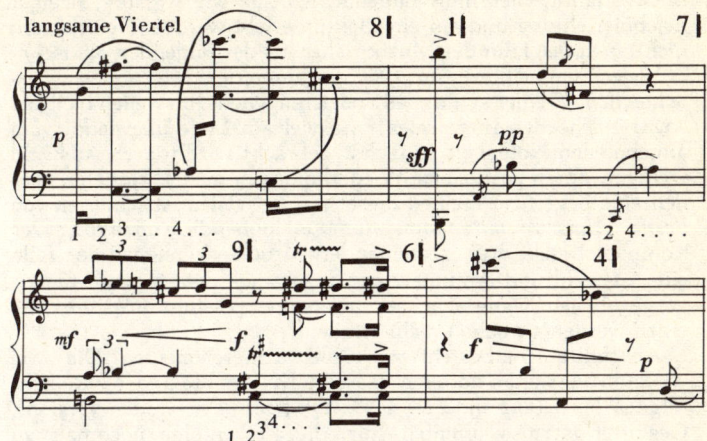

Engen wir den *Freiraum* des Komponierens nicht viel weiter ein. Die Verfechter serieller Organisation sind sehr schnell wieder davon abgekommen, durch *totale Ordnung* die völlige Unhörbarkeit von Ordnung zu erreichen. Reglementierung aller Ereignisse führt zu *Ereignislosigkeit*. Eigene Erfahrungen etwa in der vorgeschlagenen Weise bleiben aber sinnvoll, da auf viele Komponisten serielles Denken ein klein wenig »abgefärbt« hat. Mit Werken der letzten 30 Jahre kommen wir deshalb analytisch leichter zurecht, wenn wir unsere ordnende Phantasie selbst einmal ein wenig haben spielen lassen.

ZWISCHEN STIMME UND KLANG
(B. A. ZIMMERMANN, LIGETI, LUTOSLAWSKI)

Bei einem Bilde steht es dem Auge des Betrachters frei, an jeder Stelle zu beginnen, in beliebiger Richtung weiter zu wandern, nach Belieben zu anderen Stellen zu springen, dem Werk lange oder kurze Betrachtungszeit zu widmen. Anders die Zeitkunst Musik. Vom ersten bis zum letzten Takt muß in der vom Notentext vorgeschriebenen Reihenfolge und Ablaufzeit gehört werden. (Die Literatur steht zwischen beiden Extremen; man kann langsam oder schnell lesen, Abschnitte nach Belieben wiederholen...) Aber die Künste begegnen sich und empfangen Anregungen voneinander. Unvergeßlich die Mosaiken der Kirche S. Apollinare Nuovo zu Ravenna. An der linken Seitenwand die unendliche

Reihe heiliger Damen, rechts nicht weniger heilige Herren, den Blick nach vorn zum Altar gewandt und den Blick des Gläubigen in dieselbe Richtung zwingend: Hier ist kein lustvoll springender Blick erlaubt, hier muß bildende Kunst »wie Musik« in einer Erlebnisrichtung und auf ein Ziel hin erlebt werden. (Ist insofern nicht auch der Film der Musik näher als der bildenden Kunst?)

Viele Kompositionen um 1960 gewähren dem Interpreten *unterschiedliche Freiheitsgrade* des Spazierengehens, bisweilen bleibt es sogar Sache des Interpreten, wie viel am Ende überhaupt vom angebotenen Notentext zu Gehör gebracht wird (durch Auswahl weniger, durch zusätzliche Wiederholungen mehr). Flötisten kennen eine begrenzte Freiheit dieser Art bei vielen Abschnitten von *Bernd Alois Zimmermanns* ›tempus loquendi‹ von 1963. Der Komponist stellt drei untereinandergedruckte Versionen der Teile zur Auswahl und ermuntert gar dazu, »aus dem in den Stücken vorgegebenen Material ›eigene‹ Versionen zu improvisieren«. So eigen werden sie schon nicht werden.

Abschnitt acht besteht aus sieben Trillerelementen. Die zwei weiteren Versionen notieren dasselbe Material in anderer Reihenfolge: 7 5 3 4 1 6 2 und 2 6 1 4 3 5 7 (= Krebs der zweiten Version). Gestattet ist also offenbar nur, die Reihenfolge nochmals zu verändern. Mehr Freiheit gestattet Abschnitt zwei, obwohl nur zwei Töne im Vierteltonabstand erklingen. Es gibt zwei Arten schneller Figuren, nennen wir sie F1 und F2, sowie fünf Arten von kurzem Vorschlag mit unterschiedlich langem Zielton, nennen wir sie V1 bis V5. Hier die Analyse der drei gegebenen Versionen:

V1 V2 F1 V3 F2 F1 F2 V4 V3 V5 V4
V3 F2 V3 F1 V2 V5 V4 F2 F1 V2 V3
V4 V3 V5 F2 V1 V2 F1 F2 V2 V1 V5

Hier hätten wir dem Leser als *Aufgabe* anzubieten, die Spielregeln zu formulieren, die sich aus der Analyse der drei gegebenen Versionen ergeben für weitere eigene Versionen des Interpreten. »Es müssen insgesamt elf Elemente gespielt werden. Davon müssen mindestens . . . In der Aufeinanderfolge ist nicht erlaubt, daß . . .« Man arbeite das Reglement aus und entwerfe sodann in obiger Buchstabenschrift weitere mögliche Versionen. Möglich auch, eigene Kompositionen dieser Art zu entwerfen, etwa so, daß jedes komponierte Teilstück acht Töne eines Gesamtvorrats von zehn Tönen einsetzt, jedes Element aber seine eigene Tonauswahl trifft, z. B.:

1 2 3 4 5 6 7 8   (es fehlen 9 und 10)
2 3 4 5 6 7 8 9   (es fehlen 1 und 10)
3 4 5 6 7 8 9 10   (es fehlen 1 und 2)
1 2 3 5 7 8 9 10   (es fehlen 4 und 6)
1 2 4 5 6 8 9 10   (es fehlen 3 und 7) usw.

Wir würden damit wie Zimmermann nicht eine »Stimme« komponieren, sondern Bausteine und Spielregeln zur Herstellung einer Stimme liefern.

György Ligeti hat sich auf ganz andere Weise in zahlreichen Werken von dem entfernt, was man Stimme nannte. Er hat eine Technik entwickelt, die weder Klang- noch Linientechnik ist oder beides zugleich. Viele Stimmen bringen in ungenauem unisono dieselbe Tonfolge, wobei durch *unterschiedliches und innerhalb der Stimmen variables Zeitmaß* eine Art *Klangverwandlung* entsteht, in der die frühere Kanontechnik aufgeht. Hier die ersten fünf Töne einer solchen Klang gewordenen »Mikropolyphonie« aus Ligetis ›Lux aeterna‹ von 1966:

Siehe hier Seite 370.

Am Anfang des Werkes singt ein achtstimmiger Frauenchor in derselben Weise. Hier die Tonfolge, verzeichnet nur für die schnellste und für die langsamste der acht Stimmen, sowie an mehreren Stellen Angaben über den momentanen Gesamtklang:

Siehe hier Seite 371.

(Ton 17, *a'*, wurde von der schnellsten Stimme nur kurz berührt und wird von den übrigen Stimmen erst später erreicht; *a'* bleibt also vorerst nicht im Gesamtklang.) Und so reduziert sich der Gesamtklang am Ende des ersten Abschnitts:

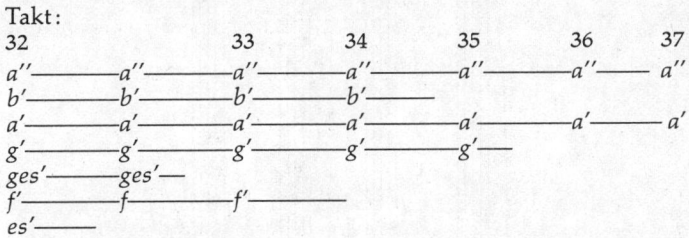

```
Takt:
32                33        34        35        36        37
a''———a''———a''———a''———a''———a''—— a''
b'———b'———b'———b'———
a'———a'———a'———a'———a'———a'—— a'
g'———g'———g'———g'———g'—
ges'———ges'—
f'———f———f'———
es'———
```

(Merkwürdig, wie Dinge in der Luft liegen können: Auf ganz anderem Wege sind in Amerika Terry Riley und Steve Reich zu einer ähnlichen Technik der Klangverwandlung gekommen.)

Eine letzte *Aufgabe* ließe sich ableiten. Man erfinde eine möglichst sanfte Tonreihe, bei der die Töne 1–6, 2–7, 3–8 usw. milddissonante Klänge ergeben, die einen Chor nicht überfordern. (Nicht zwölftönig denken, Töne dürfen immer wieder auftreten wie beispielsweise *F* im Ligeti-Beispiel. Dort war auch die schwierige Konstellation *b–a–as* leicht singbar gemacht worden durch flüchtiges Passieren des Tones *a*.) Nun lasse man die Stimmen in einer *alles Metrische auflösenden rhythmischen Gestaltung* die Tonreihe absolvieren. Zusatzmöglichkeit: Die

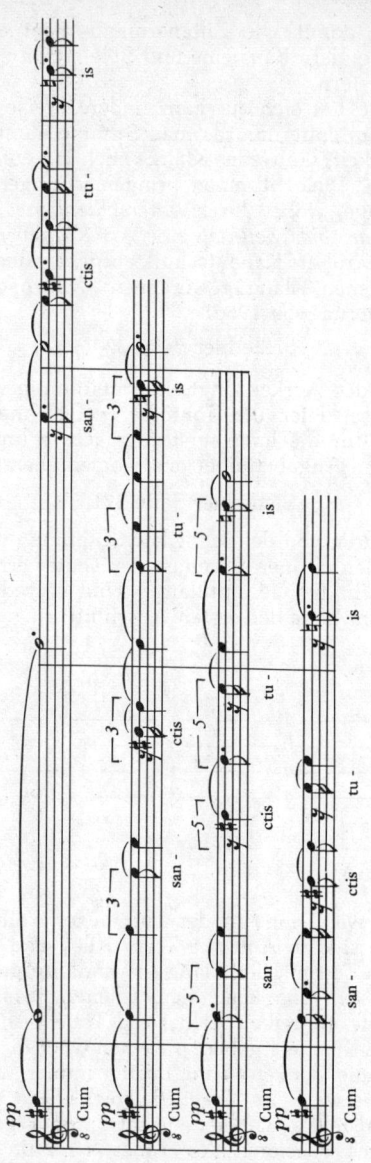

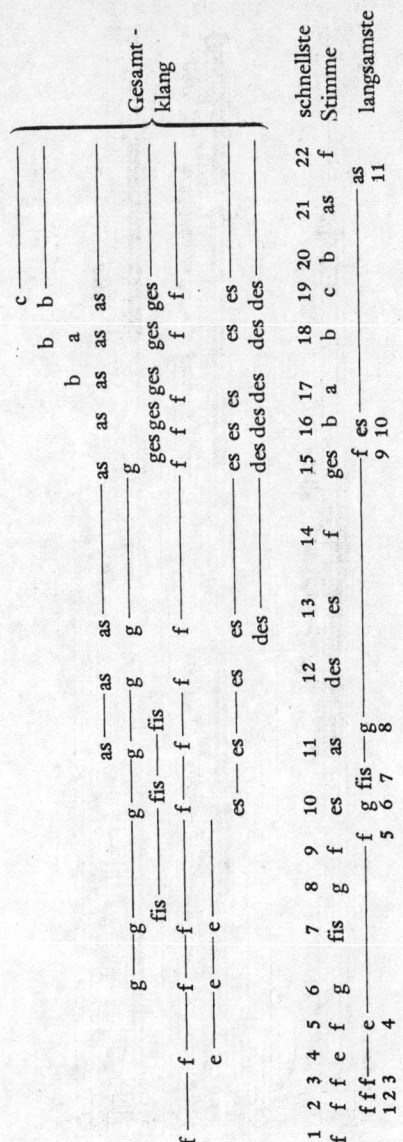

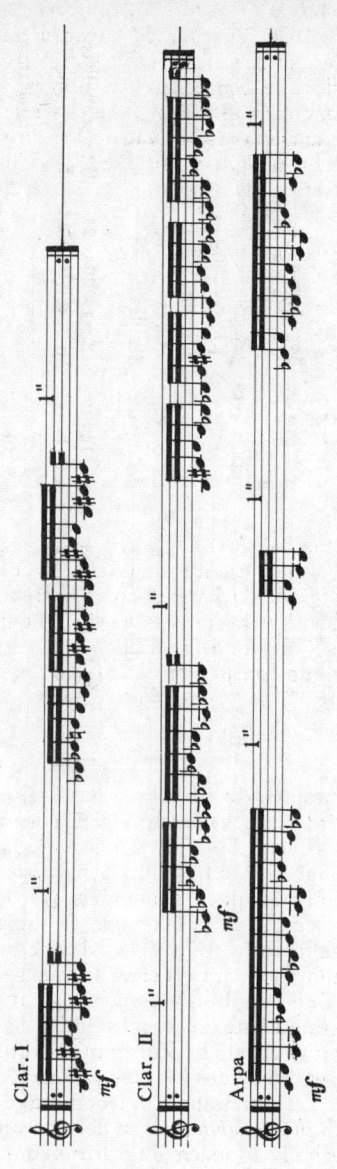

Stimmen laufen zeitlich auseinander, warten aber in der Mitte einmal aufeinander, so daß sich ein Einklang ergibt, fließen dann wieder auseinander ... Den Stimmen unterschiedliche Viertel-Unterteilungen zuzuteilen empfiehlt sich, wenn ein weich fließender Gesamtklang entstehen soll. Meist wird in neuer Musik, die dergleichen anstrebt, die Gleichzeitigkeit der Unterteilung in 3, 4 und 5 Teile eingesetzt, etwa so:

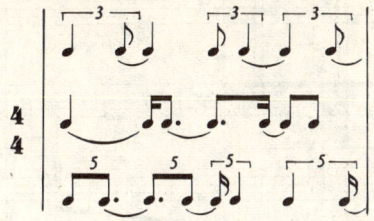

(Bleibt jede Stimme bei ihrer Unterteilungsweise, wie Ligeti dies macht, bildet die exakte Ausführung keine Probleme.)

Bei *Witold Lutoslawski* kann man in seinem Streichquartett ebenso wie in seinen Orchesterwerken eine andere Kompositionstechnik zwischen Klang und Linie finden. Ein Intermezzo von 20 Sekunden Dauer aus dem ›Livre pour Orchestre‹ von 1968 ist so notiert:

Siehe hier Seite 372.

Zwei Klarinetten und Harfe. Gemeinsamer Beginn auf Dirigentenzeichen. Dann wird nicht weiter dirigiert. Jedes Instrument spielt und wiederholt seinen Abschnitt, bis der Dirigent nach 20 Sekunden abschlägt. Es sollen laut Generalanweisung etwa 10 Sechzehntel in einer Sekunde genommen werden; jeder Spieler aber wählt sich selbst sein *Spieltempo*, es ergibt sich also *kein metrisches Zusammenspiel*. (Die erste Klarinette dürfte innerhalb von 20 Sekunden ihren Abschnitt etwa $4^1/_2$mal spielen.) Hören wir drei Stimmen? Oder ergibt sich auch hier für den Hörer ein schwirrender Gesamtklang, in dem ständig alle zwölf Töne in allerdings dauernd wechselnder Zusammenstellung präsent sind?

An einer anderen Stelle des Werkes wird für das Streichorchester ein bewegter Zwölftonraum (in jedem Takt erklingen alle 12 Töne) rhythmisch präzis ausnotiert in der von uns bereits besprochenen 3 : 4 : 5-Technik. In jedem Taktdrittel, das erste ausgenommen, ergibt sich aus der Zusammenfassung der fünf Bewegungsvorgänge:

Die *Gefahr des Verfahrens* liegt auf der Hand: Das Komponieren scheint leicht geworden zu sein. So gibt es denn auch aparte Klangteppichstücke im Übermaß. Aber ist nicht auch die barocke Quintfallsequenz, die klassische Kadenz ein »zu leicht«? Komposition von Rang ensteht zu allen Zeiten nur durch das, was »außerdem« noch geschieht. Man studiere deshalb Lutoslawskis wunderbares Orchesterwerk, um zu begreifen, wieviel Phantasie in die großformale Gestaltung investiert ist. Das Besondere, den *künstlerischen Rang* eines solchen Werkes verringert man nicht – im Gegenteil: man gewinnt ein klareres Bewußtsein von ihm –, wenn man erkennt, daß die im Detail eingesetzte Technik durchaus lernbar und übertragbar ist. Uns selbst in solchen Techniken zu versuchen heißt nicht, uns als kleine Lutoslawskis fühlen zu wollen. Es heißt das Gegenteil: Die Größe eines Komponisten zu erkennen, der sich über »Sprache an sich« erhebt. Und wenn auch dieses Besondere unlehrbar bleibt (wie zu allen Zeiten), so ist doch (wie zu allen Zeiten) das Erlernen der Sprache selbst Voraussetzung dafür, daß unsere Beziehung zur Musik unserer Zeit hinauskommt über die billige Mühelosigkeit eines »das gefällt mir« oder »das finde ich scheußlich« auf dem Wege zu Verständnis, Kritikfähigkeit und – Liebe.

Musik im Taschenbuch

Biographisches

Schütz · Bach · Mozart · Schubert · Wagner · Robert Schumann · Clara Schumann · Brahms · Schönberg · Bartók

Werkbeschreibungen

Bach-Kantaten · h-moll-Messe · Weihnachts-Oratorium · Wohltemperiertes Klavier · Schubert-Lieder · Schumann-Lieder

Handbücher

Geschichte der Musik · Oper · dtv-Atlas zur Musik · Schubert-Werkverzeichnis

edition MGG

Einzeldarstellungen aus der Enzyklopädie „Die Musik in Geschichte und Gegenwart": Musikgeschichte · Außereuropäische Musik · Musikalische Gattungen · Musikinstrumente

Musiktheorie Musikästhetik

Kontrapunkt · Harmonielehre · Gehörbildung · Stimmbildung · Stilkunde · Musikästhetische Texte · Musikethnologie · Musiksoziologie · Musiktherapie · Musikrezeption

Essay

Pierre Boulez · Alfred Einstein · Hans Werner Henze · Joachim Kaiser

Lieder und Texte

Deutsche Liedertexte · Weihnachtslieder · Mozart zweisprachig · Wagner-Dramen · Biermann · Brauer · Heller · Kreusch-Jacob · Cowboylieder

Pop und Schlager

ABBA-Texte · Beatles-Repertoire · Hitmacher & Mitmacher · The Who-Texte · Deutsche Schlager

Memoiren

Anton Dermota · Margot Fonteyn · Rudolf Hartmann · Yehudi Menuhin · Gerald Moore · Nicolas Nabokov · Gregor Piatigorsky · Hermann Prey · Walter Slezak · Hans Heinz Stuckenschmidt

Anekdoten und Cartoons

Bernard Grun · Gerard Hoffnung · Alexander Witeschnik

Quartettspiel

Kennst du diese Komponisten?

Bärenreiter-Taschenpartituren

Händel · Bach · Haydn · Mozart · Beethoven